◇ 毛泽东视察南方途中和本书作者陈长江在专列前合影 ◇

亲随毛泽东27年的警卫队长的回忆

毛泽东最后十年

1966-1976年毛泽东的真实记录

◉ 陈长江　赵桂来　著

江苏人民出版社

图书在版编目（CIP）数据

毛泽东最后十年 / 陈长江，赵桂来著 . -- 南京：江苏
人民出版社，2018.5
　ISBN 978-7-214-21322-8

　Ⅰ . ①毛… 　Ⅱ . ①陈… 　②赵… 　Ⅲ . ①毛泽东
（1893-1976）—生平事迹 　Ⅳ . ① A752

中国版本图书馆 CIP 数据核字（2017）第 242482 号

书　　　名	毛泽东最后十年
著　　　者	陈长江　赵桂来
责 任 编 辑	朱　超
装 帧 设 计	田　晗
版 式 设 计	张文艺
出 版 发 行	江苏人民出版社
出版社地址	南京市湖南路1号A楼，邮编：210009
印　　　刷	三河市兴达印务有限公司
开　　　本	710毫米×1000毫米　1/16
印　　　张	17
字　　　数	245千字
版　　　次	2018年5月　第1版　2024年10月　第20次印刷
标 准 书 号	ISBN 978-7-214-21322-8
定　　　价	56.00元

目 录

第1章 警卫毛泽东二十七年，最难忘的是"文革"这十年·············· 001

　　"九·一三"事件前夕，毛泽东忧心忡忡，夜不能眠。一向不喜欢加强警卫的他突然问：你们哨兵带枪和子弹没有？警卫队长回答：不仅有手枪，还有冲锋枪和机枪，敌人来一百二百，能对付得了。毛泽东说：有坏人，要加强警惕……

第2章 中南海里贴出了《炮打司令部》大字报···················· 007

　　8月上旬，中南海大灶食堂外边，贴出了毛泽东大字报《炮打司令部》，红纸黑字，令人震惊。警卫战士们窃窃私语：这是谁呀，惹得毛主席生这么大气？

第3章 毛泽东走出中南海陷入重围································ 012

　　8月10日傍晚，毛泽东突然只带两人，信步走出了中南海，门卫不敢阻拦，眼看着他陷入了人山人海。警卫大队跑步紧急增援，费尽力气，才把他从狂热的群众中"救"回来。毛泽东抱歉地说：原想出去看一看就回来，一出门就把我们包围了，想回也回不来了。

第4章 "八·一八"天安门广场的插曲························ 020

　　深夜，毛泽东突然提出要穿军装接见红卫兵，汪东兴急得团团转，最后借来了一个大个子警卫战士的军装，于是产生了一系列"史无前例"的照片。我第一次见到的林彪，穿着厚厚的棉大衣，脖子上缠着围巾，面无血色，走路还要人搀扶。

第5章　八次接见红卫兵搞得他精疲力竭

大串联给北京市造成巨大压力。73岁的毛泽东，在吉普车上一站就是几个小时，还要不停地挥手，下车时连路都走不了了。他苦笑着说：今天我又要罚站去了。坐下就低了，人家看不到我就不高兴，就过不了关，娃娃们就不走，这也是逼上梁山呀！

第6章　要警卫去辟谣说没有找到那个儿子

毛泽东沉重地说：原设想"文化革命"今年就差不多结束，现在看来收场难啊！我告诉毛主席，大字报上说你找到了一个失散多年的儿子，在生产队当会计……毛泽东着急地说：你辟谣了没有？我家的事哪一桩你不知道，不要说我没有找到个儿子，就是真找到了，又有什么意义呢？你要辟谣啊！

第7章　去武汉游水未能如愿

武汉乱作一团，毛泽东要下榻的东湖宾馆，厨师、服务员也分成两大派，周恩来只好亲自指挥大家打扫房间，接待毛泽东。毛泽东没有再能游长江，却穿着睡衣匆忙去了机场。

第8章　不信陈再道要搞"政变"

风云突变，王力、谢富治惹火烧身，大规模武斗一触即发，警卫大队荷枪实弹。毛泽东接到林彪派邱会作送来的一封"谎报军情"密信，却笑了。凌晨时分，周恩来亲率200名武装战士，乘两架飞机从北京紧急飞抵武汉接毛主席。毛泽东的吉普车穿过各道关卡，驶往机场。他对我们说：陈再道，他不会反对我的。

第9章　派张春桥去接"打游击"的许司令

许世友被造反派逼进了大别山，毛泽东指定张春桥把他接回来。还说：因为张春桥是反对许世友的呀！许司令穿着草鞋赶到，一见面就哭起来。毛泽东问：你去大别山干吗？许说：打游击。敌人即使来个几十万，我们也能打垮他！

毛泽东的真实记录
1966—1976年

毛泽东最后十年

事情了？周恩来俯身在他耳边轻声细语地说……

毛泽东最后十年

毛泽东的真实记录
1966—1976年

再版说明

　　世纪伟人毛泽东生前并没有留下任何他自己亲笔写
就的个人传记或回忆录，这对于许多渴望了解毛泽东的
人来说，不无遗憾。毛泽东一生中的每一个时期，都充
满了传奇，他的晚年亦不例外。如今很多描写毛泽东晚
年事迹的书，往往是根据史料写就的，难免对毛泽东在
生活上的点点滴滴无法真实记录，对有些历史事件背后
的真实故事也无法阐述。通常，我们只有通过毛泽东身
边的工作人员的回忆录，才能弥补这个遗憾。《毛泽东最
后十年》就是这样的一本好书。

　　《毛泽东最后十年》一书是为纪念毛泽东诞辰100周
年而写的，它完成于1993年夏，后因诸多因素未能出
版。之后的几年里，作者对书稿所涉及的史实又进行了
一些核实订正，在内容上做了一些补充，在一些章节上
也有了适当的调整。到了1998年，适逢毛泽东诞辰105周
年之际，这本书终于有幸付梓，与读者见面。此书也是
作者对毛泽东同志的缅怀与纪念。

毛泽东最后十年

　　书中所述，大部分是曾担任毛主席警卫队长的陈长江同志的亲身经历与所见所闻，其真实性自不待说。由于他独有的经历，使得本书不仅较好地反映了那段历史的某些片段，为有志于研究这段历史者提供了一些重要资料，而且也可以使广大读者从更多的方面去了解一个真实的毛泽东。

　　时光匆匆，转眼又到了毛泽东同志诞辰115周年。自从这本书第一版出版后，得到了很多读者的喜爱。为了满足更多热爱毛泽东同志的读者的要求，同时也为了纪念毛泽东同志，特将此书再版。

　　此次修订再版，笔者订正了原书中的舛讹之处，并在原书的基础上，补充增加了一些内容，使内容更加充分，人物更加丰满。读者从中可以读到一个晚年时期真实的毛泽东，以及在毛泽东同志人生最后十年里，发生在他老人家身边的许多不为人知的真实故事。

2008年10月

第 1 章

警卫毛泽东二十七年，最难忘的是"文革"这十年

"九·一三"事件前夕，毛泽东忧心忡忡，夜不能眠。一向不喜欢加强警卫的他突然问：你们哨兵带枪和子弹没有？警卫队长回答：不仅有手枪，还有冲锋枪和机枪，敌人来一百二百，能对付得了。毛泽东说：有坏人，要加强警惕……

　　毛泽东的最后十年，即"文化大革命"那十年，我始终在毛主席身边做警卫工作，没有离开过，也没有轻松过，遇到过许多困难，不时还伴随着某种委屈和种种意想不到的危险。

　　说起警卫工作来，它包括许多内容，涉及很多部门和不少层面，我只是做了其中的一点点。那么，我是做什么工作呢？说起来也很简单，在这十年间，我当过副中队长、中队长、副大队长……不管职务上有什么变化、工作地点有什么不同，我的具体工作内容却还是那么些：

带好毛主席身边的警卫分队，也就是管好十几个人、几十个人，最多时也不超过一百几十号人；在毛主席住处值班，接、送来毛主席这里的内外宾客。他们或是按通知前来开会，或是依约来与毛主席谈话，或仅仅是为了见上一面。不管哪一类，我的工作都不能省略。

另一项工作，也是老任务了，就是毛主席每次外出巡视，我都随同前往。每次随行的警卫人员，都是根据上级的指示和外出的时间、路线和到达的地点等有关情况，制订出实施方案和计划，它包括警卫部队的人员组成：带多少人，需要准备的物资和装备，部队按什么样的顺序，编成怎样的队形，以及中途停留、驻地布置的兵力组织……这些工作，有的我非参与不行，有的就由我布置安排，督促检查，组织落实。当然，这其中包括毛主席多次接见红卫兵和大家熟知的毛主席那几次著名的外出巡视，还有主席出席活动的那几次……不论是哪一类的哪一次，都把它放在我们一切行动的首要地位，全力以赴，精心安排，狠抓落实，不得有任何的懈怠。令我欣慰的是，在这些工作中，我们收到了预期的效果，达到了目的，没有出过什么纰漏。

毛主席对我们的警卫工作、对我们的警卫战士信任不信任，满意不满意呢？这不是三言两语所能说清楚的。不过，最使我难忘的是有这样几个片段，常在我的脑际盘桓。

这是哪一年的事了？是"九·一三"事件之前，还是之后呢？记不准了。一向开朗自信的毛主席，有一段时间不知为何陷入了苦闷和抑郁之中，显得很是沉重与熬煎。不知他是发现了什么不好的征候，还是预感到将有什么不祥的事件可能发生，他经常神情沮丧、忧心忡忡、心绪不宁，很少能看到他的笑容，也难以听到他那充满自信和富有表现力的风趣而诙谐的话语，几天了，他进食很少，更为突出的是他无论如何睡不着觉。

毛主席休息不好，我们就紧张，就担心他的健康……多年以来这已成了一种连锁反应。毛主席休息不好，我们就跟着着急。

有一天，天将破晓，毛主席睡不着，出来散步了，年将80岁的老人了，尽管他的身体一向很好，可是人到了这把年纪的时候，岁月对人健康的摧

毛泽东最后十年

残，那是不能低估、不可轻视的。

我像往常那样，急忙跟在毛主席的身后随着他往前走。到了门口，毛主席看到了门卫哨兵，便问：

"长江，你们哨兵带枪和子弹没有？"

听主席这么问，我不由得一惊，以往的毛主席可不是这个样子啊！

我们知道，毛主席一向不喜欢警卫布置上那种荷枪实弹、戒备森严、摆架子、抖威风的做法。为使警卫形式缓和，警卫分队不仅人数尽可能要少，哨兵大都身着便装，不带明枪，当然短枪是有的了。毛主席面前的这个便衣哨兵，两手空空，就像一个无所事事的闲人一般。熟悉情况的毛主席当然一眼望去，便知道他是一位地地道道的警卫战士了。

因为毛主席喜欢战士，关心人民群众疾苦，而警卫战士大都来自农民、工人中间，他总爱向见到的战士问这问那。战士们对毛主席的提问，回答都是有啥说啥，实实在在，无所顾忌。有时毛主席还能从这些战士的口中了解到许多直接来自人民群众中间的真实情况。

进行"农村调查"，为毛主席提供第一手真实情况，也是我们的一项重要的工作内容。对真实情况的了解可说是毛主席一生的追求，从20世纪50年代起，我不止一次被毛主席派回在农村的老家进行"农村调查"，也不止一次当面向毛主席汇报调查中的所见所闻，与毛主席进行亲切的交谈。

不论是随便与毛主席聊天，还是郑重其事地向他汇报，每每这样，他对提到的情况和问题，总要了解个水落石出。警卫战士为他提供的这些真实的情况，甚至对他的某些决策产生过重大影响。通过这些聊天叙谈，增进了他与战士之间的了解和情谊就不说了，令我们惊异不已的另一个方面是他对警卫战士了解的程度。

毛主席对在他附近执行任务的许多警卫战士，一见面就能直呼出他的名字来，甚至谁上哪一班哨，他的老家在哪里，他家里有些什么人，日子过得怎么样……也能说出来。要知道毛主席不是战士们的排长、连长啊！可是对于执行警卫任务的哨兵带不带武器弹药这个方面的问题，在我的印象中他很少在意，更没有问过，因为他对自己的安全可说从来没有过什么担心，他对警卫战士的忠诚和能力也是完全相信的。在人心向背与武器装备之间，他更相信前者的威力，却不大计较后者的作用。

对主席的提问，我回答说："带了。"

我这人讲话就是这样，既直截了当，又很简单。今天，毛主席所关心的这个问题，倒使我不由得多说了几句。我说：

"不仅带了手枪，还带了冲锋枪和机关枪呢，子弹也带了很多，敌人来一百二百，能对付得了！"

毛主席听了，满意地点了点头说："有坏人，要提高警惕……"

他没有再往下说，也再没有问任何事情，只是沿着院里的林荫小道一步一步慢慢地走着……

毛主席喜欢爬山，更爱好游泳。有的文章披露，毛主席在长江游泳有16次。我虽没有这方面的精确统计，但粗粗算来，实际上比这个数还要多。他自己喜欢在波涛滚滚的大江大海里游泳，他也常鼓励人们，特别是青年，到江河湖海里去游泳，去锻炼，在与大自然的搏斗中认识自然，积累经验，增长才干。

他曾经说过："长江又宽又深，是游泳的好地方。"他又说："长江水深流急，可以锻炼身体，可以锻炼意志。"

人常说水火无情，为了确保毛主席的游泳安全，特别是晚年的毛主席，他的身体不可抗拒地在衰老，可他仍然壮心不已，愿在江河湖海的激浪中拼搏，也喜欢在高峡平湖、逆流漩涡中一试胆识。

为了确保安全，毛主席每次游泳，只要时间和条件允许，我都要与一些同志先下去试水。

所谓试水，就是要先下到毛主席将要下去游泳的水域，察看那里的水情，水的温度、清洁程度，在江里河里，还有个流速问题。什么地方有激流，哪一块有险滩和漩涡，下水和登岸的地点有什么问题……总之，就是要了解毛主席游泳有无危险。当然通过这样的试水我们也就熟悉了水域的种种情况，为进行水上警卫的具体操作提供了可靠的依据和便利条件。

毛主席对我们的工作很信任，我们认为可游的，他从不怀疑。毛主席要下水游泳了，无论在哪里游泳，我和我的同志们都紧紧跟随在他的前后左右……

问我到底跟毛主席游过多少回？这可是数不清记不起来了。是不是可以这样说，从20世纪50年代毛主席教我们学游泳算起，直到他老人家晚年最后那一次游泳，少说也不下百八十回。毛主席游泳，我因事没能参加的，仅有屈指可数的几回。

在这近百次的与毛主席一起游泳之中，最兴奋的，是跟着毛主席学游泳技能的时候；最痛苦的，是陪毛主席最后一次游泳，看到他无可奈何地与他喜爱的游泳诀别的那一幕。

1976年9月9日，毛主席他老人家逝世后，作为他身边警卫战士的我们，紧张的工作却并没有因此而结束，也没有任何的懈怠。

在那些为毛主席去世而举国无比哀痛的日日夜夜里，我没有离开过毛主席的遗体。虽然我们原来设在游泳池值班室的值班内容与往日有所不同，然而我们的值班工作仍然在有效地运行着。在毛主席的遗体运往大会堂供人民群众凭吊时，我们也随即到了大会堂，护灵、守灵，还完成了许许多多临时交给的具体任务。

毛主席的追悼大会在天安门广场开过之后，我们又随着遗体的保存，一起进入临时存放遗体的地下室，配合卫生部门的同志进行有关的工作。就是在那里，我认识了如今是毛主席纪念馆馆长的徐静。在他们进行有关遗体保存方面的科学研究和具体技术操作时，我们则根据他们发来的指令对停灵房间的温度、湿度进行监测和控制，还有那些消毒、杀菌一类的工作，不管是在脏的、累的，还是在呛人的、对健康有害的环境里，我们的同志知难而进，心甘情愿，兢兢业业，做好每一件工作，就像毛主席在世的时候那样。这个工作一直进行到1977年8月，毛主席纪念堂建成交付使用时，我们又护送毛主席的遗体前往，让他老人家在那里安息。直到这时，我和我的警卫分队的工作才算告一段落。

这时，从1950年我被调到毛主席身边做警卫工作算起，已整整27年了。在毛泽东身边的最后十年，也正是他发动"文化大革命"，"犯错误"的那些岁月。我目睹了这十年间毛泽东身体状况变化的过程。

对毛主席，邓小平同志曾有过这样的评价，他说："如果没有毛泽东同志的卓越领导，中国革命有极大的可能性到现在还没有胜利，那样……我们的党就还在黑暗中苦斗。所以说，没有毛泽东就没有新中国，这丝毫不是什么夸张。"我们不能用完人的标准来要求毛泽东，但他却是一位了不起的伟人，让人时时刻刻记着他。

这些，都已成了过去。只在这里做个初步的交代，算作对这位举世无双伟人的深情纪念吧。

第2章

中南海里贴出了《炮打司令部》大字报

8月上旬,中南海大灶食堂外边,贴出了毛泽东大字报《炮打司令部》,红纸黑字,令人震惊。警卫战士们窃窃私语:这是谁呀,惹得毛主席生这么大气?

1966年7月18日,毛主席回到北京,在丰泽园家里住了两三天。他觉得刚修过的房子住起来总是不舒服,便到中南海游泳池的更衣间里住了下来。谁也没有想到,他在这里一住就是十年。在这里,他度过了整个"文化大革命"那段非常岁月,在这里走完他那非凡而壮丽的人生最后里程。

1966年,毛主席已73岁了。常说,人生七十古来稀。可是,他似乎根本就没有想到这些,他像年轻人那样,朝气蓬勃,奋勇拼搏。

这一年的上半年,毛主席一直不在北京,他先后在上海、杭州、南昌、长沙、武汉等地调查研究，视察工作。7月16日还在武汉下长江游泳，又一次创下"万里长江横渡"的新纪录。

7月26日，《人民日报》在头版头条刊发这一消息，并配发了题为《跟随毛主席在大风大浪中前进》的社论、照片和毛主席与记者的谈话。

毛主席以73岁的高龄，横渡长江，在滚滚的激流里畅游15公里，历时75分钟，这在全世界的政界首脑中，是前所未有的。它又一次说明了一个彻底的革命者，即使进入迟暮之年，他的身体不可避免地会走向衰老，但他的精神、他的过人胆识和丰富经验，却是人类历史上最伟大的宝贵财富。

当他游完全程，登上一艘随行的快艇，在激流中迎风驰骋时，他兴奋地向在江中游泳和岸上观看的数以万计的人民群众挥手，而人群中则爆发出雷鸣电闪般的激情：

"毛主席万岁！"

这呼声地动山摇，响彻大江南北、江汉大地。

毛主席微笑着挥动大手，高声呼出"人民万岁！"以回报群众的欢呼。

他还向记者发表了谈话：

"游泳是同大自然斗争的运动，你们应该到大江大河中去锻炼。"毛主席还幽默地说，"长江，别人都说很大。其实，大，并不可怕！美帝国主义不是很大吗？我们顶了他一下，也没啥。所以世界上有些大的东西，其实并不可怕。"

令我惋惜不止的是，毛主席这次畅游长江，我因事未能随同前往。当时我任中央警卫团一中队副队长，毛主席这次外出由中队长随行，我在家中抓部队的军事训练。因为我进过高级步兵学校，战术、技术有些基础，所以，抓部队训练的工作，自然就非我莫属了。

不过，这次毛主席一回北京，我就随他搬到游泳池住了下来。

毛主席回京之后，中共中央紧锣密鼓地连续开会，政治口号接连不断地刷新，政治气氛也越来越浓，既使人眼花缭乱，也使人难以理解，无从知道，总使人觉得紧张。我们连领导机关发的那些批判"三家村"的材料还没有看完，许多内容也根本没有搞懂，就又转入了新的问题，真使人有些接受不了。

忽然有一天，大概是8月上旬的某一天（大约是8月8日或是还要晚一些）上午，毛主席那里的几位工作人员在距游泳池不远的大灶食堂外边，贴出一张大字报。由于它靠近食堂、游泳池这些群众活动比较集中的地方，一时间便围了许多人观看。我回中队吃完午饭回游泳池时正好路过这里，也凑上去看了一下。

那是在一张普通的红纸上用黑墨写的，那字迹也说不上工整，但每一个字都能使人看得清清楚楚、明明白白。

标题是《炮打司令部——我的一张大字报》

……在五十多天里，从中央到地方的某些领导同志……站在反动的资产阶级立场上，实行资产阶级专政，将无产阶级轰轰烈烈的文化大革命运动打下去，颠倒是非，混淆黑白，围剿革命派，压制不同意见，实行白色恐怖，自以为得意，长资产阶级的威风，灭无产阶级的志气，又何其毒也！

我看着，想着，觉得从字面上看虽然没有不认识的，但从内容上说，却很不理解。对所指的那些严重的情况一无所知，是哪些人打击革命，颠倒了是非，实行白色恐怖呢？

大字报接下去写道：

联系到一九六二年的右倾和一九六四年的形"左"实右的错误倾向，岂不是可以发人深省的吗？

再往下看，文尾署名的是"毛泽东"，时间是"1966年8月5日"。一看到这个署名，真使我吃惊不小，不由得暗暗说，这是谁呀，惹得毛主席生这么大的气？

尽管当时我并不知道中央开会的内容，对那些惊动全国的背景材料一无所知，但我已意识到一定是中央领导层中有了分歧，产生了矛盾，然而，这就更使我堕入五里云雾中了。

在我的印象中，党中央是团结的。因而，我们能够打赢战争，在旧中国的废墟上创建了中华人民共和国；迅速医治好战争的创伤，进行了伟大的社会主义改造和社会主义建设。即使在20世纪60年代初那个空前困难的岁月里，建设中出了些问题，党内也不是互相埋怨、指责，而是共同接受经验教训，团结战斗，上下一条心，很快战胜了严重的困难，取得了国民经济的基本好转，大家都很高兴，人民群众对党中央、毛主席更加信赖和拥护，怎么会有那许多严重的问题呢？

我还认为，党内无论有什么问题，应该在党内召开会议解决，为什么一定要用这样的方式，抖落到外面去呢？

这里尽管是中南海，但也不能不分党内党外，这样非搞乱了不可，这与我头脑里处理党内矛盾的想法是多么不同啊……越想越觉得情况严重，叫人担心。

过了很久我才知道，这个所谓的大字报早已印发参加八届十一中全会的全体同志了。我所看到的，不过是印发给出席大会的同志们的一个抄件而已。

可是，我又有些想不通了，既然是中央文件，为什么不按组织系统往下发呢？偏偏要手抄下来贴到墙上去呢？

我自己没想通，再看一看我的周围，大家对这个大字报，窃窃私语者多，公开谈论者甚少，如果能听到，也多是一些空泛的口号式的表态，因为许多人也和我差不多。

总之，一句话，对所看到的连我自己也很不理解，怎么个热烈响应法呢？

在那些日子里，住在游泳池的毛主席，也没有时间，或者说没有心思游泳了，他整天不是参加大大小小的会议，就是接连不断地找人谈话，显得异常忙碌。我虽然不知道毛主席为什么那么紧张，却预感到党中央又要搞什么大的政治运动了。

果然，不出所料，在那张"炮打司令部"的大字报贴出的第三天还是第几天，北京各大报纸在头版头条位置，通栏套红大字标题，全文刊登了中共中央八届十一中全会的决议，即《中共中央关于无产阶级文化大革命的决定》(即《十六条》)。

当天，北京掀起了庆祝毛主席亲自主持制定的"文化大革命纲领性文件"即《十六条》发表的热潮。所谓的群众，绝大多数是机关干部，有组织地走上街头游行。

他们敲锣打鼓，摇旗呐喊，口号连天，喊得最多的一句话还是："毛主席万岁"。欢呼的人群、报喜的人流，川流不息地涌向党中央、毛主席所在地——位于府右街的中南海西门，有的还要向党中央、毛主席递交报喜信、致祝贺词，或是当场宣读决心书和誓言。一时间把府右街搞得热闹非常，人民群众对党、对毛主席的热爱之情，是很能感动人的。

为适应这一变化了的形势，对群众中迸发出来的这种热情加以积极引导，使之逐渐走向有序，为使群众有个表达心情的地方，又有良好的秩序，中央办公厅便因势利导，在中南海西门外一侧，搭起个报喜台。

报喜台以巨幅五星红旗为后幕，正中挂了一幅毛主席彩色画像，还配有横批和对联。上联是：中国共产党万岁；下联是：毛主席万岁；横批是：高举毛泽东思想伟大红旗，将无产阶级文化大革命进行到底。

中共中央办公厅组织所属单位人员轮流在那里值班，代表党中央接受群众的祝贺与致意，并维持秩序。

从此，欢呼的人群，报喜的队伍，还有看热闹的人们，云集在府右街头，他们或慷慨陈词，或嘹亮高歌，或挥动拳头呼喊口号……不管他们是出于怎样的一种心情，在那些日子里，府右街真的是人山人海，喜庆的锣鼓声，"毛主席万岁"的欢呼声，响成一片。从早到晚，一刻也不停，夜深了，也不例外。这些活动表达的一个突出主题是对毛主席无比崇敬，无比热爱。那场面，那气氛，住在中南海、工作在党中央身边的人们，也无不为之震动。

这样轰轰烈烈的场面，到了8月10日这一天，由于毛主席走出中南海，又把群众的情绪与激动，推向了一个新的高度。

第 3 章

毛泽东走出中南海陷入重围

8月10日傍晚，毛泽东突然只带两人，信步走出了中南海，门卫不敢阻拦，眼看着他陷入了人山人海。警卫大队跑步紧急增援，费尽力气，才把他从狂热的群众中"救"回来。毛泽东抱歉地说：原想出去看一看就回来，一出门就把我们包围了，想回也回不来了。

中南海西侧的府右街上，人声鼎沸，欢呼阵阵，游行报喜的队伍接连不断，几乎分不出上班、下班时间有何不同，白天和夜晚有什么两样，这是为庆祝党的八届十一中全会文件《关于无产阶级文化大革命的决定》的发表。

游行队伍的组成，有机关干部、厂矿职工，也有在校师生。尽管他们的身份、地位、参加游行的心态和直接动因各不相同，呼喊的口号也各有侧重，但有一个声音却是共同的，那就是"毛主席万岁"这个声音。

与之仅有一墙之隔的中南海里，却是另有一番景象。在这里，不论是中央办公厅、国务院机关，还是警卫部队，都保持着原来那种严肃、紧张、有秩序、讲效率、简单朴素的工作作风，与往日没有什么不同。因此，吃晚饭时，没有听说有什么特别的安排，一切都很正常，以为没有什么事情了，我便回中队吃饭去了。同时，队里也还有些具体事情需要处理，饭后也没有马上回到游泳池。

谁知，就在这个时候，喧闹的府右街上，突然爆发出了更高亢激越、更为激动人心的呼喊声，像是发生了从未有过的巨型爆炸，它引发的声浪天震地颤，四方回应，一波胜似一波，持续不断，久久没有停息。

接着传来令人着急、使人不安的消息，说毛主席在中南海西门外被群众包围，想回也回不来了。我知道，中南海西门外的府右街，那是一条连贯北京南北向的重要通道，平时车水马龙，人来车往，络绎不绝。那里是社会的一角，社会上的千奇百怪，样样都有。何况，现今呢！那真是什么样的人都有，有拥护的，也有反对的，当然大多数人是好的，但谁能说没有不好的呢？还有那些神经不正常的……毛主席在外边多停留一分钟，就多一分不安全，就会多一分危险。好在我们这个中队的成员，都是挑选来的，训练也是好的。我一声招呼，不论是干部还是战士，一下集合起数十人，他们紧跟在我的身后，自动排成两行，飞快地向中南海西门跑去。

我们一出西门，只见在那个报喜台围着数不清的人们，到底有多少？我看以万来计也不会是夸张的。更使人着急的是，毛主席被围在里边，后边的人看不到了，就硬往前挤。远处的人们还在喊着、跑着，向这边涌来，像涨潮时的波涛，汹涌难以阻挡，随之而至的就是一片混乱。像这样的场面，即使没有坏人作祟，单单是拥挤也会造成灾难性的可怕后果，危及群众与领袖的人身安全，这是绝对不能允许的。

在这样的现实面前，我最紧迫的任务是，必须带领我的同志们靠近毛主席身边，然后再谋脱身之术，把毛主席安全地接回中南海。

"跟我来！"我向身后的同志们一挥手，找了一处人群比较薄弱的部位，以我为头，上前分开群众。我身后的战士一个紧跟一个，像排成人字形的雁队一样，揳入人群之中，大概我还不断地向跟前的人们讲着请他们让开一点那一类的话。

终于，我们来到了毛主席的面前。

这时，在毛主席的身边，只有老王和小吴两个人，其余簇拥在毛主席身边的都是素不相识的群众。毛主席被围在那里，我们着急得够呛，可是毛主席自己，却是兴致勃勃，坦然自若地与伸过来的一双双手相握，与凑上来的一张张陌生的面孔亲切地交谈。

在我的面前能看到的是攒动的人头和伸出来的千百双手，在这么多热情的双手遮挡下，几乎看不清一张完整的脸，不管是欢笑的、向往的、幸福的，还是被突然降临的场面弄得不知所措而紧张的。

我们想让毛主席赶快离开这里往回走，可是他不愿意，还想向涌来的群众问些什么，或是还想向伸过来的那许多手再拉一拉……

这时，接待站的工作人员见挤得够呛，连站立都有困难了，他们便请毛主席上了临时搭的那个报喜台。

这样，毛主席一下站得高了，看得远了，能看到毛主席的人也就更多了。这简直就像童话里讲的，毛主席从天而降，他突然出现在大家的面前。

突然间，出现短暂的沉寂，继而惊喜之声四起，欢呼的激浪一波高过一波，他们在喊什么？身在其中的我，根本听不清、辨不明，只能从他们那表情、那手势，还有那汪着泪水的眼神里去判断、去猜测，不过，这个并不难，他们呼喊的就是"毛主席"！

或许，在他们看来，此时此刻，喊毛主席时多加个"万岁"似乎也会妨碍他们抒发激情。

毛主席站在欢呼的群众面前，微笑着，向他们挥手，向他们致意。

台上台下，一片沸腾，鼓掌声、欢呼声、口号声，连成一片，响彻天宇，群众激情的渲泄达到了极点。毛主席走到麦克风前，以慈祥的目光扫过全场，激动沸腾的人群，再次出现短暂的平静。

"同志们好，同志们好……"毛主席连声说。

高亢有力的湖南话，在人群上空回荡，在每个人的心中燃烧。鼓掌声、欢呼声，又是一个高潮。

成千上万的人们欢欣跳跃，向毛主席拥去，"毛主席万岁""毛主席万万岁"的声浪响彻天空。

在我做警卫工作的经历中，不论毛主席走到哪里，对哪里的群众就有巨大的吸引力，哪里就会出现欢呼激动的高潮，哪里也就会出现拥挤，有时是可怕的拥挤。这，往往给安全警卫工作带来难以应付的困难。

这是哪一年的事了，记不清了。毛主席在长沙的湘江游泳，游得累了，他就上了江心的一个小岛——橘子洲头。我们给他披了件浴衣，可他就赤着脚在那个小岛上从这一头走到那一头，步行足有数百米。因为计划中没有这个安排，完全是计划之外的任意行动，知之者甚少，倒显得清静，没有遇到什么麻烦。在岛上休息了一下之后，毛主席再次下水游泳，然后从码头上岸，车子就在那里等候，谁知在这个过程中，被群众发现了。

在岸边，观看者越聚越多，码头上到处都是人，足有数万之众，鼓掌声、欢呼声，震天动地。毛主席高兴地向欢呼的人们挥手致意。这样一来可就苦了我们了，费了好大的力气，才从拥挤的人群中清出窄窄的一条小道，使毛主席登上了车子。

说起这费力气的事，还有更糟的一次。

在武汉长江之畔，我们随毛主席再次畅游渡江。这次游泳，武汉方面做了精心安排，汽车在毛主席预定登岸的码头上等候，一旦毛主席游到这里，即登岸上车，驶往驻地东湖。没有料到的是毛主席在长江击水的时候，岸边一下子聚集了数以万计的围观者。他们随着毛主席的游程而行动，毛主席在水中游，他们兴奋地呼喊着在岸上跟，向毛主席将要登岸的码头聚拢，而且越聚越多。当毛主席要在码头登岸时，我们准备的车子也被淹没在拥挤不堪的群众海洋之中了，根本没法找到了，甚至连毛主席登岸的立足之地也站满了兴奋的群众。经验告诉我们这里根本无法登岸，我们急中生智，劝毛主席延长游程，毛主席高兴地接受了这个建议。

毛主席没有在预定的码头上岸，而是继续向前游去，并向聚集在码头上欢呼的群众挥手致意……这又引发了一阵暴风骤雨般的掌声。

这样，我们只好派人员，调车子，控制码头，好一阵忙碌，才使毛主席在一个毫无准备的码头上了岸。

警卫工作上的这些手忙脚乱的临时变更，安排得也并不是十分稳妥，但毛主席连一句埋怨的话也没有，他似乎乐得接受这种变化。

如今，在自己驻地的门前，出现了这样拥挤的场面，这实在是不应该的。不管我们有多么紧张，毛主席仍是乐呵呵的那个神态，还向着那些拥挤的人们大声说：

"同志们好！你们要关心国家大事，要把无产阶级'文化大革命'进行到底！"

恰在此时，接应我们的后续部队也赶到了，他们在人群中开出一条窄窄的走廊，我们便抓住机会，簇拥着毛主席走下台来，奋力冲出人群。

这时，知道毛主席走出中南海，赶来的群众更多了。大家争相拥来观看，把整个府右街堵得严严实实，形成人的海洋。向前拥挤的人潮，即便是站在那里，也有被挤倒、被踩坏的危险。

离开了沸腾的人群，进了中南海。我那颗悬着的心才算是有了着落。再看随我去的那些干部战士，他们个个汗流浃背，衣衫湿透，就像刚从水里捞出来的一般。

毛主席看着我们这副模样，笑了笑说："要不是你们来解围，我回来就不容易喽。"

毛主席讲这话的时候，带着他那种常有的风趣与幽默。我体会，也有对我们安慰和逗我们开心的意思。在往日，我们又会笑起来的，可是这一次，我怎么也笑不起来。

我说："我们没有一点准备，您就出去了……"

我并不想怨谁，而是想说这样做太危险。

毛主席说："原想出去看一看就回来，一出门就把我们……想看也没看上，被包围了，想回也回不来了……"

过去，毛主席总嫌警卫工作妨碍了他有更多的机会接近群众，因此还发过火，批评过人，有时批得还很严厉。

在1958年3月的"成都会议"上，毛主席在讲话中批评说："警卫制度照抄苏联的，害死人了，前呼后拥，几部车子，不许参观，不许游泳，不许上街买鞋子，不许上馆子。"

这是毛主席在那年3月8日至26日，在成都召开的中央有关部门负责人和各省、市、自治区党委第一书记参加的工作会议上，讲到要根据我国实际情况办事，不能照搬外国人的经验时说的一番话。

而这一次我们硬把他从一心一意想接近、想与他们聊家常、说心里话的人民群众的包围之中接了出来，这是不是妨碍了他联系群众呢？我一直有这个担心。

可是，这一次，他不但没有批评，对我们的做法还说了那些肯定的、带有褒扬的话，在我的记忆中，这可能是从未有过的一次例外。

毛主席回去了。

后来，我才了解到这次事件的原委。原来这一天，即8月10日傍晚时分，毛主席像往常那样出来散步，这是他一天中仅有的户外活动。

跟随毛主席出来散步的只有两个人，一位是主管主席身边警卫的老王，一位是护士小吴。他们陪着毛主席从住处出来，顺着中南海边的马路往南，到了宝光门又往西折，到了怀仁堂门前，忽听中南海西门外的府右街上，锣鼓喧天，人声鼎沸，喊声阵阵，热闹非常。

毛主席突然不满足通常的这种散步了，便信步向西，步行出了中南海。毛主席的本意只是想出去看一看，他一旦形成某种想法，谁也不好阻挡，何况，大门外是他老人家一向愿意接近的人民群众呢。

毛主席一出门，恰与一支前来报喜的游行队伍相遇。平时，大家想见毛主席总没有机会，想见也见不到，如今突然相遇，喜出望外，异常激动……人们欢呼雀跃，热情高歌，表示他们的欢欣与激动。胆大些的，便上前与毛主席打招呼、握手、攀谈，好不兴奋。

毛主席很高兴与大家接近，他没有拒绝，而且很是热情。他微笑着，与伸过来的一双双手相握……谁知这样一来，伸过来的手就更多了，握过手的不愿离开，还想再握一下，他们还想向毛主席讲些什么。前边的得到了这种幸运，走在后边的就更为着急……因此才出现本章开始所提到的那个情景、那个场面，那亢奋激越的欢呼……

8月12日《人民日报》头版头条发表了题为《在党中央关于无产阶级文化大革命的决定公布后毛主席会见首都革命群众》的通讯中说：

毛主席在群众热烈欢呼声中，走上接待站的讲台。我们伟大领袖笑容满面，一面看摆在接待站周围的贺信、喜报和决心书，一面向汇聚在接待站周围的人们亲切招手致意。

同日，该报还刊登一则"通讯"，是当时在报喜台前值班的一位同志的回忆：

这天下午七时多，毛主席来到了接待站与群众见面。当时人山人海，挤得没有路，我和周围同志一起手拉着手，清出一条路让毛主席走到了接待站的讲台上，我也跟着上了讲台。主席向报喜的人们说：

"同志们好，同志们好。"并和大家热情握手。

看着主席高大的身躯、健康的脸色，我流着热泪，用激动得有点发抖的声音喊着："毛主席！毛主席！"

毛主席慈祥地问我："你来服务的吗？你是哪里来的？"

我说："我是来服务的，我是中央办公厅的工作人员。"

毛主席和我握了手，也和台上的其他同志握了手。这时人越挤越多，大家伸出无数双手要和毛主席握手。

直至台上的同志几次催促毛主席回去休息，老人家才和大家招手离去。毛主席离去了，群众还久久不想离去。

曾在那天看到毛主席的居民的经历是这样的：

那天他们正在吃晚饭，听到喊声，喜信突然传来，扔下碗筷，一齐向接待站飞奔而去。见毛主席在主席台上，时而向大家鼓掌，时而向大家招手，激动的人们一起涌到了讲台前边。他们院子里的两位中学生也挤到台前，把手高高地举起，想与毛主席握手。毛主席要回中南海了，他们一直跟着他走到门口，多么渴望再见到他呀！

一位叫卢健华的小朋友在写给他叔叔的一封信中也谈到他在接待站见到毛主席的情景：

昨晚七点多钟，我正在府右街看报喜的队伍，忽然有人喊："毛主席来了"！我看见毛主席满面红光……我跑上前去，边跑边喊"万岁"……毛主席回去的时候，我一直跟着跑到中南海的门口，才蹦呀跳呀地回家了。

后来，毛主席与身边工作人员谈起这次经历时，他不无感慨地说："你们比我好，想去哪里就去哪里，我却不能，人家还没有准备呢。"流露出对平常人生活的羡慕之情。

又一次，他对另一位工作人员也说起此事，他说："……我现在哪也不能去！苦啊！"

这也是实情，毛主席走到哪里，哪里就会发生拥挤，尤其在"文革"时期。

这一次，毛主席出去，我们事先没有任何的准备，其后也没有及时报告，一旦有危险，连维持秩序都很困难，怎么能保证安全？面对这个突发事情，我们显得很不适应。毛主席被围了，最易发生拥挤，而拥挤极易造成对群众的伤害。

不许伤害人民群众是我们警卫工作的一条重要原则和严格的纪律，即使不是有意造成也是不能允许的。这是在警卫工作部署上就要想到的，而且要采取有效措施尽可能避免，如果想得不周到或是措施不够有力，那就是组织者的失职。

发生这次意外事件后，当拥挤的群众散去的时候，遗落街头的鞋子、书包等物品，就收了几箩筐，还有几个人被挤伤送进了医院，不难想见当时拥挤的严重情况。

第 4 章

"八·一八"天安门广场的插曲

> 深夜，毛泽东突然提出要穿军装接见红卫兵，汪东兴急得团团转，最后借来了一个大个子警卫战士的军装，于是产生了一系列"史无前例"的照片。我第一次见到的林彪，穿着厚厚的棉大衣，脖子上缠着围巾，面无血色，走路还要人搀扶。

1966年8月18日这一天，首都举行盛大的庆祝无产阶级"文化大革命"大会。毛主席要去出席，我们在头一天就开始了准备。

准备什么？据说会议在天安门广场举行，有百万人参加。这当然有许多工作要做，而且只有我们准备还是不够的，还有许多单位也要做许多准备，这样才能使会议如期开成。这里只提一提我们进行的那一部分准备工作。

夜已很深了，忽然得到通知说，毛主席要"穿军装"上天安门，这样一来可把我们难住了。

穿什么样的军装？当然是现成的了。可是，毛主席自1949年进北京之后，不管解放军服装、佩戴的符号怎样改变、更换，毛主席从来没有穿过军装，因而也没有为他做过这个方面的任何准备。常说量体裁衣，适合毛主席穿的军装那真还是难找啊！

汪东兴、张耀祠急得团团转。与解放军总后勤部联系吧，现在已是深夜了，人家机关早已下班了；而且这种需要也不好说清楚，因为还要保密啊。如果不把切实的用途讲出来，让人知道是为毛主席找衣服穿，就不易引起重视和得到很快的配合；若讲出来，又不符合当时的保密要求。

张耀祠对我说："你们中队有没有与毛主席个头相仿的？"

"有。"我说。

我们中队有个干部队员叫刘云堂，他高大的身躯，壮实而宽厚的胸腰，还有那硕大的脸庞，红光满面……虽说只有二十几岁，前额上的头发已显出几许稀疏，他走起路来规规整整，不紧不慢，颇有些老同志、大干部的样子。这一年春天发新衣时，特号的衣服他也穿不上，只好为他也来个量体裁衣，请人家给他定做了。这在连队来说，是少见的，显得很特别，印象也就很深。

张耀祠听了我的述说，简直有些兴奋了。忙说："快去，把他的衣服拿来，量一量，看是不是可以用？"

我把刘云堂仅有的那一套新军装拿来后，缀上红领章，钉上红帽徽，送毛主席去试穿。毛主席穿上一试，看上去除前胸尺寸不够，略显得紧一些之外，其余基本上还可以，好在毛主席对衣着并不怎样讲究。

对这套衣服，毛主席首先表示满意，就决定穿这套衣服上天安门了。谁也没有想到，这个难办的问题竟然如此意外容易地解决了。谁也不会想到，毛主席是穿着别人的衣服登上天安门，检阅百万游行队伍的。

这一夜，毛主席没有睡觉。清晨5点多，东方泛着红霞，太阳还没有出来，距预定开会时间——上午7时半还有很长的时间，他便上了车，要去天安门。

我乘的车子紧跟毛主席的车驶出中南海，过筒子河，在天安门里停了下来。这时，那里的岗哨刚刚布好，工作人员正在上岗位，毛主席便健步从西马道乘电梯上了天安门的西平台。

这时，天安门广场上与会群众敲锣打鼓正在集中。从上边往下望去，不少群众席地而坐，当中还有些空地，想来还有不少群众队伍没有到达。

毛主席忽然抽身下楼，说要到广场里"看一看"，要"到群众中去"。

我们，还有陆续到达的几位负责人也紧跟其后，随毛主席从西马道逐级走下，出天安门城门洞，过金水桥，来到了天安门广场的北边。

在晨曦中，毛主席高大的身影突然出现在天安门广场上，草绿色的军装，鲜红的领章和帽徽……他信步向广场走来。毛主席在向大家微笑，在向大家招手……瞬间，即使坐得很远的人，也看得真真切切、清清楚楚。可是，奇迹出现了，最少也有几十万人的广场，几乎没有一点声息。人们在发愣，他们不相信自己的眼睛，那是毛主席吗？是真的吗？

啊！是毛主席！沉寂瞬息之后，顿然间，广场里掀起了欢呼的风暴，排列有序的队伍顷刻大乱……发生了可怕的拥挤，人的浪潮真有排山倒海之势，向毛主席站立的地方拥来。因为大家争先恐后，想一睹毛主席的光辉形象啊！

这，在那个年代，是人们最大的心愿，尤其是青年人。

毛主席不仅不能再往前走了，而且，若多站一会儿，就会被人海的浪潮淹没，有被挤倒的危险。

我们几个也顾不得是否会妨碍群众的视线了，紧紧地站在毛主席的身边，请毛主席赶快往回返。毛主席还想多在这里待一会儿，再看一看……但这时，群众拥挤的狂潮，迫使我们围成的小圈子越来越小，已感受到了难以抵挡的压力越来越大。在我们身边不远处坐着的群众队伍，也顶不住了，不得不站了起来。

然而，毛主席仍面不改色，还是微笑着，热情洋溢地与拥上来的群众握手问好。

跟随出来的几部车子，也陷入了群众的汪洋大海之中，动弹不得。

我们的后退之路也被堵塞，前进不行，后退也不行。

我们随主席出来的十几名警卫人员，寸步不离地围在毛主席的前后左右，生怕拥挤的人群冲撞到毛主席的身上。

这时，中央警卫团的机动部队及时赶到，在卫戍区等单位的配合下，将拥挤的群众分开，清出一条通往金水桥至天安门城门洞的通道，毛主席才回到金水桥上。

可是，毛主席还不甘心，他再次回过身来，挥动着那顶军帽，向欢呼的人们致意。到了金水桥上，已属于控制的警卫区域，没有了拥挤的人群，我们这才放下心来。

当毛主席再次回到天安门城楼上的时候，广场又一次沸腾起来，欢呼声一浪高过一浪。

7时半，大会在雄壮的《东方红》乐曲声中开始，林彪发表了讲话。

他对兴起的造反派、红卫兵们说：

"毛主席提出的无产阶级'文化大革命'，是共产主义运动中的伟大创举，是社会主义革命的伟大创举！"

他说："我们坚决地支持你们敢闯、敢干、敢革命、敢造反的无产阶级革命精神！"

他赞扬红卫兵是"文化革命的急先锋"，并号召他们：

"我们要打倒走资本主义道路的当权派，要打倒资产阶级反动权威，要打倒一切资产阶级保皇派，要反对形形色色的压制革命的行为，要打倒一切牛鬼蛇神！

"我们要打破一切剥削阶级的旧思想、旧文化、旧风俗、旧习惯，要改造一切不适应社会主义经济基础的上层建筑，我们要扫除一切害人虫，搬掉一切绊脚石！

"这次是大战役，是对资产阶级和一切剥削阶级思想的总攻击。我们要在毛主席领导下，向资产阶级意识形态、旧风俗、旧习惯势力，展开猛烈的进攻！要把反革命修正主义分子，把资产阶级右派分子，把资产阶级反动权威，彻底打倒、打垮，使他们威风扫地，永世不得翻身！"

林彪扯着尖尖的嗓子，发表了充满火药味的讲话。

提起林彪来，我对他了解得并不多，也不具体，但认识他却很有些时候了。

　　那是1951年，我跟毛主席出差杭州，当时林彪也在那里。有一天晚上，林彪和叶群要来看毛主席。在这之前，我从没有见过这位在抗日战争和解放战争中很有名气的人物，在我的想象中，他一定是仪表堂堂，很有大将风采……出人意料的是，从车里钻出来的林彪是另番模样。

　　那里的天气并不很冷，可是他穿着厚厚的棉大衣，脖子上缠着围巾，头上戴着帽子。这时我才看清，他的个头并不高大，脸上没有一点血色，下了车走几步路还得让别人搀扶着。

　　随行的叶群解释说："林总身体不够好，怕风，怕光，怕冷，怕出汗。"

　　其后的20年间，我还见过他几十次，全是他到毛主席这里来开会或是参加会见外宾等，印象比较深的是，冬天他坐在保险车里，车里有暖气，他还要穿上套裤。每次来毛主席这里，都是先被人扶到我们的值班室脱大衣，去套裤，解围巾，摘帽子，整理好再进去，走时再到值班室把这一套穿戴好了才出门。有时毛主席要他陪见外宾，还要等林彪方便的时候。这样的一个人物，"文革"中突然成了红得发紫的人物，后来九大党章还明确规定他是毛主席的接班人。

　　讲话结束后，毛主席在天安门城楼上检阅了首都百万人的游行队伍，主席台上的党中央领导人不时向群众招手，然而，游行群众的眼睛却在寻找毛主席的身影。虽然，往年五一、国庆节也都曾有过这样的场面，但此时此刻，人们对亲眼看到毛主席赋予了不寻常的意义。游行的队伍似潮水般的在天安门前翻滚，源源不断地流过。毛主席始终站在城楼上，不曾休息片刻，毛主席对群众倾注了无比的热情。

　　在天安门上，还邀请了数百名男女学生上来，与毛主席、与党中央其他领导人一起观礼，检阅游行队伍。本来，按大会的安排，首长和学生分区域站立，像往常那样，很有秩序，可是这些学生一上来，看到什么都觉得新鲜，先则到处乱窜，也不听劝说；继则要见毛主席，要与主席一起照像；谁的话也听不进去，把城楼上的秩序搞得乱哄哄的。

　　这时，一个戴着红卫兵袖章的女学生来到毛主席面前，主席与她进行简要的交谈，无非是问她是哪个学校的，叫什么名字呀……她也没有征求毛主席的意见，便把写有"红卫兵"三个字的袖章戴在了毛主席的左臂上。

毛主席看了一眼那个袖章，并没有说什么。第二天的报纸上把这件事大加宣扬一番，从此，红卫兵运动风起云涌，席卷全国，随后就是红卫兵冲上街头破"四旧"。这一行动，给社会带来灾难性的后果。

当毛主席在天安门城楼上分批会见观礼台上的代表时，广场上的人流立刻骚动起来了，正在游行的队伍全停下来不走了，因为他们没有看到毛主席。为了满足他们的这个要求，毛主席在城楼上由东向西，再由西而东地走着，不停地挥动着手中的军帽，向广场上的人们招手致意。"毛主席万岁"的呼声在广场上空激荡。

毛主席连续接见这么多的人，在那里站立，不停地走动，一连几个小时，很疲劳，我们担心他的健康，劝他进去休息一会儿。可是他根本听不进去，一直到最后一批游行队伍过去了，他才离开那里。

第二天全国各地的报纸都以特大号字、头版头条位置，突出地报道了1966年8月18日毛主席在天安门广场出席的这次盛会。

毛主席的接见、林彪的号召，极大地鼓舞了红卫兵起来造反的"士气"，他们以"党不变修、国不变色"的崇高信念为己任，到处煽动，四处冲杀，有的甚至失去理智，疯狂破坏，使全国的许多地方很长一段时间一直处于混乱之中。

想当初，如果能够料及造成这么严重的恶果，毛主席会那么热情地在天安门城楼上那样不辞辛苦地鼓励青年人去做蠢事吗？！

在战争年月毛主席料敌如神，指挥千军万马，把敌人打得落花流水，到如今，对于红卫兵的灾难性破坏行为，却未能预知。

第 5 章

八次接见红卫兵搞得他
精疲力竭

大串联给北京市造成巨大压力。73岁的毛泽东，在吉普车上一站就是几个小时，还要不停地挥手，下车时连路都走不了了。他苦笑着说：今天我又要罚站去了。坐下就低了，人家看不到我就不高兴，就过不了关，娃娃们就不走，这也是逼上梁山呀！

毛主席继1966年8月18日庆祝大会与群众——主要是学生，即后来的红卫兵见面之后，8月31日毛主席又一次接见了他们。如果说前一次主要是与北京的群众见了面的话，那么这一次，则主要见的是那些从外地来北京串联的学生。当时，这些人都已戴上了红袖章，成了红卫兵了。

在这次大会上，林彪首先戴起了首都红卫兵西城纠察队的袖章，以表明他和毛主席的观点是一致的，对红卫兵是坚决支持的。他在这次大会上的讲话，那就更突出了这个色彩。他说："红卫兵和其他青少年的革命组织，像雨后春笋一样地发展起来。他们走上街头，横扫'四旧'。'文化大革命'，已经触及政治，触及经济。从学校的斗、批、改，发展到社会的斗、批、改。""打击的重点，是钻进党内走资本主义道路的当权派，一定要掌握这个斗争的大方向。"

也就是在这类讲话的引导下，许多无知的青年上当受骗，做出桩桩件件骇人听闻的打砸抢事件来，有的甚至成了历史的罪人。

周恩来总理接着讲话说："要永远做人民忠实的勤务员。要学习解放军的作风，遵守三大纪律八项注意，保护群众利益，保卫国家财产，造成良好的社会主义的新风气……在斗争中，要用文斗，不用武斗……中央决定，全国各地大学生的全部和中学生的一部分代表，分期分批到北京来。"

新闻媒介广泛传播了这次接见的情景，一下子就使得全国的青少年组织起来，或乘火车，或坐汽车，还有的步行，翻山越岭，长途跋涉，纷纷赶来北京，以"长征"命名的组织也应运而生。在宣传上把这种来京说成是革命行动，是热爱毛主席的表现，这一下就动员了成千上万的青年学生。在组织上也给他们创造了许多有利条件，不管乘什么车，住什么店，都不要钱；不论在外地还是在北京，吃饭一律不收费，走时还要发给路费，因为这是毛主席请来的客人呀，怎么能向客人收钱呢？一时间，北京城人满为患，家家有客，店店住满，仍不能容纳陆续赶来的众多学生（其实，不只是学生），只好在公园里、大街的便道上，搭起席棚子解决住宿问题，把馒头、鸡蛋汤抬到街上供他们食用。至于沿途车、船拥挤的状况，那更是不堪形容，可以说负荷到了极限，这些运载工具都达到了超饱和程度。

到底来了北京多少人？有人说足有百万或几百万，但谁也说不出一个确切的数字来。

9月15日，毛主席再次接见红卫兵。因为来京的人数过多，有关部门动员他们离京返回当地"闹革命"，他们说还没有看到毛主席，有的甚至说："没有见毛主席就不走。"红卫兵的要求，一时间就成了中国最重要的政治问题了。他们的要求，很快就被答应下来了。

在哪里接见呢？当然首先想到的是天安门广场。毛主席已在那里见过几次了，每次见总还是有些不满意的，尽管拥挤得挤伤人，仍然有许多人看不上，见不好，有意见；天安门广场虽然很大，仍然不能把来京的红卫兵都安排进去；再说天安门也有些太高，看起来过远，人的视力有限，见过了，仍然有人说没有看见。

后来几次毛主席见红卫兵便改在了东西长安大街上进行。有关部门组织数十万红卫兵分别坐在天安门广场和东西长安街两侧，大路中间留出8米宽的通道。

在车队的编排上，我们的做法是用12辆吉普车组成，分三路行进，毛主席等领导同志乘中间那一行4辆车上，两边各4辆车由警卫人员乘坐；首长们都是站着，警卫人员都是坐着，这样不会遮拦群众视线。这样的安排，既能多容纳一些人，相距也不算太远，看得也会真切些。

接见时，毛主席等中央领导同志乘坐敞篷车从中间通道通过，车队徐徐而行，毛主席等领导同志不断向群众招手致意，热情问候……

这样做，虽说也还有不尽如人意的地方，首长们没有机会直接与群众接触和交流，只是乘车一闪而过，连想多看一眼的机会也没有了，但总的说反映还是好的，首长和群众都是满意的。

这一年，毛主席已是73岁的老人了，为了接见这些红卫兵，在开动的车上，一站就是几个小时，尽管他身体一向很好，精神也甚佳，但他毕竟是老人了，其辛苦、劳累之状是不难想见的。

1966年10月1日，是中华人民共和国国庆17周年。这一天，像往年一样，中央领导同志在中南海勤政殿集中，一起出发到天安门。

上午10时，《东方红》乐曲响彻天安门广场上空，毛主席和其他中央首长、民主人士检阅游行的各民族、各界代表和红卫兵队伍。这年与往年不同的是，没有阅兵。参加游行的主要成员是红卫兵，到12点多一点游行就结束了。下午4点多钟，毛主席和中央其他领导同志到大会堂118厅开会。晚上天安门广场举行焰火晚会，毛主席等中央领导同志按惯例也是要出席并与大家一起共度国庆佳节的。

大会堂118厅的会议结束后，已是7时多了，毛主席等中央领导同志从大会堂出来，乘车去天安门参加晚会，随行的还有林彪和"文革"小组的成员，加上警卫车辆，是个不小的车队。

我们的车队驶出大会堂西侧路北口，正要进入南长街南口，准备经西华门、筒子河到天安门城楼处。当时，也正是群众队伍进入广场的高峰，宽阔的西长安街不论是快车线、慢车线，还是人行便道，满是一队又一队行进中的群众队伍。他们看到我们的车队，不仅不像往常那样很有礼貌地让路，而是喊着"我们要见毛主席，我们要见毛主席"的口号，顽皮地把路口给堵上了。

我乘坐的头车一停，后面毛主席乘坐的车和其他首长的车，也都一辆接一辆地紧急刹车停了下来，顷刻之间我们的车队被包围在千万人之中。路被堵了，我们的车，前进不行，后退也不行，周围都是密集的人群，动弹不得。这些群众，他们一个个探着头，闪动着奇异的寻索的目光，向车里张望，还指指点点，没完没了。

这时，中央警卫团的一位领导带领近百人的预备队赶来，费了九牛二虎之力，才分开人群，清出一条通道，使我们的车队得以通过。由于这里的耽搁，直至晚上8点多才到达天安门城楼上。

此后，毛主席又在10月18日、11月3日、11日连续接见红卫兵。在这几次接见中，毛主席都是站立在敞篷吉普车上。从城里的东西长安大街到城外的西郊公路，直到西郊飞机场的沿途两侧的便道上、水渠沟畔土坡上，都安排了刚刚组织起来的群众队伍，就人数而言，足有几个或十几个甚至几十个天安门广场的容纳量。我们那个以吉普车组成的车队所过之处，真是人山人海，欢呼连天，掌声雷动。在这几十里的行进中，毛主席等中央领导人迎着扑面寒风站立于车上，那可不是很容易的事情。北京的11月，天气已冷，人们乘车、步行赶来见毛主席的势头一点也不减。一时间，涌入北京的人流猛增，接待工作也越加艰难，因而他们期盼早日看到毛主席的心情也更为迫切。

这么多人集中在北京，白天要吃，夜晚要住，天气也越来越冷，有的也没有御寒的衣服被褥，吃住行都成了问题。动员他们离开北京回原地，他们说没有看见毛主席，坚决不回去。

这样，随着寒冷的到来，接见的问题也就越来越突出。有关接待的各方面，都遇到了许多困难，怨声不少。这些情况，通过各个渠道，反映到党中央、国务院，最终都要周恩来总理定夺解决。

这一天，又是毛主席预定接见红卫兵的日子，在出发之前，毛主席照例在院子里散步，又跟我们聊起来了。

他风趣诙谐，仍如往日。

他说："今天我又要罚站去了……"

我知道毛主席这里所说的"罚站"，是指会见红卫兵时，不管路途多远，时间多长，也不管是在天安门城楼上，还是乘敞篷吉普车，他都是要站在那里。起初，他做起这些动作来，似乎还有些新鲜感，甚至有一种兴奋的情绪，可是随着时间的推移，接见次数的增多，接见的方式又很少改变，基本上还是重重复复，没有多少新意，尽管毛主席那时身体很好，竟也觉得是种负担，时有疲劳的表现，足见接见红卫兵这件事并不轻松，因而也就有被罚站的感觉了。

我说："主席，你可以坐下嘛，何必一定要站着呢？"

毛主席说："我哪里能像你们有那样多的自由，想坐就坐在那里。"说着他又做出正襟危坐的样子，既严肃，又拘谨，既神情紧张，又木然呆板，就像坐在吉普车上做警卫工作的我们似的，十分可笑。

的确，当时的我们，坐在吉普车上，行驶在毛主席等党中央领导所乘汽车的两侧，似很神气，其实，那也是有严格要求的。比如，必须得坐下，不许站起来，以免妨碍红卫兵看领导人的视线。不许我们左顾右盼，又必须能看清车队前后左右发生的任何事情，并做出准确的判断，有随时采取适当措施的精神准备，这就必须注意力高度集中。因而，毛主席看到我们的样子，也是很可笑的。

毛主席说："不行。每次我都得站着，不站不行啊！坐下就低了，人家看不到我，就不高兴，就过不了关！"

"他们大都是外地来的，来一趟不易，见上我更不易，难得有这么一次，看不见怎么会高兴呢？"

毛主席这么一说，使我忽然明白了许多，他总是处处想着别人，不把个人的辛苦当回事。这时的我也认为，毛主席只能在车上站着，别无选择。

这一天，毛主席与周恩来总理谈起这一问题。

周恩来说："主席，你不见，他们不走啊。"

毛主席说："不是发了通知，贴出了布告，也登了报，停止串联，要回原地闹革命吗？"

"是啊。"周恩来担心地说，"天冷了，这些小将已经来了，北京市压力很大，要尽可能早日接见，然后让他们赶快回去。"

毛主席和周恩来总理商定，在11月25日、26日两天，把在京师生全部接见完毕。

一旦决定，就进行组织与动员，一天见150万人，两天共计300万人。从东西长安街、天安门广场直到西郊机场都安排满了，除中间留下通道之外，路的两侧都是蹲着的、坐着的和站着的人们。

毛主席和党中央的领导乘车从人民群众的夹道中间徐徐穿行而过，与来京的红卫兵见面。

头一天接见，从中南海出发，经天安门广场、东西长安大街直到西郊机场，全程几十里。我坐在敞篷吉普车上，都觉得迎面扑来的冷风钻心般的寒冷，可是，毛主席却挺立在车上，回应来自群众队伍中不断的欢呼与问候，很是辛苦。我见他接见回来，因站得久了，下车时连路都走不了了。

一个时期以来，从毛主席的言谈中，我隐约地感到他对接见红卫兵这种做法，并不都是情愿的，简直成了他的一大负担。你不见，他们就不走，就得给吃、给住，就有许多难办的问题。

这天下午，毛主席在游泳池边散步，谈起了在北京的红卫兵很多，连宽阔的北京街头也很拥挤时，他说："总理几次来谈要让见红卫兵，你不见，他们就不走……这些红卫兵娃娃来了，你不见。怎么能让他们走呢？再不见，了不得了。"

我见主席面有倦容，便不由得说："昨天刚见了，今天还要见，您太累了……"

"累也要见，不然，娃娃们不走，你有什么办法。"毛主席笑着说，"这也是逼上梁山呀！"

凡是决定了的事情，毛主席总是照做不误，个人的疲劳、个人的兴趣与意愿，根本就不放在心上。他先后接见红卫兵8次，据说有1100万人次。

做警卫工作没有什么事情的时候总觉得人多，不管是以"前呼后拥"来描述，还是用浩浩荡荡来形容，都曾有过。不过，一遇到麻烦，感到人手不够这种情况也有过。在那几次乘车接见中，每次随行的警卫人员，也不过20余人。尤其是在一些群众场合，指挥安排稍有不当，就会发生紧急情况。有两次首长们由轿车改乘敞篷吉普车时，因换车地点选择欠佳，被群众发现了，一下涌过来许多人，被围得水泄不通，使车进不去，走不脱，大家都很着急。最后，不得不由警卫部队和较多公安人员帮助，才使毛主席等安全顺利换了车。被堵塞尚且如此难办，不要说遇到其他更为复杂的情况了。

好在这几次接见，都是周恩来亲自安排与布置的。每次主席出发前，都要派出解放军代总长杨成武、北京市委书记吴德和中办主任汪东兴等人沿着接见将要通过的路线进行巡视检查，直到认为可以了，才让毛主席等中央领导同志的车队出发经过。

第6章

要警卫去辟谣说没有找到那个儿子

毛泽东沉重地说：原设想"文化革命"今年就差不多结束，现在看来收场难啊！我告诉毛主席，大字报上说你找到了一个失散多年的儿子，在生产队当会计……毛泽东着急地说：你辟谣了没有？我家的事哪一桩你不知道，不要说我没有找到个儿子，就是真找到了，又有什么意义呢？你要辟谣啊！

1967年1月，在张春桥、王洪文等策划下，造反派夺了上海市政府和中共上海市委的大权。

毛主席支持了这个夺权运动，《人民日报》、《红旗》杂志、《解放军报》发表了"两报一刊"社论，大造夺权舆论，一时间在全国各地引起连锁反应，大多数省、市和自治区的党政大权被造反派夺取。"打倒一切""全面内战"之声甚嚣尘上，领导机关瘫痪，厂矿停产，交通停顿，全国混乱不堪。尽管派出大批人民解放军指战员实行"三支两军"，仍不能有效地稳定大局，控制局面。毛主席原来估计夺权之后，三四月份就可看出个眉目来，到了5月份了，仍然事与愿违，情况越加严重。住在中南海游泳池院内的毛主席也忧心忡忡，情绪不好。

他非常想了解外间的真实情况，他不满意"文革"小组编写的那些反映情况的"简报"，可是他自己又不能像过去那样能亲自出去看一看，搞个调查。他的补救办法就是经常找那些外出支左的身边工作人员回来谈一谈，他以为这样做可以真真切切地了解一些实际情况。

5月8日这天上午，毛主席没有睡觉，便出来散步，因为一个时期以来，他一直休息不好。他沿着室外游泳池边的小道，慢慢地走着。来看望毛主席的王海容、唐闻生两人，一边一个，陪着毛主席边走边说话。她们在向毛主席有声有色地谈论着某外国新近发生的这样那样的一些有趣的事情，也不时谈论起社会上一些有关"文化大革命"的情况。印象较深的是，全国各地造反派夺权，成立革委会之后，实际形势并没有怎样好转，派性斗争升级，有些地方还发生了武斗等，这些情况在我听来觉得很新奇。

这两个人可说都是很有个性的人物，她们都梳着齐耳短发，都戴一副眼镜，穿着朴素的衣裤，一见就觉得她们是有知识的那一类人。她们思想活跃，语言形象而生动，讲的那些事情毛主席很爱听。由于工作关系，在她们给毛主席讲的时候，我也听了不少，我所了解的不少社会情况就是从她们与毛主席谈论时听来的。这一次，仍然是她们陪毛主席在前边走边谈，我和小商，还有老李紧随在后，这样的散步，对我们来说是常有的。

围着游泳池转了几圈。这次走到游泳池的北头了，我没有注意到她们与毛主席谈起了什么事情，毛主席突然停下脚步来，回过身来对我说：

"长江，你好久没有回老家了吧？"

"快两年了。"

"我给你15天时间，你回去看一看，了解一下农村的情况。"毛主席这样认真而亲切地与我讲话，也引起了在一旁的两位女士的注意，她们也很有礼貌地凑过来。

毛主席在给我讲这些话时，他伸出左手掌，用右手一个一个地按下左手的手指，为我计算着回乡途中和调查时的日程：从哪里到哪里路途需要几天，到家后做些什么事再需要几天。毛主席这么一算，发现问题了，他接着说：

"这样，你在家只能待6天，太短了。"说到后来，变成了自言自语，低声喃喃了。

"这样吧。"毛主席向我投来征询的目光说，"长江，给你20天，够不？"

"行。"我这人，考虑问题总是直来直去，何况毛主席已说得很具体了，觉着再也没有补充和询问的必要了，便说，"我下午就买火车票去。"

王海容接着说："我们只知道城市里的一些情况，对农村情况了解很不够，你回去了，可要多了解一些呀！"

"你回去。"毛主席又转向我旁边的老李说，"你，李连庆也回去，你们一块回去。"

老李是我们中队的政治指导员，他是广东人，担负这样的任务，对我们来说，已不是第一次了。

早在1954年12月，毛主席就曾向在丰泽园值班的卫士们说过：你们每年轮流回家，一方面探亲，一方面帮助我了解农村的征购、合作社、农民群众的生活情况。毛主席还着意指出："有些老百姓对统购统销不满意，组织的合作社有的是假的。"还强调指出："你们回家的路费，由我负责，你们谁回来了，要来我这里一下，谈一谈情况……"

毛主席对真实情况了解的愿望，简直有些如饥似渴。1955年5月14日，毛主席在中南海颐年堂前给中央警卫团一中队全体同志讲话时就明确提出这个中队有三项任务：警卫、调查、学文化。毛主席的那次讲话内容很丰富，提出的任务也很明确，讲话临要结束时，他以商量的口吻说：

"你们都是干保卫工作的，平时保卫着我，出门时你们跟着我，但老是这一项工作太枯燥了。现在同你们商量一下，给你们增加一项调查工作。你们做好这项工作，对党、对中央有好处，对我也有好处，你们同意不同意？"

"同意。"在队列中席地而坐的我们，异口同声地做出响亮的回答。

毛主席接着说："这好比吃饭，吃菜，再加些辣椒，这样你们的工作就更有趣了。"

这个形象生动、通俗易懂的比喻，立即引起了大家的共鸣，充满激情的笑声从队列中飞起。

毛主席似乎很了解席地坐在他面前的警卫战士们，他进一步叮嘱大家说：你们以后回家，把在农村了解的情况告诉我。你们到了农村，首先要谦虚。要尊重老百姓，要尊重区乡干部，要尊重你们的父母，态度要和气，不要摆架子。"你们的团长向你们摆架子，你们不高兴。你们向老百姓摆架子，老百姓也不高兴，谦虚就能调查出东西。"毛主席还举例说："去年有个卫士回家，不尊重区乡干部，说他是某某的秘书，闹得干部群众不满意。他回来后，人家写信告他，这样就不好了。你们回去，不要说我是毛主席派来的。"

此后不久，毛主席把这次讲话中有关搞好调查研究工作的要求，亲笔为我们写了"出差守则"。现抄录如下：

出差守则

（一）保密——不要说这里的情况

（二）态度——不要摆架子

（三）宣传——解释建设工业和实行社会主义的好处

（四）警惕——不要上反革命分子的当

（五）调查——生产、征购、合作社、生活、对工作人员的意见

在这个"守则"的末尾，毛主席还工工整整地签上了自己的名字。

毛主席的这个题词传到我们中队，大家反复学习，加深理解，每个人都背过，因为它言简意赅，文化不高的我们，学习领会起来，并不觉得怎样困难。

从那以后，利用回家探亲的机会进行农村调查便成了我们的一项经常工作，差不多每年都要进行那么一两次。

这些调查，在很多情况下都是毛主席亲自听汇报，而且听得很仔细、

很认真。毛主席觉得听我们的汇报很有益处，只是觉得覆盖面还不够大。后来，又从除西藏、台湾之外的全国各个省、市所辖的每个地区调一人来一中队当警卫。

对人员的选调上，把有无"调查能力"也作为选调的标准之一，当然，这批人员很快就调齐了。这样一来，毛主席实际上是在更大的范围内，在更深入的层面上进行了农村实际情况的调查研究。

又过了若干时候，由于机构变更，人员更迭，调查任务时有时无，但在毛主席身边的我们，却差不多每年都要担负这样的任务。因此，听到毛主席说让我回乡搞调查，也并没有觉得怎样意外。

当时，我和李连庆的主要时间和精力都在游泳池驻地，在毛主席身边，自然毛主席对我们也很熟悉。我们一中队因分游泳池和丰泽园两处执行任务，外出随卫任务也很重，因而中队干部配备也多。我们俩一起走了，家里的工作照样可以正常运转。我们把工作向留队的队长、指导员等做了交代，便于当日下午，乘火车离京回老家去了。

5月27日，我搞完农村调查回到北京，大约又过了两三天，好像是5月30日，接到毛主席秘书的通知说，让我当日下午向毛主席汇报。

我一进毛主席在游泳池书房的门，就对坐在沙发上等候我的毛主席说："主席，我回来了。"

毛主席很高兴地站起来与我握手，并指着他身旁隔着茶几的一个小沙发对我说："长江，坐下。"

我虽然知道毛主席耳朵不背，仍觉得坐在那个小沙发上讲话不得劲，特别是毛主席有口音，也怕有些话听不清或是把意思听漏了，便端了一张椅子，放在茶几前，坐在毛主席的斜对面，这样离毛主席近一些，也能看到他讲话的口形，听起来会更方便些。

毛主席说："长江，谈一谈吧，你都看到什么了？"

我也没有写成材料，甚至连个本子也没有拿，便把沿途所见所闻和在农村了解的情况，毫无拘束地向毛主席说开了。记得我讲的那些要点有：

回家的路上火车被阻，没能按计划到家。途中在江苏省扬州市住了一夜，那里的群众敲锣打鼓呼口号，搅得没法睡觉，看来两派斗争很激烈，比在北京看到的两派群众斗争还要厉害得多。参加的人大都是学生和机关干部，还听说有些地方发生了真枪实弹的武斗等。

我说："两派的辩论也讲不出多少道理来，都是相互指责、攻讦漫骂，语言激烈，情绪对立，这一派骂那一派是保皇派，那一派又骂这一派是乏走狗……"

毛主席说："派性斗争北京有，影响到了全国。"

"我还听群众说，两派之间有时还有武斗。"我说。

毛主席说："我早就说过，要文斗不要武斗，几派要联合。"

"主席。"我进一步说出自己的意见，"你说的话对他们有利的就执行，不利的就不执行，更恶劣的是，他们都用你的话去攻击对方……"

毛主席沉重地说："原来设想，这'文化大革命'今年就差不多要结束了，现在看来很难收场啊！"

当我说到由于派性斗争，发展成武斗，影响生产，社会秩序不好等，毛主席听着，深沉而缓慢地说："全国不少地方与扬州差不多，扬州有一定的代表性……"

我又说到回家之后，当地正是收小麦的时候，农民群众都很忙，那里社员们生产搞得好，对"文革"，他们认为"那是城里人"的事情。他们说：如果我们也去敲锣打鼓呼口号，不搞生产就会挨饿的，这个方面我们以前是吃过亏的。他们还说："学生闹，他们有家长；干部闹，国家给发工资；工人也有工厂，我们呢，不种田就没有饭吃。"他们还说，要执行你的指示，"抓革命，促生产"嘛。

毛主席笑着说："农民是很讲实际的，农业生产一天也不能停。"

我还向毛主席讲了农民们对武斗、打派仗很反感，对学生不上课很担忧，也谈了我们那个村子生产搞得很不错，还开展了竞赛，人们的情绪很好。

毛主席面有喜色地说："八亿农民把生产搞好了，我们就有希望，国家就不会乱的。"

毛主席又说，农民是很实际的，看到了具体利益才肯干……没有利益的事就是不该干！

毛主席讲农民，就我听到的而言，总是对他们称赞的多，特别是对新中国的农民，包括说他们很"讲究实际"在内。不像有些人那样，一说起农民就与狭隘啊、自私啊、目光短浅啊一类贬义词联系在一起，好像那就是农民的特征。我这次向毛主席汇报，从始至终，就毛主席和我两个人，甚至也没有谁进来过，因而谈得很集中，也很随便，无拘无束。也可能是毛主席那种认真的神情和平等待人的态度，使我也受到感染，平日不健谈的我那日也越说越想说，因此就连听到的、看到的，甚至是谣言一类的东西，也向毛主席讲出来了。

我还告诉毛主席说，从城市到乡村，从北京火车站到我们海安县城，到处都是大字报，有的大字报上说邓小平自杀了⋯⋯

毛主席说："这些话不知是从哪里来的？"

"这样的事不仅农村有，"我说，"我在北京就听说过。"

"你相信不相信？"毛主席问我。

"当然不相信。"我说，"邓小平院子里那个哨兵就是我们大队担任的，我怎么会不知道呢？"

毛主席说："小道消息是不可靠的。"

我又告诉毛主席说，还有一张奇特的大字报上说你找到了一个失散多年的儿子，现在某个生产队当会计⋯⋯讲得有情有由、有鼻子有眼的。关于这件事情的大字报很多，从扬州到海安县城，几乎到处都有，讲得可玄乎呢。

"你辟谣了没有？"毛主席有些着急地说，"你在我身边快20年了，我家的事哪一桩你不知道！"

"当然知道。"我说。

"这样的事情，为什么会到处都有呢？这是在宣扬什么？"毛主席越讲越有气的样子，接着说，"不要说我毛泽东没有找到个儿子，就是真的找到了一个，宣传这个又有什么意义呢？"

我忙宽慰他说："人家在为你高兴嘛。"

毛主席根本没有理睬我的话，而是又重复着说："不要说毛泽东没有找到个儿子，就是真的找到了一个儿子，也不值得他们大写特写呀，这有什么值得宣扬的？他们这样做的目的是什么呢？你想过吗？”

“没有。”我如实地回答，还肯定地摇了摇头。

这时，毛主席似乎平静了许多，他以和缓的口吻说：“你要辟谣啊！长江，你辟谣了没有？”

我说：“人家也不会听呀，贴这种大字报的也不是一个地方，甚至也不是一个地区，恐怕是个全国性的问题。”

毛主席面露不悦之色，显得有些焦躁不安，很反感地说：“他们宣扬这个到底有什么目的？”

毛主席又说：“我家几口人，你是知道的。岸英，在朝鲜牺牲了；刘松林，过去还常来，后来也不来了；还有个住在医院的毛岸青，经常在家的就是李敏、李讷、毛远新；还有李云露（江青的姐姐）、王博文，连江青在内，就这么多人。这些人你是常见的，他们做什么你还不清楚？”

“是啊！”我说，“李敏、李讷、毛远新，这我熟悉，我是看着他们从幼儿园走进学校的门，又看着他们参加了工作的。”

这时一丝笑容从毛主席的脸上掠过，他说：“是啊，是啊，他们都叫你叔叔呢……这，你还不清楚，你要辟谣啊！”

我说：“人家谁听我的呀？”

毛主席见我反复强调这一点，他有所动地说：“是呀，是呀。”没有了往日那种乐观自信的神情，一副无可奈何的样子。

这种情绪在毛主席身上是不易看到的。看到毛主席这样，在我的心中涌起阵阵不安和痛楚，觉得再也谈不下去了。在我看来，我是无论如何也解释不清的。再说，大字报这类东西，很不严肃，又太庸俗了，不少人和不少地方把大字报当作攻击对手的武器，因而那些道听途说的、捕风捉影的、主观猜测的，都成了重要内容，遣之笔端，贴于墙上。你能这样，我也可以如法炮制，这样一来一往，搞得满城风雨，人心惶惶，搞出人命来的也并不少见。

由于大字报这种形式的可信度差，所以人们对大字报越来越不看重了。因而有的地方出现了你有贴的自由，我也有撕的勇气。有的城镇，有的院校和单位，被撕下的大字报碎片和纸屑在街头院落随便乱扔，一片狼藉，微风起处，瑟瑟滚动，很不雅观。至于揭下大字报当作废纸卖的，也不再是什么奇闻了。

记得，有一次在人民大会堂，毛主席问公安部长谢富治："娃娃们揭大字报卖多少钱一斤？"

"七分钱一斤。"谢回答说。

有些地方和组织把撕大字报这种现象看得很重，把撕大字报的不是看成是"反革命"也是坏人。可是，毛主席在这里，把它变成了幽默的笑料了。

"七分钱！"毛主席笑着说，"那娃娃们可要发财了。"

我正想得出神，毛主席忽然改变了话题，他问我：

"长江，你们村有几个当兵的？"

"三十几个。"

毛主席说："年轻人若能在部队学习锻炼一段时间，那还是有些好处的。不过有两年也就够了，最长不要超过三年。原来那个兵役法规定三至四年，有些长了。要是改得短一些，改为二至三年，这样，就会有更多的青年有机会到部队，青年人到部队锻炼锻炼好呀！"

"解放军是个大学校嘛。"作为一个带兵人，对兵役的长短，不仅十分关心，而且也有自己的切身感受，我便高兴地说，"若能把服役时间改短一些，多轮一班，有更多的青年参军入伍，就能培养出更多的各种各样的人才……可是，修改《兵役法》那是关系到全国的大事，要改非得统一改才行啊！"

"是咯。"毛主席笑着模仿着我的那个常用语说，"这是以后的事了。"过后不久，《兵役法》果然做了修改，把普通兵的服役年限缩短为二至三年。

在谈到红卫兵"破四旧"时，我讲了个人的看法说，破除迷信，捣毁土地庙，不信神，不怕鬼……这些是好的；可是有的地方的做法过了头了，连凤凰牌自行车上的品牌标志也给抠掉了，看到人家戴进口手表也要砸，这是盲目排外，是乱来。我还听说一些红卫兵跑到外国大使馆去造反，这种做法连乡村的农民都议议纷纷，表示不满，可是在北京却发生了。

"这些我已经知道了。这样干是无知，是做蠢事，是一帮极左分子干的。"毛主席十分生气地说，"今天我们谈了不少了，到此算了。"

我站起来就要走，毛主席也站起来亲切地和我握了手。

这次向毛主席汇报和交谈长达一个多小时，足见他对农村、对农民的关心和重视。这一回可说是我随便说，毛主席随便问。我的回答是有什么说什么，想到哪里说到哪里，始终没有第三者参加。

第 7 章

去武汉游水未能如愿

　　武汉乱作一团，毛泽东要下榻的东湖宾馆，厨师、服务员也分成两大派，周恩来只好亲自指挥大家打扫房间，接待毛泽东。毛泽东没有再能游长江，却穿着睡衣匆匆去了机场。

　　1967年7月13日下午，毛主席在人民大会堂118厅亲自主持召开了中央"文革"小组碰头会。

　　在这个会上，毛主席讲了"文革"中的一些情况，分析了当时形势，最后他诙谐而自信地说："'文革'是一年开张，两年看眉目打下基础，三年收尾，这就叫'文化大革命'。"

　　也就是在这个会上，毛主席以轻松的语气宣布说：

　　"……我要到外面走一走，去武汉长江里游水，那里的水好。"

　　同时指定解放军代总长杨成武、空军政委余立金等随行到外地巡视，中共中央办公厅主任汪东兴也被宣布同往。

毛主席为什么要去武汉，是依据什么选择的？毛主席当时并没有说。不过，据了解情况的人讲，当时武汉的形势最具有代表性，也最具有爆炸性。武汉地处中原大地，是连接大江南北的要冲，它的形势怎么样，一向对全国形势都有重大影响。当时"文革"进入打基础的重要阶段，如果能把武汉治理好，使它由动荡走向稳定，会有示范作用，无疑必将影响全国。

当时，武汉的形势与全国的许多地方相似，随着造反派夺权等一系列重大行动，出现了观点和情绪对立的两大派群众组织。一派叫"工人总部"，对省委、省政府和省军区支左持否定态度；另一派叫"百万雄师"，拥护军区支左，有120余万人，可说是多数派。

这两派在一系列问题上存在分歧，发生了一系列冲突，而冲突的焦点在于：

"百万雄师"政治倾向上与武汉军区的观点比较一致，因而也拥护军队；"工人总部"则主张"全面夺权"，要揪出所谓的军区的"武老谭"。

这两派之间矛盾不可调和，武斗不断。当时尚能支持局面的武汉军区指挥机关，虽然还在艰难地运作着，但常常被造反派冲击难以维持正常工作。

当然，要搞乱军队的压力来自上面。1967年3月之后，林彪多次对吴法宪等人说："要把军队中一小撮不好的人揪出来烧掉。"

吴法宪多次给武汉空军刘丰等人打电话，要他们"不要听大军区的"。当时军委要求驻地军队，均接受当地最高军事领导机关的领导。

4月16日，江青在人民大会堂接见军内外造反派时说："成都、武汉，那是问题比较严重的地方，可以冲一冲。"

此后，武汉造反派和南下造反派勾结在一起，提出了什么"打倒陈再道，解放全中原"和揪出"武老谭"的口号，甚至还发生了绑架武汉军区政治委员钟汉华的事件，至于谩骂、围攻三支两军指战员的严重情况时有发生。

两派斗争很激烈，声势也越来越大，参与人员甚多，涉及的方面和部门很广，党政军工农兵学商，甚至包括很多领导人都被卷了进去，形势错综复杂而多变。

本来，在"文革"中起稳定作用的人民解放军是绝对不能乱的，因而，在毛主席看来，抓好武汉，稳定中原，进而推动全国的大联合，这是关键性的一步。那时的造反派把斗争的矛头直指武汉军队的领导机关，使其不仅不能在稳定中原这个大战略中起到应有的领导作用，而且陷于非常困难的境地，自身难保。这些情况，毛主席和周恩来洞若观火，非常清楚。鉴于对武汉形势严重性的深刻了解，以及对全国不少地方新近发展起来的武斗，特别是铁路沿线更为复杂多变的情况而担心，为确保毛主席这次外出的安全，周恩来提出他要先行，去武汉打前站，毛主席欣然同意了。

在临行前，毛主席与周恩来话别。

毛主席说："走，到武汉去，保陈再道去。"

当夜，毛主席乘专列火车，沿京广线南下，开始了著名的巡视大江南北的行程，周恩来于翌日晨乘飞机直飞武汉。

那还是在"中央文革"小组碰头会之前，我们就知道了毛主席要外出，并就外出的警卫工作进行了一系列的准备。

汪东兴同志在向我们传达布置任务时就指出，毛主席这次出巡大江南北地区，由于所要经过和到达的地区派性斗争激烈，社会治安和秩序不够好，有些地方比较乱，政府已瘫痪，铁路运输秩序也很不好，这次又是"文革"以来毛主席第一次外出，他要大家有足够的认识与准备，要有为了保证毛主席的安全不惜流血牺牲的充分准备。他还特别指出，要我多带些部队。

过去随毛主席外出，他总是嫌去的人多，怕给地方上添麻烦，每次外出都有极严格的限制和要求，多去一人也是不允许的。而这一次还特别提出让多去些人，足见这次任务非同往常，有可能遇到艰难和危险。看得出，毛主席是有这种估计的，而且也是做了准备的。

根据这一指示，我从中队挑选了120余人，大多数是有经验的干部，还进行了扼要的却是深入的动员，着重让大家了解当时形势复杂、多变的特点和对安全带来的种种不利因素，要求全体同志提高警惕，对可能遇到的困难、可能遭到的危险要有充分的准备。

在武器弹药的配备方面也有意识地做了加强，做到了枪要够、弹要足，对应付可能遇到的不测也制订了预案，当然这些都是必需的。尤其使我信心倍增的是，我的领导是跟随毛主席多年，无论是平时还是战时，很有些警卫工作经验的老领导；我带的这些警卫战士，他们不仅训练有素，军事技术过硬，有严格的组织纪律，也有较为丰富的武装警卫工作经验。最使我满意的还是他们那种全心全意为人民服务的品格和为了保卫领袖的安全舍生忘死、不怕牺牲的决心，有了这种精神，在任何险恶的环境里，在任何困难的条件下，都能勇往直前，战而胜之，这才是警卫战线上最强大的武器。

按照警卫方案的要求，我们这次出发的队形分为前驱、主车和尾车，对所属人员进行了编组部署，区分各自的任务，指定各部位的指挥员，规定联络方式和信号，使前后左右有机协调配合，相互策应支援，形成一个完整的战斗整体。我带领40余人登上了主车，随毛主席行动。

尽管我们做了许多工作和努力，做了诸多组织安排，但要保证毛主席这次外出的安全顺利，应该说还是很不够的，警卫工作从来就不是仅靠一个单位、一个部门能完成的。

事实上也正是如此。在此之前，周恩来就为毛主席这次外出巡视，进行了一系列的部署与安排。

7月10日，周总理给武汉军区司令员陈再道打了电话，通报了毛主席这次出巡。还告诉他们，毛主席打算7月16日，在他横渡长江一周年纪念日的时候，再次畅游长江，要他们为此做些准备。

武汉军区指战员在陈再道率领下，就毛主席到武汉和与人民群众一起畅游长江的活动做了周密的安排和一系列组织准备，尽管遇到了许多困难。

周恩来总理还给铁道部和京汉线沿线的党、政、军负责人打了招呼，要他们深入第一线实施指挥，分工包干，精心策划，保证毛主席的专列火车安全通过。

在毛主席乘坐火车从北京出发前往武汉的第二天早晨，周恩来就与空军司令员吴法宪、海军政委李作鹏等乘飞机直飞武汉，为毛主席的到达做妥善安排。周恩来到武汉后，吴法宪别有用心地把周恩来安排在武汉空军招待所下榻，也没有向武汉军区陈再道等通报。直至14日早晨周恩来要找武汉军区领导人谈工作时，陈再道才知道周恩来已经在武汉了。

周恩来就要吃早饭了，武汉军区司令员陈再道、政治委员钟汉华才匆匆赶到空军招待所看望。在周恩来的邀请下，他们与总理共进早餐，边吃边谈。

"现在东湖宾馆怎么样了？"周恩来问陈再道。

周总理所问的东湖宾馆坐落在武昌著名的东湖风景区内的一个高地上，宾馆内的不少建筑有些像欧洲的教堂，房子是尖顶子的，有一种异国情调。宾馆的环境很美，东湖的水面占地很大，水深而清澈；地上树高而林密，绿荫遍布，因而形成突出的小气候，即使在盛夏时节，武汉市区气温高达38摄氏度、40摄氏度的时候，这里仍然保持在30摄氏度左右，相比之下，人们觉得这里凉爽宜人。我就不止一次听到毛主席称赞东湖的山，赞美那里的水、那里的树木花草和建筑。大概因为这些原因吧，毛主席每来武汉，常在东湖宾馆落脚，因而，周恩来这次来武汉，特地提出了这个问题。

陈再道说："东湖那里，乱得很，连厨师、服务员也分成两派，把房子搞得不像样子了。"

周恩来总理向他们交代说："把那里打扫出来……准备使用。"

早饭吃完了，工作也谈完了，陈再道、钟汉华两位军区领导与周总理告别，回军区进行安排去了。周恩来随即来到东湖宾馆，把对立的两派厨师、服务员等工作人员找到一起开会，动员他们赶快行动起来，把将要使用的几幢楼房打扫出来，迎接新任务。

周恩来总理很懂得大家的心理，很会做群众工作。他讲得并不多，却把势不两立、被说成是冤家对头的两派都说服了。大家很快行动起来，清扫卫生，收拾房间，相互之间也有说有笑，不那么对立了。从中，周总理也了解到许多第一手材料。

这时，陈再道、钟汉华看到周恩来亲自做这些本该由他们做的工作，一种惭愧、内疚、过意不去的复杂神情，令熟悉他们的人也觉得有些陌生。他们以积极的姿态参加宾馆的各项工作，使东湖宾馆的准备工作进展顺利。

毛主席乘坐的这趟专列，于7月13日夜间由北京出发，沿京汉线南下，除了换机车添煤加水检修之外，一路未停，直驶武汉。下车后，毛主席顺利地住进了东湖宾馆的梅岭一号楼,这时,已是7月15日了。当时的我们,并不知道没有周总理先行的一系列前站工作,就没有我们的顺利进驻。

这梅岭一号楼实际是一幢老房子,条件并不怎样好,可是,毛主席住惯了,他很喜欢这里。

这时周恩来总理也由空军招待所迁来东湖宾馆,住在百花一号楼。谢富治和王力他们,住在百花二号楼。

我安排完警戒之后,就为毛主席即将再次畅游长江做准备,便带领数人随即下到长江里试水,检查下水和上岸地点,还对将要使用的船只的性能和其他设施等也做了试验和检查,看它们是否完好和适用。这是多年来的老习惯了,凡是毛主席将要游泳的地方,我们都要先下去试水,认为可行时才让他下去,这几乎成了水上警卫工作的一个不可缺少的重要组成部分。

毛主席到达武汉的当日,即7月15日上午和第二天上午,他在住处与周恩来召集随行的杨成武、汪东兴、余立金以及李作鹏、吴法宪,还有武汉军区的负责同志开会,听取谢富治、王力有关云南、贵州、四川、武汉等地区的情况汇报。据说,他俩刚从那些地区考察来到这里。在这个会上还讨论了解决武汉问题的方针与办法。

对于如何处理武汉问题,毛主席即席说过这样一些内容的话:

要给"工人总部"平反,把其头头朱鸿霞放出来;"百万雄师"是群众组织,让谢富治、王力派出专人做好他们的工作。武汉军区对两派群众组织都要支持。陈再道要支持造反派,造反派是会拥护陈再道的。并让周恩来在武汉多留几天,做好武汉军区的工作。

周恩来坚决按照毛主席的讲话精神去办。从那之后直到7月18日的几天里,他每天下午都召集武汉军区的领导及其支左人员开会,就武汉地区支左问题,听取他们的汇报。

周恩来根据了解到的情况,亲自拟定了解决武汉问题的提纲,经毛主席审阅同意后,就如何稳定武汉局面,发表了总结性的讲话,他着重指出:

武汉军区在支左中有错误,甚至是严重的,其责任由军区主要领导人承担。

建议陈再道、钟汉华主动承认在支左中犯有方向路线错误。军区要为"工总"平反，迅速放掉朱鸿霞，支持造反派。周恩来还明确指出：估计平反后的"工总"会起来，可能对"百万雄师"报复，这个工作由中央来做。

周恩来还指出：军区要对所属部队进行教育，各群众组织都要进行整风，好好学习，提高认识，认真执行中央指示。对军区坚持"抓革命，促生产"所取得的成绩，也给予了充分肯定。

周恩来最后说："'文化大革命'是史无前例的，没有经验，因此犯了错误。错了就检查，就改正，改了就好……"

陈再道对其所犯方向路线错误表示"难予接受"。

7月18日夜，周恩来又带领陈再道、钟汉华来到东湖梅岭一号楼毛主席的住处。

毛主席正在会客室里等候他们，谢富治、王力也在场。

毛主席见他们来了，站起来亲切地与他们一一握手，然后，让陈再道、钟汉华一左一右坐在他的身边。

毛主席问陈、钟道："你们怎么样呀？……武汉的形势还不错嘛！"

陈再道直截了当地说："我们不承认犯了方向路线错误……"他讲话有军人的豪爽，也充满了对领导的信任，坚持有啥说啥，心中怎么想，嘴上就怎么说。

毛主席心平气和地说："方向路线错误怕什么？现在他们一提就是方向路线问题，谁都是方向路线错误……"他解释着，连他自己也忍不住笑了。

陈再道说："要是犯了方向路线错误，我们马上开大会做检查……"

"那可不行啊。你们不能开大会。你一开大会就下不了台了。"毛主席听他这么一说，也着急起来了，笑着为他们出主意说，"你们写个东西，给他们发下去。"

毛主席又说："要做好工作，慢慢来，不要着急。首先把部队的工作做好，把'百万雄师'的工作做好。"

在毛主席看来，司令做部下的工作，责无旁贷；支左人员去做自己支持的那一派群众组织的工作，也有许多优势和方便，这是顺理成章的事情。

陈再道毕竟是长期在硝烟风雨中磨炼出来的，又深知武汉此时此刻的真实情况，他没有讲更多的客观理由，而只是向毛主席提出：希望"中央文革"小组的人，从中做些工作，效果会更好一些。可是他做梦也没有想到，后来正是这些人从中作梗，使简单的问题复杂了，让可以顺利处理的事情费了许多周折，最终酿出震惊中外的武汉"七·二〇事件"。

毛主席说："他们要打倒你们，我要他们做工作。要做到不仅不打倒你们，而且直到拥护你们为止。"

毛主席当即指示在场的"中央文革"小组代表谢富治、王力他们，说要设立接待站，专门接待人民群众和群众组织的来访，做好他们的思想政治工作。

谢富治、王力都点头允诺，表示完全赞同主席的意见，照主席的意见去办。

毛主席又说："武汉的形势还不错嘛！你们想一想，一个工厂，这一派是革命的，那一派就不革命，是反革命……你们相信吗？"

说到这里，毛主席停了停，似给听者以思考的余地，接着又说："在工人阶级内部，没有根本利害冲突……更没有理由一定要分裂成为势不两立的两大派组织。"后来这段话以最高指示的形式传出，成为人们认识派别组织、处理派别斗争的一个重要指导思想。

这次谈话一直进行到晚上10点多钟才结束，毛主席还把陈再道、钟汉华送到门外的走廊上。

在走廊上，有几个服务员值班，毛主席把这几个服务员招呼过去，与他们一一握了手后，当着陈再道、钟汉华的面，笑着对那几个服务员说：

"你们再不要打倒你们的司令了吧，我是不打倒他的。"

毛主席很有信心地对陈再道、钟汉华说："他们要打倒你，我要他们不打倒你！"

毛主席这些风趣的言谈，引得在场的不管是司令、政委，还是"中央文革"小组成员，抑或是宾馆服务员，还是警卫值班的，也包括我在内，都由衷地哈哈笑起来了。大家相互握手，一派和谐团结的气氛。

目睹这一切的我，以为武汉问题从此有了结论，尖锐对立的两大派矛盾，在毛主席、周总理的亲切关怀下，得以圆满解决了。几天来绷得紧紧的弦，也有了几分松弛。

由于武汉地区的矛盾从此有所缓和，毛主席在武汉的留住也没有什么危险了，只是原计划毛主席畅游长江的打算，因忙于应付那些错综复杂的事务，再也无暇顾及了。

一向非常喜欢游泳的毛主席，那真是见水就想下去游，而且一旦他的主意拿定，要去某处游泳，谁都拦挡不住。有些条件差、安全没有保障的地方，劝他不要去游，他曾因此发过脾气，甚至骂过人。这一次他把来武汉游泳，当作一件大事看待，在北京就宣布了……可是，终于没有游成，特别是在他畅游长江一周年的时候。

毛主席就这么一点属于他自己的"愿望"都未能满足，实在使人有些遗憾。不过，当时的我，还抱有一点希望是，今后留下的日子里，或许还会有机会补上的。

当然这比起解决武汉问题来，仅仅是个小小的不足。因为毛主席此行的目的用他自己的话说是"保陈再道去"的，从他所进行的一系列工作来看，应该说这个目标已经达到了。

当夜，周恩来与毛主席告别后，便乘飞机离开武汉返京了。

第 8 章

不信陈再道要搞"政变"

风云突变，王力、谢富治惹火烧身，大规模武斗一触即发，警卫大队荷枪实弹。毛泽东接到林彪派邱会作送来的一封"谎报军情"密信，却笑了。凌晨时分，周恩来亲率200名武装战士，乘两架飞机从北京紧急飞抵武汉接毛主席。毛泽东的吉普车穿过各道关卡，驶往机场。他对我们说：陈再道，他不会反对我的。

毛主席、周恩来为武汉问题的解决本来提出了明确的方针、原则和策略，核心是不加剧各派之间的矛盾，以大事化小、小事化了的原则处理。做法是领导嘛，就是要多做自我批评；群众嘛，都是好的，都是要革命的；大家要团结起来，实现革命的大联合、三结合也就可以了。落实嘛，要靠工作，要各有侧重，分头去做。

陈再道、钟汉华着重是做军区指战员和所支持的群众组织"百万雄师"的工作，"工人总部"的工作由"中央文革"小组的谢富治、王力承担。

一切都安排妥当了，周恩来于1967年7月18日夜间乘飞机返回北京，在武汉地区留下谢富治、王力，根据拟就的处理武汉问题的方针、原则和步骤，委托他们处理那里的遗留问题。为了方便工作，使他们在安全方面也有保障，仍然让他们住在离毛主席住处不远的东湖宾馆百花二号楼内。

可是，谢富治和王力这两位"中央文革"小组的大员，对毛主席、周恩来的安排和指示阳奉阴违，当面说得好听，背后另搞一套，他们执行的是林彪、江青他们那一套唯恐天下不乱的方略。

周恩来一走，谢富治、王力不听毛主席、周恩来要他们"不要公开露面"的指示，四出活动。他们支一派，压一派，挑动群众斗群众，加剧了两派群众组织的对立情绪，终于惹出一个惊天动地的事件来。

7月19日下午，谢富治、王力到"工人总部"那一派的一个据点——武汉水利电力学院召开的大会上，接受并佩戴该派袖标，发表了倾向性明显的讲话。他们说，党中央、"中央文革"小组坚定不移地支持你们，你们受压抑、受打击的现象是不允许存在的，要把这种现象翻过来，并宣称该派组织的对立面"百万雄师"是"保守组织"。处于少数地位的"工人总部"将谢、王讲话的实况录音和王力的"四点指示"以开动广播车、张贴大字报等形式大加宣传。

这天下午，谢富治在武汉军区300余名师以上干部会上讲话说："武汉军区支左犯了方向路线错误，军区要发表声明公开承认。'百万雄师'是保守组织，不能支持和依靠他们，要支持少数派，所谓少数派就是以'工人总部'为代表的造反派。"

武汉军区按谢富治的讲话要求，对其讲话连夜组织向所属单位传达。谁知谢富治的这个讲话还没有传达完，下面抵触情绪很大，显示了对这个讲话的强烈不满。讲话激起"百万雄师"群众的极大愤慨，声讨王力的大字报、大标语贴满了武汉街头。还有一部分群众走上街头游行，对谢、王的讲话表示强烈的抗议；另一部分群众足有两千余人，他们头戴安全帽，手执长矛、棍棒等，分乘数十辆卡车和消防车，鸣着警笛，一起涌进武汉军区机关大院，并与武汉军区机关的部分干部、战士和家属汇集一处，要求面见谢富治和王力，质问他们，把拥有120万人的"百万雄师"打成保守组织，有什么依据？他们高呼口号，要求与谢富治、王力说理，他们情绪激动，怒不可遏。

这时的武汉街头，更有一幕令人震惊的景象。数十辆大卡车满载着工人、市民和全副武装的人民解放军指战员，排成四路纵队在街头游行，呼喊着打倒王力的口号。此时，武汉的街道、汉水河上的交通均已中断。还有的占领了火车站、电台、机场，并在城内的一些要冲地段和重要建筑物等处构筑了武斗工事，设置了据点，两派之间还相互打伤了一些人。在武汉，大规模的武斗，大有一触即发之势。

与武汉城区形成鲜明对比的是我们住的东湖宾馆，它花香水清，一如既往，安静异常，犹如世外桃源。可是，这一天也突然来了一大批人，一问方知是"百万雄师"的群众，他们先在门外吵吵嚷嚷，随后有200余人冲进了宾馆院内，聚集到谢富治、王力住的百花二号楼门前，要求王力出来回答问题。

这时，陈再道也赶到百花二号楼门前，与出来的谢富治一起，与已经冲进来的群众交谈，意在做他们的工作，劝说他们退出宾馆，并答应很快就接见他们。由于猜疑、愤怒、不满所带来的对立和不信任，他们能把群众工作做到这个份儿上，应该说花了不少的气力，也是相当不容易的事情。

那位"中央文革"小组的王力呢，他躲在百花二号楼的房子里，始终没有露面。

由于陈再道、谢富治再三劝说解释，这批群众正要准备离开宾馆时，又有几百人的群众队伍旋风般的冲了进来。这些人大都是军区机关的战士，有的还带着枪支。他们原在军区大院等候首长接见，可是过了很久，不仅无人接见，甚至也无人理睬，颇有些被捉弄的感觉，加之气候炎热煎熬，他们等急了，失去了理智，便怒气冲冲地赶到这里来，要说个高低。

他们冲进宾馆，不管你是司令还是部长，也不管你是军区的还是中央来的，在一片混乱之中，凡是阻拦他们的，就是一顿拳脚枪托，以发泄他们的愤怒与不平，连他们自己的司令员也未能幸免。最后他们进入百花二号楼室内，找到那个王力，几个人把他拉到大卡车上，带回军区大院要与他理论理论，这就是王力被抓的真相。

他们这样做的本意无非是想引起中央的重视，从而采取正确的方针解决武汉问题，但他们根本没有想到，这样一来，给了林彪、江青一伙以把柄和口实，使人家预先拟好的"兵变"有了依据。

他们这么一闹，可把我们紧张坏了。在北京虽然也见过许多游行的群众到中南海门前或示威或静坐或提抗议的，有的甚至不听劝阻冲进中南海讲道理的。那些人，不是学生，就是手无寸铁的工人、市民群众，但从来也没有见过解放军战士也上街闹事，而且荷枪实弹，全副武装。更为可怕的是，这些荷枪实弹的战士和群众处在一种心态失衡的非常状况之下，在行动上没有了指挥，他们谁的话都不相信，也听不进去。

这些人在东湖宾馆，在毛主席住处附近出现，还有广播车的高音喇叭也对准了毛主席的住处，声嘶力竭地呼喊，或是大声宣传他们的主张，或是发泄他们的不满，不仅影响毛主席正常的工作和休息，而且对安全也造成很大的威胁。

面对如此严重的局面，我能有什么办法呢？

我对仅能组织起来的数十名警卫战士进行战斗部署，重新编组，实施有效的武器配置，随时准备投入战斗，决心用鲜血和生命保卫毛主席的安全。但是，一想到警卫部队将要对付的是这样的一些人，我的心情则异常的沉重与不安，简直憋闷得叫人喘不过气来。

好在令人担心的形势没有进一步恶化，终于迎来了7月20日的清晨，一夜几乎没敢闭一下眼的我，一早就被汪东兴叫去了。

"老陈啊！"汪东兴以少有的严肃对我说，"周总理来了，在山坡机场，你快派人去接。"

"怎么不在王家墩机场降落，到了山坡呢？"我不解地问道。

我听说周恩来总理要来，却没有想到会在山坡机场降落。在我看来，王家墩机场距市区较近，而且那里的起降条件也是好的，又是我们经常使用的地方。山坡机场距市区60余公里，属武汉空军管辖的军用机场，通常民用飞机很少在那里降落。这些，周恩来总理比我们清楚多了，因而我还想问个为什么。

"周总理怎么会舍近求远呢？"

"现在还不清楚。"看得出，汪东兴无心回答我的问题，我也不好再问下去了。他又认真地向我交代了注意事项和处理情况的原则，便匆匆离去了。

我从仅有的警卫战士中，组成了20余人的一个小分队，由中队指导员老李带队，一律身着便装，并带了武器，乘了几辆车子，迅速向山坡机场开进。

在这样混乱的武汉，靠这些武力出去执行这样重要的任务，不是一件容易的事情。好在有武汉军区以及各有关方面的配合，于近午时分，终于把周总理由山坡机场平安顺利地接到了东湖宾馆。

周恩来总理依然住在他常住的百花一号楼内。

在这里，周恩来为稳定武汉，以不扩大矛盾，防止造成武斗，确保毛主席安全为目标，立即展开了一系列工作，收到了预期的良好效果。

后来我才知道，已回到北京的周恩来总理听说武汉闹事，他顾不得吃饭，顾不上睡觉，连夜召开会议，研究对策。他要办的第一件事情就是为毛主席解围，把毛主席转移到安全的地方去。散会后已是7月20日的凌晨了，他亲自率领中央警卫团全副武装干部战士200余人，分乘两架大型飞机，从北京西郊机场起飞，直往武汉。在飞行途中随行的空军司令吴法宪做了手脚，谎称陈再道派部队包围和占领了王家墩机场，准备劫持周恩来，因此，周总理的专机不能在那里降落，只能降落在他管辖的武汉空军山坡机场了。

在此同时，吴法宪在林彪的赞许下，以反陈再道"兵变"为名，调空降兵部队占领了山坡机场，并进行了临战部署，处处刀光剑影，杀气腾腾，好像陈再道真的要到山坡机场劫持周恩来似的，醉翁之意不在酒，其用意在于制造假象，硬是把"兵变"的帽子，扣在了武汉军区及陈再道的头上。

但是，周恩来总理一见那场面便明白了。对吴法宪等谈的所谓"敌情"，根本不以为然。他镇定自若，果断地让随行的警卫部队在山坡机场待命，他自己仅带两名工作人员，登上了我们派去迎接他的汽车，在小分队的护卫下，直奔毛主席住的东湖宾馆来了。

在东湖宾馆，毛主席和周恩来交换意见。随后，周恩来又在百花楼一号他的住处召集在武汉的杨成武、谢富治、汪东兴等开会统一认识，研究对策。还找陈再道、钟汉华等谈了话，并给他们布置任务：要保卫毛主席的安全，稳定武汉地区局势，不激化矛盾，严防发生武斗。要他们明确表态，要支持两派群众，而不是支一派压一派。这些做法，无疑有利于缓和两派矛盾。

为使毛主席安全转移，周恩来做了大量的工作，使这一行动真正万无一失，确有把握。

首先是开通道路。考虑到当地的实际情况，决定毛主席乘飞机离开武汉。从东湖宾馆到王家墩机场要经过长长的武汉市区大街，还要通过长江大桥等交通要隘才能到达。沿途的安全，责成武汉军区负责。为此，陈再道、钟汉华率武汉军区指战员，做了许多动员和组织工作。

其次，是把山坡机场的两架由北京来的飞机，调到王家墩机场待命，以便毛主席离开武汉时乘用。

就在这天下午，邱会作受林彪、江青的委派，乘飞机由北京来到武汉，大约下午5时许到达东湖宾馆，要求见毛主席，要求转达林彪、江青对毛主席的慰问和对毛主席安全的担心，请毛主席转移至某个安全的地方，并当面把林彪的一封亲笔信交给了毛主席。

毛主席把那封信打开一看，不由得笑了。

这封信到底讲了些什么，为什么还专门派人来送？毛主席没有说过，但毛主席那样的笑，是高兴，是轻蔑，还是另外还有含意？至今也还是个谜。

不过，我认为，这与邱会作向毛主席所谈的，以及转达的林、江的问候与担心有关，也与他们把武汉的"敌情"过分夸大了有关，因而毛主席觉得好笑。另一层意思是，若真的遇上危险，等你们的那些办法来解救，什么都晚了，最多也是个马后炮，这里早有周恩来安排了。

邱会作在东湖宾馆待了一会儿，便走了。

当时武汉的群众，甚至包括那些冲进东湖宾馆的人们，并不知道毛主席就在武汉，因而，根据周恩来的意见，毛主席的转移，也要在保密情况下进行。

7月20日深夜，实际已是7月21日凌晨2时许，毛主席的转移开始了。毛主席乘坐一辆普通的军用吉普车，我们随行的警卫部队乘坐两辆大卡车，从东湖宾馆出发。穿过沉睡的武汉街道，通过长江大桥，向王家墩机场开进。我们的车队顺利地到达王家墩机场，据说，这都是周恩来总理与各派协商达成的一致，才使得乱中不乱，顺利通过各派的关卡，达到了预期的目的。

这时，周恩来总理已将专机从山坡机场调来，停在王家墩机场等候了。

毛主席登上了一架飞机，我带20余人和毛主席乘坐同一架飞机，其余人登上了另一架飞机，当夜直飞上海。

飞机飞离地面之后，就增加了几分安全感，我那颗悬着的心也才落了下来。多日来提心吊胆、寝食不安的我们总算有了几分平静，一时显得十分疲惫。

这次从武汉转移，虽然有些神秘，有些紧张，也有一定的危险性，特别是那个时候有些说法，诸如什么"兵变呀""劫持呀"……这些是真是假，一时也难于考证和澄清，只能是把情况想得严重些，把对付危险的措施准备得更充分些，防患于未然嘛！但这样一来，可把我们搞得好苦啊！在这些复杂、危险的情况下，毛主席很坦然，就像平时外出时那样。不知是他相信我们这些搞警卫的有能耐应付这种多变的情况呢，还是对这里所发生的一切，他心中有底，尤其是不认为是针对他的。总之，他仍像平时那样，安详而从容。

到上海不久后的一天下午，在一次散步时说起这次从武汉转移的事时，毛主席对我们说："……陈再道，他不会反对我的。"

随毛主席一起散步的一位领导同志说："军队老同志都是跟你干革命几十年了，他们对你是有感情的……"

"是啊！"毛主席深情地说，"我想，陈再道他是不会反对我的。你想想，他要是真的反对我，我们就从武汉出不来了！"

事实证明是这样的。

我们随毛主席离开武汉后，周恩来在武汉待了两天，处理那里遗留的

毛泽东最后十年

一些急需解决的紧迫问题，直到7月22日才率领他带去的那支警卫部队，乘飞机返回北京。

当然，在此期间和在此以后，林彪、江青一伙采取了许多非常手段，硬是把武汉"七·二〇事件"说成是"兵变"，违背毛主席、周恩来所确定的处理武汉问题的原则，另搞一套，激化了矛盾。把挑拨中央与地方关系的谢富治、王力当作英雄来欢迎，他们从武汉返回北京，一下飞机，就受到"中央文革"小组组织的近万人的欢迎，"中央文革"小组还特别向全国发出"紧急通知"，声讨"七·二〇事件"，要追究武汉军区的责任。驻京三军也被动员起来进行游行，还在天安门广场召开欢迎谢富治、王力大会。

林彪出席了这个大会，并讲了话，他以幸灾乐祸的口吻说什么"武汉问题，是全国的问题，以前我还愁没题目做文章……"等等。

第 9 章

派张春桥去接"打游击"的
许司令

许世友被造反派逼进了大别山，毛泽东指定张春桥把他接回来。还说：因为张春桥是反对许世友的呀！许司令穿着草鞋赶到，一见面就哭起来。毛泽东问：你去大别山干吗？许说：打游击。敌人即使来个几十万，我们也能打垮他！

毛主席从武汉到达上海之后，中央办公厅的机要通讯员几乎每天都要由北京去上海一趟，把重要文件给毛主席送去，以使在外地的他及时了解北京和全国的情况。通讯员也不断把他在北京所见所闻的有趣的、重要的情况带到上海，顺便告诉我们大家。

令我们注意和使人不安的一个情况是，北京许多单位的造反派在中南海周围"安营扎寨"，在中南海的红墙外，搭起了许多遮阳避雨的小棚子，挂起大大小小的红旗子，搞什么"揪刘火线"，围困中南海，给坐镇中南海主持党和国家日常工作的周恩来总理施加压力，企图逼迫他把住在中南海的刘少奇交出去，让这些造反派去批斗。在我们看来，中南海是为数不多的造反派不能逞凶的地方，一旦出了问题，那可不得了！因而，大家都很关心。每逢机要通讯员来了，大家就围过去打听，想知道北京的最新消息。

8月1日，是中国人民解放军建军节。《红旗》杂志发表题为《无产阶级专政必须牢牢掌握枪杆子》的社论，该文明确提出"要把军内一小撮走资本主义道路的当权派揭露出来……把他们斗倒斗臭"，把打击的重点直接指向了人民解放军高级将领。

1967年8月5日，"中央文革"小组在中南海组织造反派对刘少奇夫妇、邓小平、陶铸夫妇实施公开的面对面的批斗，让他们坐"喷气式"，对他们拳打脚踢。对党和国家领导人肆意侮辱，开创了令人发指的践踏宪法的恶劣先例。

全国其他地区的形势也有进一步恶化的趋势，呈现出前所未有的混乱状态，抢劫等暴力事件不断发生，一年一度的广交会的准备工作也被迫中断，就连毛主席专列火车的运行也感到了困难。

可是，毛主席找上海的张春桥、王洪文来汇报工作，了解情况，他们所谈的又都是"情况大好"，而"不是小好"。

随同毛主席到达上海的杨成武代总长、余立金空军政委，根据毛主席的意见，对沪、宁、杭地区"文革"情况做了调查了解，这天下午毛主席请他们来谈情况。

他们一下汽车，就被等在门口的汪东兴同志接进了毛主席的会客室。

那时，毛主席身体很好，他们谈了很多情况，毛主席也讲了许多话。

他们在汇报中谈了上海要求打倒南京军区司令员的问题。毛主席当然知道，这里所说的上海，实际指的就是在所谓"一月风暴"中夺了上海党、政大权的张春桥、王洪文他们的意见。杨代总长说："有人要批判，要打倒许世友，听说许世友不服，他到大别山里去了……"

这里所说的大别山，是指位于湖北、河南、安徽三省交界处的山区，第二次国内革命战争时期，曾是许世友所在的红四方面军的革命根据地，军民关系甚好。在困难的日子里，他重返曾经战斗和养育过他的地方，重温军民鱼水深情，寻求精神上的某种寄托和解脱。尽管杨代总长讲得简略，毛主席是完全理解的。

"许世友？他有什么问题？"毛主席惊异中流露出某种焦急，"许世友同志，他是大军区司令员的标兵呀！"

其实，打倒许世友并不是最近才提出来的。"打倒许世友"的大标语在"文革"开始后不久，便贴到了南京街头。南京军区机关也多次遭到张春桥操纵的一些造反组织的冲击，武汉"七·二〇事件"后，他们认为条件成熟了，一时间"揪许""倒许"的声浪甚嚣尘上。

毛主席接着说："现在打倒许世友，其他几个大军区的司令员怎么办？沈阳的陈锡联、济南的杨得志、福州的韩先楚……是不是都要打倒啊？"

毛主席搬着手指头，点出一个个大军区司令员的名字来，越说越有气了。

"许世友不能被打倒！"毛主席对在场的人们说，"要保他，快把他接回来吧！"

见毛主席这样关心着急，杨代总长忙说："我这就去接。"

"不，这事不要你去。派张春桥去接。"毛主席摆了摆手，做出制止他去接的手势，还看着杨成武神秘地一笑说，"你知道吗，派张春桥去，是什么意思吗？"

还没等杨成武回答，毛主席诙谐地说："因为张春桥是反对许世友的呀！"

没过几天的一个下午，又是我在门口值班，恰巧，许世友司令员风风火火地来了。他穿一件白布短袖汗衫，黄色军装裤子，草鞋，脸很黑，满脸忧云，也不愿讲话，就像常见到的那些家在农村，复员多年，日子过得并不景气的老兵似的。不熟悉的人怎么也不会相信，他就是我军一位具有特殊经历和突出个性，且战功赫赫、威震敌胆的传奇式将军，现为南京军区司令员的许世友。他见了像我这样的熟人，好像也存有戒心，对在门口迎接他的汪东兴也没有讲什么话，哪怕是客套话。

我上前打开门请他进去。

毛主席正在沙发上坐着看文件，见许司令来了，便站起来热情地迎接。

许司令大步迈进门里，看到了毛主席，紧走几步迎上前去，很是动情。

"主席……"许司令一句话没讲出来，就哽咽欲泣。

毛主席深情地握住他的手说："许世友同志，你受苦了。"

许世友，这位身经百战的硬汉子，也经不住这感情的冲击，忍不住了，他哭了。

待他坐下来稍微平静之后，毛主席说："去大别山干吗去了？"

"打游击。"许司令说着，连他自己也忍俊不禁了。

毛主席笑得更响了。

毛主席宽慰他说："他们冲击你，要打倒你，你有什么问题呀？他们不就是怀疑一切，打倒一切，也要把你打倒吗……不要难过。"毛主席与许世友的这次谈话差不多进行了一个下午，谈完了，毛主席一直把他送到了门外。毛主席拉着他的手还在说："……不要难过，你要振作精神，把部队掌握好。你是司令，要靠部队，不要单独行动，回去好好干……"

许世友像年轻人那样直挺挺地站在毛主席的面前朗声说道："主席，请放心。我还有几个军呢，敌人即使来个几十万，我们也能打垮他！"

毛主席握着他的手，摇了又摇，高兴地笑了。

不难看出，他们一定谈得很好，印象特别深的是，谈话前的许世友和谈话后的他，判若两人，精神面貌有了显著的变化。

毛主席在上海期间，还找了上海市革委会领导人和驻军负责同志调查了解情况，随后又乘专列到了浙江的杭州、江西的南昌、湖南的长沙，再北返武汉。

在途经江西南昌时，我们的专列曾在市郊的一条专线上停留，毛主席嫌下车休息对当地麻烦太多，便在车上休息、吃饭、办公。有一天时近中午，毛主席下车散步，和列车服务员随便聊了起来。

这些服务员们，在毛主席面前有说有笑，一点也不拘束。有个服务员在说笑之间忽然提出，她们希望与毛主席一起照个相。

毛主席高兴地答应了，并说："让大家都来吧。"

不大会儿工夫，列车上的工作人员都来了，有列车员、炊事员、检修工、卫生员，还有警卫战士，大家都来了。

毛主席像老农民那样，两腿一盘，席地而坐。大家便围着他呈半圆形，前边的随便坐，后头的随便站，不论资排辈，也不管职位高低，自然极了。

毛主席显得很高兴，他幽默诙谐，谈笑风生，不知他讲了一句什么有趣的话，逗得大家哄然大笑。可惜，我站得稍远了点，没有听清楚。

这时，武汉那场震惊中外的风波在周恩来的主持下已经平息，我们乘火车北返经过时，和来时所见已大不相同。

后来又到达河南省郑州、河北省石家庄，毛主席所到之处，均找当地革委会负责人和驻军领导人谈话，了解了许多实际情况，也讲了许多重要的问题。总之，通过这些调查研究，了解真实情况，接触和熟悉了各地的许多领导同志。他不止一次地讲过，他不满意这次巡视数省的所见所闻，特别是对几派相互武斗，使广大工人、农民、解放军战士不高兴。对全国出现的严重混乱的情况，他甚为忧虑。他一再强调要各地领导多做工作，团结工人、农民、干部和群众中的大多数，采取坚决措施，制止局势的进一步恶化。

此后，中央办公厅把毛主席这次外巡期间的讲话、谈话的要点收集整理成为《毛主席视察华北、中南和华东地区时的重要指示》，以中央文件的形式下发全国各地。这个文件的贯彻，对于纠正极左错误，稳定军队，缓和群众内部矛盾，解放干部出来工作，以及端正军队在支左中的错误认识，起了一定的积极作用。

毛主席乘坐火车于9月4日回到北京。9月5日，广播电台和首都各大报以特大喜讯，披露了毛主席这次视察三大区的消息和所作的指示，《人民日报》还配发了社论，传达了毛主席谈话中最有影响的一段话：

> 在工人阶级内部，没有根本利害冲突。在无产阶级专政下的工人阶级内部，更没有理由一定要分裂成为势不两立的两大派组织。

第 10 章

不喜欢纪念章和"红海洋"

到处都是"红海洋"，毛泽东指着自己的画像对警卫说：你们都是保皇派呀！看到一个女同志胸前闪闪发光的"毛主席像章"，他突然发火说：那有屁用！我站岗是没人换的，让风吹日晒雨淋……到处塑我的像，到底有什么用！

毛主席在中南海游泳池住的那些岁月里，我随两个分队的战士，也搬到游泳池院北侧的几间小平房内临时居住，这一住就是整整十年时间。

从室外游泳池到我们住的那几间小平房之间，在几株大树和郁郁葱葱的修竹之间，有一片空地，大概有半亩左右。我们的干部战士大都来自农村，他们不仅十分珍惜土地，而且也会耕种，懂得田间管理，也喜欢劳动。大家利用业余时间在这半亩地上种了各种各样的蔬菜，如苦瓜、辣椒、生菜、油菜、黄瓜、冬瓜、大蒜等几十种，春夏秋冬，四季都有些适时的蔬菜，不仅能使我们经常吃到自己种的新鲜蔬菜，而且也能使人在城市里看到农村景色。毛主席从1966年8月搬到这里居住以来，也常来这里散步。看小菜园，简直成了毛主席的一大乐趣。

毛主席散步，看到这块不大的土地上种的蔬菜长得好，他便很有兴趣走进菜畦里看一看。有时遇上大家劳动，他也参加进来，还给大家讲一些南方菜的种植和管理方法。过后我们照着去做，果然获得了小小的成功，毛主席知道了也很高兴。

有一次，毛主席指着那一畦畦长势喜人的菜田说："警卫战士能在树木空间、草中间精耕细作，种出这样好的菜，很不容易啊！"

给毛主席做饭的厨师，也经常到这片菜地里选择最好的新鲜蔬菜给毛主席做着吃，其中用得最多的是黄瓜、空心菜、小玉米、豆荚、辣椒之类。论菜，都是市场常见的普通菜，但它的来源清楚可靠，而且特别新鲜、水嫩，吃起来自然也会好一些。

毛主席不止一次地对战士们说："我经常吃到你们种的蔬菜，同志们学文能武还会种菜，精神好啊！"

战士们高兴地说："主席，你想吃什么菜，请大师傅来摘……"

毛主席和警卫战士，大家都哈哈地笑了，这场面，是非常感人的。

有时主席外出巡视，时间长了，战士们就把主席喜欢吃的菜采摘下来，请送文件的机要通讯员带一些给毛主席。战士们还对一些菜改进了种植管理方法，延缓蔬菜的衰老退化，等主席回来了再吃。

总之，那几年利用小院空地种菜，让毛主席看长得蓬蓬勃勃的各种各样的菜，吃上最好最新鲜的菜，成了我们的战士干部业余追求的一个目标，成了一件极为高兴与愉快的事情。

当然，菜种得多，毛主席只吃很少的一点，更多的还是我们警卫部队的同志们吃了。我们在那里住了30多人，很少到外边买菜，既省了菜金，又学到了劳动知识，生活也得到了改善，更多的是因为劳动，弥补了体育场地的不足，有利于身体健康，小院种菜一举几得啊！

毛主席散步，他不但常到菜地看菜，有天下午，还到了住在游泳池北边小平房一个分队的宿舍，看望住在那里的战士们。

那是1968年夏季的一天，毛主席散步时信步走进了战士们的宿舍。正在组织全分队学习的分队长立即下达全体起立的口令，并向毛主席敬礼，报告说正在看书学习。

毛主席看到这个不大的小平房内，战士们住在大通铺上，床单、褥子铺得平平整整，被子叠得有棱有角，放得成行成线，非常整齐。室内打扫得干干净净，一尘不染，一见就给人一种清新愉快的感觉。

毛主席很高兴，他笑着迎上前去，与在场的每一个干部战士握了手。

毛主席称赞说："你们爱学习，卫生也搞得很好。"

毛主席看到正面的墙上挂着一张主席的彩色画像，画像的两边张贴着用主席的语录写成的对联，中心意思是提高警惕，保卫党中央、毛主席，他还仔细地看了战士们办的墙报，那些稿件的内容也是这样一个主题。

毛主席指了指墙报上的稿件和那些对联，又指了指那幅彩色画像，风趣地对战士们说："你们都是保皇派呀。"

在那时，这句话在社会上非常流行，往往是指那些反对领导不坚决或不很积极的人，在中南海门口执勤的哨兵也常常遭到一些造反派这样无端的指责。我们的警卫战士执行周恩来总理的指示，坚决做到"打不还手、骂不还口"，积极向他们做宣传，绝不激化矛盾。因为这是个经常工作，大家讲得很多，因而毛主席也知道了。

警卫战士齐声说："我们就是要保卫毛主席呀！"

毛主席笑着又指了指墙上挂的那张他自己的画像说："你们都是为了保卫他呀！"

"是的。"战士们齐声说。

毛主席见墙上还贴了几条语录，都是印的那一种，尽管也是红红绿绿，但整整齐齐，因为部队要求实现"语录化""红海洋"。我们在毛主席身边，知道他不喜欢这些，因而也没有像有的单位那样，搞那么多。我还有个想法，就是要少花钱。中队每布置一次就要花去几十元，我是中队的当家人，对花钱管得很紧，可是又不能不执行领导的要求，因此这个分队也贴了一些。毛主席指着那些"语录"说：

"这个，你们也贴了那么多？"

我说:"上级要求语录化,红海洋……"在毛主席面前讲话,我们都是有啥说啥,他不嫌我啰唆,我也没有什么顾虑。

毛主席盯着我问道:"那样,有用吗?"

"学习起来……方便呗。"

毛主席提的这个问题和我的想法一样,没有多少用处,但大家都这样做,上边也这样要求,作为中队长的我,在战士面前,对这类严肃的问题,只能这样说。

毛主席动了动嘴唇,欲言又止,什么也没有讲出来。我猜想,这是毛主席对我的回答并不满意的表示。但是,他考虑到在战士们面前,不愿驳我的面子,把想要说的话又收了回去。

毛主席一转身,又看见另一面墙上,对着这一面还挂着一张同样的毛主席彩色画像。在另一边靠墙的一张桌子的上方的墙上,还贴了几张较小一些的毛主席的彩色画像。

毛主席说:"长江,你们到处挂我的像?"

知道毛主席不满意这种做法,在毛主席身边工作的同志,都是不戴毛主席像章的。不久之前,有位工作人员戴了一枚新出的很漂亮的毛主席像章,可说是最新潮的了,她到毛主席那里去没有摘下来。

毛主席看见了,很不高兴。

那位同志说:"我们都有,是表示热爱……"她的话还没有说完,毛主席指着她胸前那枚闪闪放光的像章说:"那有屁用!"闹得那位同志很是难堪。

从此之后,尽管社会上几乎是人人都戴像章的那阵子,我是不戴的。可是,在我的认识里,彩色画像是不同于像章的。因此,听到毛主席那么说,我一时语塞,无言以对。

毛主席以平缓的语调说:"你们到处挂像……有的还在大门口塑了个像……"说到这里,毛主席幽默地笑了笑说:"你们在门口站岗,让我也陪着你们站岗。你们两个小时一换回去了,我却仍站在那里没人换,倒成了我为你们站岗了……"他把语音拖得长长地接着说:"我站岗是没人换的,让风吹日晒雨淋……到处塑我的像,到底有什么用?!"

毛主席越说越有气，语气也越重了，出气也显得粗了。

我知道这并不表明他反对挂像，而是对目前这种过分的做法有看法、有意见，更不是说他反对照相。

就拿照相来说，我就曾经见过他主动地提出与别人照相的事，而且还不止一次呢。

那是1958年4月，毛主席到安徽农村视察，专列停在蚌埠火车站上。那一阵子，毛主席总是白天下乡，傍晚回来在列车上休息，或是找当地干部谈话，这样为的是少给当地添麻烦，也方便些。

有一天，毛主席下车散步，还会见了一些客人。记得这批客人情绪很好，一定要毛主席与他们一起照相。毛主席很高兴，一遍又一遍地与他们合影。

在这个过程中，我作为警卫人员，尽管也想与毛主席合照一张，而且近在咫尺，张口可得。但是，我不能这样，我是根据分工，在附近执行警卫任务的。

毛主席与大家照相照了好一阵子，终于，该照的、想照的，各得其所，都已照过了，大家满意而欢快地鼓起了掌。

可是毛主席坐在那张藤椅子上没动，只见他向我摆了摆手，把我叫到他的跟前说：

"长江，来，咱俩合个影，留个纪念。"

"行，行。"我高兴极了。

侯波举起了相机，为我和毛主席留下了一张以列车车厢为背景的照片。记得，这是我第一次与毛主席单独照相，因而，印象特别深刻。

还有，1960年8月在北戴河海滩，毛主席与我们照过的一次相。

那时毛主席精力充沛，情绪饱满，说话也多，极愿与我们攀谈。在他身边工作，我们没有拘束感，甚至也忘记了领袖与战士之间的关系了，常使人觉得他不过是一位年长的同志。我们换好了衣服，做完了下海前的准备活动，就要准备下海的时候，忽然看到侯波来了。

侯波是大家的熟人，她没有换泳装，穿着一套普通的衣裙，比较突出的是她带了一架照相机，向我们走来。

"你怎么不换装？"我们之中的谁在问她。

她没有回答，只是一笑，便拍开了照片。拍的什么内容？现在想来无非是领袖啊、大海啊，那一类的题材。

"不要光给我一个人照！"毛主席对侯波说着，又向准备下海护游的我们几个招了招手说："来来来，大家都来，我们一起合个影。"

我们从浴场更衣室拿来一把藤椅请毛主席坐下，我们几个就在他的周围，或蹲或立，很是自然。

照相之后，我们几个便陪毛主席下海游泳，直到兴尽方归。

当然，与我们在一起，毛主席有随意性的一面，使我们突出地感到，他与大家相处，有一种深厚的同志和朋友的情谊。

在另外一些场合，也反映了毛主席的为人。那是在1965年1月5日全国政协四届一次全体委员会上，他被与会者一致推举为全国政协的名誉主席，他对这一推举显得格外高兴。他与到会者握手问好，还与大家一起照相。这次对要求与他照相的，几乎是有求必应，来者不拒，一时间与许多人合影，照了许多。我印象最深的是，他还特意主动邀请我国著名的地质专家李四光，和他站在一起照了相。

毛主席只任党的主席，国家主席一职由刘少奇担任。从此之后，每逢重大节日的时候，报纸上把毛主席和刘主席的照片放成一样大，并列排在第一版上。大概也就是从这个时候起，人们注意了照片的大小、排列的位置了。谁知到了"文革"中，照片的问题简直成了政治问题、路线问题，因而才出现了争相用照片的大小、塑像的多少来表达一种认识和倾向，来表明是不是忠于领袖、忠于事业的政治问题。当然毛主席并不完全了解当时这些繁琐的、复杂的情况，当时的我，也并不能立即说清楚或说准确这些情况。

因此，我只好说："这是上级的要求，表示尊敬你、拥护你。"

毛主席轻蔑地一笑，说："不见得吧……"

这时，毛主席忽然看到在另一面墙上，贴着一幅大标语，上书："打倒中国的赫鲁晓夫……"在那熟识的名字上，还用红笔画了个叉。这种标语，已成了时代的特征，随处可见。但在不大的一堵墙上，贴这么大的标语，显得太突出了。

原以为毛主席可能会说，你们爱憎分明，是非明确，或是赞扬我们学习努力，紧跟形势……就像我们曾经见过的一些领导人夸奖的那样。谁知，毛主席只是站在那里，看了一眼，轻轻地念着这条标语：

"打倒中国的赫鲁晓夫……"毛主席转脸问道，"你们见过他吗？"

毛主席没有清楚地表明，是说见过到处贴的这种标语呢，还是指标语所主张的要打倒的那个人。

在我的认识里，当然特定无疑的是指一个人，而不是一种现象，甚至也没有深入考虑，顺口便说："见过。"

另一位战士说："我还给他站过哨呢。"

我还强调说："经常见。"确实，刘少奇同志那里的任务，我们也担负过，加之，在一些会议或是集体活动的场合，常常见到他。

毛主席没有再说话，甚至也没有再往下问什么。

我见谈兴很浓的主席突然停顿下来，出现了短暂的静默。我便请主席坐一会儿，休息一下，好换个轻松的话题。毛主席坐下了，便和大家聊开了。

他询问了大家学习、工作和生活情况，还逐个问了在场的每个战士的姓名、籍贯、文化程度，家里有些什么人，有多长时间没有回家了……战士们都做了回答。

毛主席突然问我："他们的生活搞得怎么样？是不是可以吃上肉？"

"可以。"当时战士的伙食标准每人每天四角七分，加上补助，共五角三分，尽管猪肉每斤不到一元钱，吃肉也不多，我只好依实向主席说："不是天天有肉，是经常可以吃到。"

毛主席说："你们都很年轻，老没有肉吃也不行啊！"

说到战士探家时，毛主席仍然像20世纪五六十年代那样说："你们回家探亲，莫忘了多了解些农村的情况……"

这使我突然想起，发生在十几年前的令我终生难忘的那一幕。

那是1955年5月14日下午，阳光融融，暖风拂拂，我们一中队全体队员穿上崭新的军装，列队来到中南海颐年堂前。我们刚站好队，毛主席就身着灰色中山装，健步从颐年堂里走出来。他带着慈祥的笑容走到全队的前面，亲切地询问大家的名字，整个队伍立即活跃起来。

毛主席微笑着对大家说："你们要我讲什么？讲工作，我们工作是为什么目的呢？"毛主席停顿一下，和悦的目光扫过了整个的队伍。

这时，坐在队列中的一个警卫队员说："为人民服务。"

毛主席听了，满意地点了点头，接着说："对。我们的工作就是为了共产主义，也就是为人民服务。"

他招呼大家都坐下来，然后他坐在队列前的一把藤椅子上。

我当时坐在队伍的第二排，跟毛主席只有三四步远，他的一举一动，看得非常清楚。

毛主席坐的藤椅子前放着一个小茶几，上面放着香烟、火柴、烟灰缸和一个茶水杯。

毛主席精神饱满，满面红光，身体十分健壮，看上去一点也不像个60岁的人。

毛主席接着说："四十年前，北京住的是清朝宣统皇帝。那个时候，你们还没有出生呢，你们是不知道的。那个时候，也还没有共产党。到了1921年7月，我们才有了中国共产党。当时开党代会，代表可多呢，有十几个。"

说到这里，我们忍不住笑了，而且发出了响声。在我看来，十几个人怎么能说是多呢？

毛主席没有笑，他继续说：

"我是一个，还有董必武、张国焘等，后来张国焘不革命了，现在他在香港，专门给外国人干事。那时，我们的革命就是推翻三大敌人（帝国主义、封建主义、官僚资本主义）。"

毛主席说："辛亥革命爆发后，我就当兵了，参加了革命。我当兵时程潜当师长……"讲到当兵时，毛主席用手比画着说明过去用的枪是扳一下枪栓，上一颗子弹，又闭上一只眼睛，做出瞄准射击的样子，逗得大家都笑了。

毛主席谈到两万五千里长征时，他问我们："你们有没有参加过长征的？"

汪东兴说："张耀祠（时任中央警卫团团长）参加过。"

毛主席又说："长征是艰苦的，不是现在从南海到中海、到北海坐汽车走，而是凭着两条腿走十几个省。国民党上面用飞机炸，下面还有几十万军队前堵后追，是相当艰苦的，吃树皮，吃草根……

"抗日战争中，我们与日本鬼子作战，蒋介石对日本采取妥协政策。中国出现了汪精卫、周佛海、陈公博这些汉奸，和日本鬼子勾结在一起。我们共产党领导的八路军、新四军在前方打鬼子，蒋介石在后面打我们。因为我们当时是举起左手打倒日本鬼子，举起右手反对蒋介石打内战。"

说到这里毛主席站起来，做了一个左打一下、右打一下的手势，引得会场内爆发了一片笑声。

毛主席接着说："那时这个地方（指北京城）是不准我们来的，来了，他们就要我们的脑袋，但我们有地下工作者。当然地下工作者不是钻在地下工作，而是秘密地工作，各个城市都有。

"全国革命胜利后，我们搞社会主义建设，现在说总路线，过去也有总路线，过去我们的总路线是推翻三大敌人，现在总路线是搞工业化建设。"

毛主席吸了口烟，接着说："我们中国这么大，人口有六亿，世界上任何一个国家都没有我们人口多。但是，我们中国历朝以来就少一样，真是万事齐备，缺少东风。过去的三国是万事俱备，只欠东风。现在我们缺少的东风是什么呢？就是缺少工业，我们有些精细的机器不会制造，只能造中等的，有的机器还得向外国换。"

毛主席说："我们搞社会主义建设，搞社会主义改造，就是要革资产阶级的命。"

说到这里，毛主席大声问大家说，"社会主义改造，改造什么？"

队员们齐声说："改造农业、手工业和资本主义工商业。"

毛主席说："对。因为农民、手工业者是劳动者，不是剥削者，但他们是个体经济，对国家是不利的，在我们国家是要由个体改为集体。时间要经过三个五年计划，那时，我们基本上实现了社会主义。"

毛主席又一次问大家："到了社会主义还干不干呢？"

大家异口同声地说："干！"

毛主席说："对。我们还要干。我们要建设一个高度现代化的工业国家，还要经过十个五年计划。到那时候，我们国家繁荣富强，人民过着平等幸福的生活，你们可以做寿，庆祝十个五年计划的胜利，不过，现在不要做。"

毛主席把大家的年龄平均一下，只有22岁，他扳着手指头计算着说："到了那个时候，你们还只有七十几岁，不能走了，还能看到。"

"中国有个孔夫子，他是72岁死的，这个人读了很多书，孔夫子搬家，都是书嘛。"

这个歇后语，说得风趣幽默，引得满院大笑。

毛主席说："到那时候要几十年，我不行了，我去开会去了，马克思、恩格斯要召集国际会议，我要去了。"

说到农村，毛主席兴致很高，他说："今年我们计划收购900亿斤粮食，如果不能到900亿斤，到去年的那个数，870亿斤也就够了。870亿斤粮食的分配是这样的，解放军32亿斤，出口38亿斤，政府部门用70亿斤，城市供应310亿斤，农村反销350亿斤，加在一起正好是800亿斤，国家还库存70亿斤备用。农村反销粮主要是解决缺粮户，缺少粮食的不是每户，最多10户有一户缺粮的，其余9户是不缺粮的，同时缺粮情况也不一样，有一个月的，有三个月的，最多不超过半年。去年农民因没有粮食叫得很凶，这是因为我们在供应工作上存在缺点，有的不该供应的供应了。如赵和同（毛主席的卫士）同志去年探家回到姐姐家，姐姐向他诉苦，说没有粮食吃。当他发现姐姐家并不是没粮食吃，而是把粮食都藏起来了，就问她。他姐姐说，把粮食藏起来有两个好处，一是可以多供应一点，二是可以少缴一点。如果别人都卖余粮，自己不卖就不好看，这种情况在农村是不少的。"

毛主席讲了统购统销有五大好处：第一，有利于农村缺粮户。第二，有利于灾区。去年全国有5000万人口受灾，这些灾民每人每天要供应一斤多粮食，如果没有粮食供应他们，那不知道要死多少人。去年有些地区没有吃的，有人逃荒。第三，有利于种经济作物的人。第四，有利于保证城市人民的口粮。第五，有利于出口，主要是大豆，如果我们少吃一点豆腐，把一部分大豆出口，和外国换机器，加快我们的工业化建设多好。

主席笑着叮嘱大家:"这五大好处你们要记住,回去要宣传。在统购统销的基础上,我们的三定政策就解决了农民把粮食藏起来的问题。农民除应缴的粮食税之外,其余粮食可以自由处理,要吃、要卖、要保存都由自己,这样,于国家、于农民都有利。"也就是在这次讲话中,提出警卫战士要做好警卫工作、学习文化和做好农村调查这三项任务的。

讲话结束后,毛主席与大家一起照了相。

毛主席在颐年堂前与警卫战士的讲话已经过去了几十年了,讲话中提到的许多情况已发生了很大的变化,对许多历史事件和历史人物也有了新的认识和新的评价。但是,毛主席讲话中所表达的那种积极向上、勇于奋斗、热爱祖国、尊重和热爱人民群众的基本精神,却是非常宝贵的精神财富,影响和教育了许多人,至今,还有重要的现实意义,也是警卫战士的重要教材。另一点是毛主席对了解真实情况有很高的热忱,真可说是一往情深,至老不变。

如今,毛主席坐在游泳池的小平房里,与警卫战士们谈了许多。他要走了,又嘱咐战士们说:"你们要好好学习,要关心国家大事,同志间要搞好团结。"

同志们见毛主席出门了,大家齐声说:"祝毛主席身体健康。"

毛主席笑了笑,向大家摆摆手,算是告别。

这些往事,已过了数十个春秋,在我的记忆里,好像就发生在昨天一般。

记得,就是在毛主席到警卫战士宿舍后不几天,我们这里传达了中共中央关于建造毛主席塑像的"特急"通知的文件。中心意思是制止再造毛主席像,文件内容很多,已记不清了,但其中有毛主席的一段话,至今还记忆犹新。文中说:"毛主席7月5日指示,'此类事劳民伤财,无益有害,如不制止,势必会刮起一阵浮夸风。'"这里,不仅传达了他本人对塑造毛主席像的看法,而且也展示了他表里如一的人格。

第 11 章

制止武斗毫不客气

清华园武斗告急，毛泽东睡下又被叫到人民大会堂，紧急召见北京高校五大造反领袖。"蒯司令"不听命令硬要乱闯，警卫战士一左一右夹住他，强行搜身。不可一世的"造反司令"挣扎不脱，顿时老实多了。毛泽东气愤地说，少数人搞武斗，还要继续顽抗，就要实行歼灭！

1968年7月27日这一天，毛主席在人民大会堂找人谈话、开会，直到深夜12点了，才回到中南海游泳池住处，准备休息。

凌晨2点，周恩来从大会堂给毛主席打来电话说，清华园武斗告急，中央政治局和"文革"小组开会，解决制止武斗问题，请毛主席马上去大会堂。

毛主席去不去？何时动身？我们正在等待。很快，值班秘书传出信息：毛主席要去大会堂，立即出发。

我们迅速进行准备，调动大小车辆，随卫分队也做好了出发准备，登车待发，我在大门口等待毛主席出来上车。

不久，毛主席出来了。他显得很疲劳，而且从神态看很不高兴的样子，大概刚睡下，又被叫了起来，睡意未去，很不精神。见了我们也一反常态，与谁也不搭话，匆匆上了汽车。

我们一行几辆车子，组成一个小小的车队。我与张耀祠乘头一辆车在前面开路，汪东兴就坐在主席的那辆车上，随卫小分队乘坐一辆面包车，紧随在最后。

这时，天空云层很厚，显得很低，沉甸甸地压在心头，暴雨就要降临了。中南海沿海边的路灯，发出昏黄的灯光，使人有一种被重重压抑的感觉。我们的车队出了新华门，直奔人民大会堂，毛主席依然去他常去的118厅。

等候在118厅门前的周恩来迎上前来说："主席，这么晚了，又把您惊动了。"

毛主席轻声地说："不来又不行，别的办法又没有呀！"一脸无可奈何的样子。

周恩来的脸上也闪过了一丝苦笑，两人说着，进了118厅内。

随后陆续到达的有林彪、康生、陈伯达、江青、姚文元等政治局和"文革"小组的成员，作为北京方面的负责人谢富治、吴德也来了，另外，还有几位工人、农民宣传队的代表。毛主席仔细听了几个方面的情况汇报之后，当即决定召见北京大专院校的几位著名的红卫兵头头。

毛主席召见红卫兵头头，在我的印象中这是第一次。一经决定，各方立即执行。工作人员进进出出，布置安排，十分忙碌。

汪东兴和张耀祠把我和中队政治指导员找到118厅值班室，只见汪东兴坐在沙发上，穿一件白色的短袖汗衫，满脸阴云，看上去有些不高兴。看那样子，他大概也是刚吃了安眠药躺下，又被叫了起来的，药劲还没有过去，睁眼都很吃力，可是听他一讲，他的不高兴与忧虑，还远不止这些呢。

"文革"中特有的誓不两立的两大派斗争，到了这年六七月间，形势进一步恶化，连首都著名的清华、北大等大学，也打得不可开交。这些青年学生，信奉"文攻武卫"的信条，竟然发展到用真枪实弹屠杀自己同学的地步了。

5月29日，清华大学所谓"井冈山兵团文攻武卫总指挥部"头头开会，决定5月30日凌晨3时攻打清华大学东区浴室楼的另一派。

头头蒯大富下令拉闸断电，发出进攻信号。他们先后使用偷袭、强攻、火攻等手段，造成3人死亡、多人受伤。

7月初，蒯大富又决定武力封锁科学馆，对进出科学馆的人员开枪射击。7月4日、5日，连续有两名学生被开枪打死。随后又向科学馆发射燃烧弹，致使科学馆楼房起火，消防队前往扑救，也遭到火力阻击，不能执行消防任务。

中共中央、国务院、中央军委、"中央文革"小组鉴于北京和全国的形势，尤其是广西和陕西的严峻形势，先后发布了《七·三布告》《七·二四布告》，力图扭转局势，因有人从中作梗，收效甚微。

清华大学武斗升级，北京大学也在挖沟筑洞，为进行更大规模的武斗做准备。北京的其他大学和厂矿也受其影响，武斗大有在更大规模和更大的层面上升级的趋势。为了制止武斗的进一步发展，中央采取了一系列紧急措施。措施之一，迅速从北京60余家工厂和聚山农场组织起工农毛泽东思想宣传队3万余人，于7月27日上午开进武斗最激烈的清华大学，游行示威，宣传两个"布告"，制止武斗，拆除武斗工事。

蒯大富及其一伙，悍然决定"抵制""还击"，不让宣传队进入楼房，并分发弹药，给他的武斗队下达武装抵抗的命令。

一些武斗分子手持长矛、步枪、手榴弹，袭击赤手空拳的宣传队员，造成宣传队多人死亡，数百人受伤。我们警卫部队的一名政治部负责人也被炸负伤，送进了医院急救。

当夜，他们又袭击清华园9003大楼附近的工人宣传队。他们用机枪扫射，用手榴弹轰炸，又造成近百人受伤，3人死亡。受伤的未好，几人被他们捉走，直到来这里开会还没有找回来。

北京针织总厂军代表、老红军古远兴沉重地说："解放军也被他们打了，这还了得！"

当然，这些情况具有强烈的爆炸性和连锁性，如果处理不当，不是导致袭击宣传队事件再度升级，就是会激起工人群众的反击。因为文攻武卫这个原则，被理解为有广泛的适用性。

汪东兴向我们简要地介绍了清华大学坏头头指挥武斗队袭击工农毛泽东思想宣传队的情况之后说："毛主席决定召见蒯大富、聂元梓、韩爱晶、谭厚兰、王大宾5人，你们明白吗，是召见，不是接见！"

他又说："你们要加强门卫检查，不准他们把武器等危险物品带进来，还要找几个女服务员检查女的，你们要提高警惕。"

最后他说："我和张副主任在里边组织，你们在门口。"

我们知道汪东兴对警卫工作一向很重视，他还特别强调要形式缓和，内紧外松，尊重群众……而这一次，却要求这么严格，而且对这几位当时被叫作学生领袖的"红人"也不例外。往日，即使是我们的警卫工作中，也得让三分呢，这一次却毫不客气地要进行搜查。所谓搜查，是带强制性的，足见问题的严重。

我们迅速在原有警戒的基础上，又选派几名精壮的干部，从大会堂挑选几名老练、精干的女服务员到门口配合我们执行检查任务。我刚向他们交代和布置了具体的做法和检查要点、处理原则、应急措施，这时天已大亮，大概是6时左右，蒯大富在几辆小卧车的护卫下，首先来到大会堂西门。

蒯大富大模大样地下了车，俨然是一位好摆架子的大首长或是凯旋的得意的将军，踌躇满志地向大门走来。

"我是蒯大富。"他向哨兵自我炫耀道，"毛主席叫我来开会的，我要见他……"一副盛气凌人的可恶嘴脸。

说着就要往里走，哨兵把他挡下说："不是叫你开会，是召见，你听清了吗，是召见！"

另一位哨兵说："请把带的枪支、弹药、刀具等，把所带的危险物品都交出来！"

尽管哨兵讲得很严厉，但他是有名的"蒯司令"，打砸抢抄抓，什么无法无天的事都干过了，很多功劳卓著的大人物也被他和他那一伙人搞得狼狈不堪，被打得一败涂地。开会，就是要上主席台的"大人物"，在人民大会堂主席台上，坐了也不是一次两次了，哪里能听得进哨兵的话。

他还是往日那个样子，一脸蛮横，猖狂地嚷嚷道："毛主席找我研究问题……"甩手就要往里闯。

见他这样，我非常气愤，大声喝道："老实些！"

我安排的那两名干部一步上前，一左一右正好把他挟在中间，就像提小鸡一样，使他进不得、退不得，尽管两条胳臂还在挣扎，也无济于事。

"搜查他！"我下达了口令。

时值盛夏时节，他穿衣服也不多，经搜查倒没有发现他带什么武器等危险物品，当然对他带的水果刀之类小件我们并不在意。

这一搜不要紧，猖狂一时、称霸北京的"蒯司令"顿然间变得听话多了，也显得老实多了。

他拍了拍衣，说："都放到车上了，我身上什么也没有。"

他讲的这一点，我倒是相信的。因为他害怕，干了坏事，总怕别人报复，因而枪常带在身边，还有为他保镖的呢。然而，那一段的事情，我就不去管他了，没有发现什么，我才把他领进118厅会议室。

随后到达的有聂元梓、韩爱晶、谭厚兰和王大宾，我们也都对其分别进行了安全检查，由我们送他们进入会场。

会场就设在118厅内，我见在毛主席坐的那个单沙发的一边是周恩来，另一边是林彪，他们的对面是江青、姚文元等。出席这次会议的还有我们警卫部队的几位负责人，他们都坐在沙发后的椅子上，总之，这个会议室坐了许多人。

周恩来隔着一个茶几，侧过身子来与毛主席说着什么，声音不高，听不清楚。

江青站起来，声音很高地说："小将们，不听话了，你们反了，打了解放军，打了工人……不听我们的，连毛主席的话也不听了……"

这次召见由周恩来主持，毛主席讲了话。

毛主席说：今天是我找你们来，商量制止大学的武斗问题，怎么办？

"文化大革命"搞了两年，你们现在一不斗，二不批，三不改。斗是斗，搞武斗，你们少数大学在搞武斗。

现在是工人、农民、战士、居民都不高兴，就连拥护你们那一派的人也不高兴，你们脱离了工人、农民、战士、居民的大多数。

我说你们脱离群众，群众就是不爱打内战。有人讲，广西布告只适用于广西，陕西布告只适用于陕西，在我这里不适用。那现在再发一个全国的布告，谁如果还继续违犯，打解放军，破坏交通，杀人，放火，就是犯罪；如果有少数人不听劝阻，坚持不改，就是土匪，就是国民党，就要包围起来。

毛主席讲到这里，显得非常气愤，他把手举起来，又重重地落下去，提高声音说："还要继续顽抗，就要实行歼灭。"

毛主席讲完了，林彪也讲了几句，他讲话没有什么新的内容，记得是几句"按毛主席指示办"那一类的话。

蒯大富一看这形势，慌忙表态说：要坚决执行毛主席的指示，无条件向宣传队投降等一类的话。聂元梓等也做了类似的表态。

主持这次会议的周恩来讲话说，向清华大学派出了首都工农毛泽东思想宣传队，是毛主席亲自指示的，是为了刹住北京高校武斗升级的战略部署。周恩来向他们提出要求，主要是：

迅速传达毛主席制止武斗的讲话，要迅速交出武斗工具，枪支弹药，要欢迎宣传队进驻大学……

散会了，差不多快到中午了，被召见的那五位和谢富治、吴德他们走了。据说，他们先要核对笔记，整理毛主席等中央领导的指示，以便有个统一的依据，进行传达。

毛主席、林彪、周恩来等又继续开会，直到过午时分才结束，当时，党中央最担心的是武斗进一步升级、扩大，影响全国。

这次谈话之后，毛主席又于8月5日将来访的巴基斯坦外长送给他的芒果，转赠给进驻清华大学工人宣传队八个团的同志们，这一象征性的表示对宣传队是个极大的支持和鼓舞。

工宣队也积极大胆地开展工作，拆除武斗工事，恢复校园秩序，促使清华大学武斗的人们交出大量的武斗工具，其中有半自动步枪、机关枪、冲锋枪、手榴弹、地雷，也有不少他们利用理工大学的设备和技术力量等有利条件，自己制造的包括手枪、长枪、手雷，以及土坦克、穿甲弹、加农炮等3000多件武斗器械。

毛主席被周恩来请到大会堂开会、谈话，直到这天傍晚时候才回到中南海的住处。

然而，这个问题的真正解决，那还是"文革"之后的事情了。记得粉碎"四人帮"之后，河北省某地的武斗才真正解决了。1982年12月北京市中级人民法院对蒯大富的判决书称1968年7月27日上午和晚上，下令枪杀工农毛泽东思想宣传队，致使5人死亡，731人受伤。害人者总没有好下场，蒯大富被判有期徒刑17年，剥夺政治权利4年，这是罪有应得的。

毛泽东最后十年

第 12 章

出席中共九大前后的点点滴滴

在九大代表名单上，毛泽东删去了自己女儿的名字，补上了一名警卫干部。开幕大会上，毛泽东两次站起来为来自珍宝岛前沿的孙玉国鼓掌。他突然提名要林彪当主席团主席，自己当副主席，引起了林彪的慌乱。林彪对黄、吴、李、邱说，军队的权力就应集中在你们几个身上。

1969年4月1日至24日，中国共产党第九次全国代表大会在北京举行。

开幕式的那天，毛主席说他要去参加。他仍旧乘坐苏制的那辆大吉斯保险车，我们一行三辆轿车，从游泳池动身，我乘头车在前开路，出中南海西门直驶人民大会堂西南门，后卫车也是警卫人员。

4月的北京，不冷不热，树木花草，已长出新绿，这是一年之中北京的最好时候之一。车刚停稳，我迅速下车为毛主席打开车门，只见他着一身中山装，穿得整整齐齐，精神很好，直接进入118厅准备开会。

118厅位于人民大会堂大礼堂舞台的一侧，它的进出口在西南小院，车辆往来较为方便。这里的厅室宽敞朴素且适用，附近还有几间小屋，做附属用房，也很方便。"文革"以来，毛主席多次在这里小住，会见客人，甚至一些小型会议也在这里举行。从这里去大礼堂主席台，也可以说是最为便当的了。

预定举行开幕式的时间到了，出席会议的主席团成员也已到齐入座了。毛主席从118厅出来，从南侧进入主席台正中的坐席处，其他前排就座成员包括林彪、周恩来等也分别相继入座，自然还是林彪在毛主席之左，周恩来在其右，全体代表起立，掌声大震。

在掌声平息后，毛主席宣布：中国共产党第九次全国代表大会开幕……这时掌声再起。按程序，大会要通过主席团名单，然后推举大会主席。就在这时，发生了一场大家意想不到的小风波，毛主席突然说："我推举林彪同志当主席。"林彪吃了一惊，马上慌张地从座位上站起来大声说："伟大领袖毛主席当主席。"毛主席仍然说："林彪同志当主席，我当副主席，大家说好不好？"林彪更急了，连连向会场摆手说："不好不好！毛主席当主席，大家都同意举手。"全场立即齐刷刷地举起手来。这时，毛主席才同意当大会主席团主席，并提议林彪当副主席。

毛主席为什么要这样做，我至今也没有明白。接着是林彪作政治报告，突出讲"文化大革命"的"伟大成果""丰功伟绩"。正如为后来的事实所证明的那样，党的九大在思想上、政治上、组织上的指导方针都是错误的，在党的历史上没有起任何的积极作用。

为了召开这次会议，在前一年的秋天，毛主席就天天去人民大会堂办公，找人谈话，开会，并于10月13日至31日主持召开了党的八届十二中全会，为九大的召开，做了一系列的准备。

在这次全会的开幕式上，毛主席讲了"这次'文化大革命'，对于巩固无产阶级专政，防止资本主义复辟，建设社会主义，是完全必要的，是非常及时的"。

在极不正常的情况下，这次全会批准了江青、康生、谢富治等人用伪证写成的"关于叛徒、内奸、工贼刘少奇罪行的审查报告",做出了把刘少奇"永远开除出党,撤销其党内外一切职务"的错误决定。

在这次全会上,林彪、江青一伙还鼓噪要开除邓小平的党籍,由于毛主席坚决反对而使他们的阴谋未能得逞。

在分组讨论中,林彪、江青一伙还提出批所谓"二月逆流""一贯右倾"的一大批老同志的问题,也没有被排上日程。

这次全会的错误决定和做法,给其后九大代表的产生,埋下了沉重的阴影。

八届十二中全会后的很长一段时间,各地派性斗争迭起,各省、市、自治区的党组织以及不少的基层党组织还没有恢复活动,绝大多数党员也还没有恢复组织生活。种种迹象证明,召开这样的代表大会条件尚不成熟。

从后来的结果看,出席大会代表的产生,并不是按照党的组织原则,像往常那样采取民主集中制,自下而上选举产生的,而是由当时成立起来的革命核心"民主协商",听取群众意见推选出来的。因而,这样的代表,在很大程度上只体现当权者的意志,并不能代表广大党员的意愿。更有离奇者,还提出所谓的火线入党的问题。有的造反派头头还不是共产党员,为了能出席这次大会,在没有党支部的讨论、在不履行正常入党手续的情况下入了党,也成了九大代表。这些做法,就为林彪、江青一伙乘机把自己那一伙人塞进代表行列中提供了极大的方便,从而造成了九大在组织上的严重不纯。

汪东兴曾向我们讲过这样一段故事。

陈毅也被列入代表的名单,他是著名的人民解放军元帅,共和国杰出的外交家,国务院副总理。"文革"开始后不久,他就靠边站了,没有工作,他遭到的冲击并不比别人少。他被列为九大代表,是毛主席坚持的结果。当时对他的所谓问题,并没有平反,也没有个公允的结论。

陈毅向毛主席提出:"我怎么能出席这样的会?我是右派啊!"

毛主席说:"好啊,那你就代表右派嘛!"

还有许多老同志作为九大代表出席这次会议,是经毛主席亲自提名,做了许多论争才让参加的。

德高望重的朱老总出席九大，也有一番不寻常的经历。

在"文革"初期，林彪、江青一伙就企图揪斗朱德。他们鼓动一些人在中南海贴出"打倒朱德""炮轰朱德""黑司令"的大字报，还把这类大字报贴到街上。

1968年，谢富治等又制造出"伪党"假案，诬陷朱德是"中国（马列）共产党"中央书记……要进行批判。

毛主席直接进行干预，提出：朱德同志是红司令，如果要开他的批判会，我就出席作陪。

毛主席坚决制止了他们的阴谋活动。直到九大前，有人仍然以莫须有的罪名，企图阻止朱德参加大会，是毛主席坚决提名，才使阻拦朱德参加这次大会的阴谋未能得逞。

在九大期间的4月21日，朱德在华北组会议上说："我和毛主席在一起四十多年，几乎天天在一起。把我说成是反党、反社会主义、反毛泽东思想的'三反分子'是不符合事实的，毛主席听到也会反对的……"从而，对林彪、江青一伙的阴谋进行了揭露。

可是，林彪、江青一伙并不甘心，在九届一中全会上，又策划不选朱德进政治局。

毛主席说，朱毛是联在一起的，坚持把朱德选进了政治局。

后来，毛主席见到朱德时说："人家说你是黑司令，我开始说你是红司令，现在还说你是红司令。"

从以上不难看出，毛主席不得不亲自干预出席会议代表的产生，这本身就是一种非常的做法，足见阻力之大、问题之严重。

4月1日党的第九次全国代表大会在人民大会堂拉开了帷幕，毛主席端坐在主席台上。这次代表大会召开的背景之一是苏联依恃其强大的军事实力，对我国不断耀武扬威，进行军事威胁，直到挑起了珍宝岛武装冲突，因而，加强战备，准备打仗，就成了大会的一个重要内容。根据安排，来自珍宝岛前沿的孙玉国登上了主席台报告他们是怎样打垮苏军武装挑衅的。当他讲述战斗经过，讲到我英勇的边防军于3月2日全歼入侵的苏军时，毛主席从座位上站立起来，带头为孙玉国、为英勇的边防军鼓掌，紧接着全场起立，报以长时间的暴风雨般的掌声。

孙玉国继续发言，当他讲到我边防军把苏联的先进坦克炸瘫在我国内河的一侧，讲到我军3月15日又一次打败苏军挑衅时，毛主席又一次站起来，带头为他鼓掌。

这一次，孙玉国大胆地走到主席台的中央，向毛主席敬了礼，毛主席亲切地与他握手，台上台下，掌声雷动。这不仅表现出毛泽东主席等党和国家领导人对捍卫祖国领土完整的决心和姿态，无疑也寄托了对在战斗里成长起来的年轻人的殷切期望。

从此之后，珍宝岛战斗事迹轰动全国，这次战斗的英雄孙玉国的名字传遍大江南北，家喻户晓，他的工作职务，也由边防站站长而逐级上升为副团长、团长、省军区副司令，进而被任命为沈阳军区副司令这样显要而高级的职务，可谓官运亨通了。从战斗英雄中产生的司令在中外军队史上并不少见，也不奇怪，问题在于由于特定的历史条件及个人素质、品格等方面的局限，使他在后来不可避免地陷入了"四人帮"的泥坑之中，最终也成了昙花一现的人物。

在九大召开的前夕选举代表，李讷被列入九大代表的名单之中。至于代表是怎么选上的，无须细论。值得一说的是，这个代表名单不知是谁送到了毛主席那里，还是谁跟毛主席讲过这件事情，总之，毛主席知道了李讷也是九大代表。

毛主席很不赞成，在那个代表名单上，他提起笔来把李讷的名字给圈去了，并指定让从警卫部队补选一名代表。这样，我们一中队的副区队长耿文喜就成了九大代表。

毛主席不让李讷当九大代表，用意是明确的，在代表名额有限的情况下，他不赞成、不允许因为是自己的亲属，就做党的代表。

在九大前后的很长一段时间，毛主席就住在人民大会堂的118厅。有一天，毛主席把李讷找去谈话。

我在大会堂门口迎接她。

这一次见到的她，不仅没有了往日的谦恭、友好，反而倒有些气呼呼的样子，她大模大样地说："长江，咱们现在是敬而远之。"

过去李讷见了我，张口就叫叔叔，如今长大了，可以不那么称呼，可是对我讲这一套，是什么意思呢？真让我费思量了。

此后不几天，知道李讷去江西五七干校劳动去了，她那一串"官儿"的头衔也没人再提了。后来，我才渐渐明白李讷当时的心情和她那样说我的原委。

不管九大前与九大后有多少变化，毛主席对待我们，仍然是先前那样，没有变化。

有一次，毛主席在散步时看到了我，便说：

"长江，听说你病了？"

"得了急性阑尾炎，开刀了，是个小手术，住了三天医院。"我说，"早已好了。"

"现在工作很忙。"毛主席既表示关心爱护，又不得不说的样子，他说，"你们要提高警惕，做好会议的安全工作……"

那是一天夜里的9点多钟，我因腹痛被送进了301医院，经检查确诊为阑尾炎，必须立即进行手术。可是那一天正是个星期六，加上造反派要揪军内反动学术权威，因而，一时找不到进行手术的医生。费了很大劲，找到一位实习的医生给我开刀。通常像这种手术，也就是半个小时或是20分钟就可以完成，可我的这个手术呢，光打麻药就用了半个小时，开刀用了两个多钟头。手术后住进了没有暖气的房间，我被冻得直打哆嗦。到了第三天，给我把线一拆就出了院了。当时的我，说心里话，也是有些放不下工作，因为这时九大正在筹备中，工作是相当多的，也是很紧张的。

九大的安全工作，经过与各有关部门密切协商合作，圆满地完成了任务，但这次会议的结果，却是我们所没有想到的。

1968年3月"杨余傅事件"之后，黄永胜被调到北京当总参谋长。在此之前，江青在她那个《为人民立新功》的讲话中，就特别提到黄永胜在处理"文革"事务中的"才能"。之后，林彪就把黄调来了。

黄永胜任军委办事组组长和中央专案组二办主任；吴法宪被提为副总参谋长，军委办事组副组长；海军的李作鹏也被提为副总参谋长，军委办事组副组长；邱会作被任命为副总长兼总后勤部部长，军委办事组成员。

因此，林彪曾得意地说："军队的权力就应集中在你们几个身上。"

九大加强了林彪集团的势力，林彪作为"毛泽东同志的亲密战友和接班人"被写进了九大通过的《中国共产党章程》。

以江青为首的那一伙，诸如张春桥、姚文元等也都进入了中央委员会，有的进了政治局，执掌某一方面的大权。

在毛主席看来，这是为中共中央委员会输入了新鲜血液，增添了生力军，也算是做了一件大事。可是，他没有预料到事与愿违，组织上的这些变更，不但无补于他所追求的事业的实现，而是为中国后来的动乱，种下了可恨可怕的祸根。

这真是难堪的不幸啊！

第 13 章

要稳定农村政策让农民放心

听说有些地方的公社又刮"共产风",农民杀猪砍树,毛主席要我去调查。他问:"农业六十条"社员都听明白了吗?吃饱饭都成了问题,还有什么好说的……以前我们没少挨群众骂,干部也批评,真是猪八戒照镜子,里外难做人,现在食堂不办了,把我们也解放了。

1969年7月,我们警卫部队随毛主席外出,住在杭州。

杭州,风景美好,都市繁华,和北京、上海等城市相比,相对来说也比较平静。

那是7月28日下午,汪东兴把我叫到他在刘庄二号楼的办公室,让我坐在沙发上,开门见山地对我说:

"长江,主席最近看到一些材料,也听到一些反映,有些地方公社的生产队又在搞合并，又出现了杀猪、砍树、刮共产风的问题……主席很担心，怕农业又起风波，破坏生产力，那就又苦了农民了……"

那些年，我经常回农村老家或探亲或调查。据我了解我们那里大都以小队为核算单位，一般每队有三十几户人家，干得好，干得不好，分多分少……大家能看得到、摸得着。社员们各显其能，几年工夫，有的队干得好就富一些，有的干得不那么好，就差一些，但社员们似乎也不怨谁。大家春种秋收，日出而作，日落而归，并未出什么大的问题，怎么又会搞起合并来了呢？难道是那些富队怕别的队沾他们的光，穷队又想占富队的便宜，又闹腾起杀猪、砍树的风波来了。

汪东兴不容我再想下去，便说："主席让你回老家走一趟，看一看，做些调查了解。这是个急事，快去快来，往返给你5天时间，你看行不？"

接受上级交给的任务，我们一向是说一不二，从不打折扣。

我便说："行。"

他又进一步交代说："你走后这几天，我们不会有大的行动，回来时你还是赶回杭州来。"

当夜，我把队里的工作做了交代与安排，并前往张耀祠办公室向他报告辞行。

耀祠听了我的报告和陈述之后说："你按主席的指示和东兴的交代去办，我们不会有大的行动，工作你已有了安排，没有进行完的工作留下我们来办，你就集中精力完成这一任务。"并向我交代了沿途注意事项。

第二天一早，机关派车送我到杭州火车站。我的老家在江苏省海安县。我先乘火车到上海，再换乘轮船到南通，然后乘长途汽车到县城，从县城到我们村还得乘几个钟头的轮船，一路上占去了两天的时间，到家已是第三天的夜里了。

我用两天的时间，走访了4个公社、二十几个生产队，还与县农建的人员做了交谈。总的印象是农民群众思想安定，生产搞得不错。当时人们正忙着秋季农作物的田间管理，棉花和水稻都长得很好，丰收在望，如果有一段时间没有特大灾害，丰收没有问题。农民和干部普遍反映，这几年农业发展不错，集体生产搞得好，尤其是家家都有自留田，家庭副业也搞起来了，社员群众的生活水平呈上升趋势。他们最为担心的是，怕党的农业政策有变化，怕瞎折腾。如果政策不变，社员群众的生活会逐步好起来的。没有看到和听到我在杭州听到的那些事情，也没有发生杀猪、砍树、刮共产风的问题。据干部反映，省、地、县也都没有提出过生产队合并方面的问题。当时，正在进行的"文革"，对我家乡的农民影响并不大，农民最关心的自然是自己种田的事情。

8月2日我由家乡起身返队，由于改变了返回路线，仅用一天时间，便于8月3日上午回到了杭州。这样，连去带回，正好5天，当日下午就向汪东兴做了汇报。

毛泽东最后十年

汪东兴穿的还是常穿的那件短袖白汗衫，浅灰色的长裤，比我走时所见显得轻松从容了许多。他坐在沙发上听我讲回老家的所见所闻，还认真地记着笔记。

我讲完了，他又强调地问道："你没有看见生产队合并，也没有看到刮共产风的？"

"没有。"我肯定地说。

"省、地、县也没有合并的通知或是打算合并？"

"没有。"为了证实我讲的切实有据，我还补充说，"这是县农业局局长给我讲的。这位局长曾来北京办农业展览，我在参观农展馆时认识他的。他这个人很实在，不会有错。"

我总觉着自己没有说好，便再次补充说："现在农民情绪很好，他们也不希望合并。这样的生产规模，干部觉得好管，社员心中有数，思想稳定……"

汪东兴说："很不错，你们那里有一定的代表性。我把这个情况向主席说一下，看他有什么指示再说。"

这次向汪东兴汇报，共一个多小时，该讲的都讲了，我见他在那个小本子上做了许多页记录。

关于进行这个方面的农村调查，对我来说已不是第一次了，虽然写东西我并不怎么擅长，但毛主席喜欢听我的汇报，每有需要，总安排到我的头上。

那是1961年元旦刚过，毛主席在北京主持召开了党的八届九中全会，制定和通过了对国民经济实行"调整、巩固、充实、提高"的八字方针，他号召大兴调查研究之风，把这一年变成实事求是年。

会后，毛主席便外出巡视，我跟随前往，先后到浙江、湖南、广东等省调查，发现人民公社在体制、规模、分配、公共食堂等方面存在一系列需要解决的问题。

3月，毛主席便在广州召集中南、西南、华东三大地区中央局和省、市、区党委负责人会议，研究解决农村人民公社存在的问题，还制定了《农村人民公社工作条例（草案）》（简称"农业六十条"）。然后，我们又随毛主席到了上海。

有一天，毛主席在小院散步，正赶上我在那里值班，我便随在主席身后走着。毛主席把我叫到他的跟前说："长江，上海离你家很近，是不是回去看一看，搞点调查。"

毛主席管党的事，管国家的事，有多少事要他操心费神啊！可对我的老家这样熟悉，在什么地方，距这里远近都一清二楚，令我叹服。说起这个，这里还有段有趣的故事呢。

那是1952年4月的一个上午，大约10点钟左右，我在中南海丰泽园门口站哨。北京的春天，阳光和熙，微风拂面，杨柳依依。

毛主席工作了一个通宵，出来散步，看见了我，不知是初见觉得新奇，还是我的哪些特征引起了他的注意，他迈着稳健的步子，朝我走来。

"你是哪里人？"毛主席忽然在我的面前停下，微笑着问。

"我是……"我刚开口，话还没有说出来，毛主席摆一摆手，示意我不要往下说了，便开了口：

"听出来了，听出来了！"毛主席面有喜色地向我一笑说，"你是苏北如皋、海安一带的，对吧？"

"是的。"我惊异主席的听力和判断，忙说："我是苏北海安县人。"

"噢。"毛主席若有所思地说，"你们那个地方，抗战时期、解放战争时期，都打过不少仗啊。解放战争开始时，粟裕指挥华中野战军七战七捷，歼敌五万，打败了敌人的进攻。"毛主席稍作停顿又说，"抗战时期，陈毅打黄桥的顽固派，有打有拉，抗战时期的统一战线做得是好的……你知道吗？黄桥的烧饼好出名。"

我认真地听着这些既亲切又不完全熟悉的人名、地名和事件，生怕漏掉其中的任何一个字。我情不自禁地感叹毛主席渊博的知识和惊人的记忆，他对我们那个地区的情况，比我还要熟悉，可他又问起了我和我家的情况。

"你叫什么名字？"

"陈长江。"

毛主席又重新把我打量一番说："好，长江，这是中国第一大江，你这个名字好记。"从此之后，毛主席真的记住了我的名字，他一见到我，总是先呼我这个好记的名字。

"你什么时候当兵的？"毛主席又问。

"1946年。"

"那也算是老兵了。"毛主席笑着说。

"不算老，不算老。"听毛主席说我是老兵，那意味着我是老资格，这我可接受不了，忙说，"我们这里还有更老的呢，有的还是抗日战争的。"

毛主席又关切地详细询问了我家里的情况，当他知道解放前我家房无一间，地无一垄，祖祖辈辈靠租种地主的土地维持糠菜半年粮的贫困生活，一遇灾荒年就无法生活下去了的时候，他深情地说：

"你们家怎么也这样苦啊！"

"是的。"毛主席的话引起了我的感情共鸣。毛主席平易近人，像兄长般的诚恳态度，使我由拘谨、局促而变得自然起来，话也多了。我告诉毛主席说，我12岁就给地主干长活，到15岁时已给4家地主干过活，过着牛马不如的生活。

毛主席说："旧社会有不少穷苦人和你家情况差不多，所以，要起来革命，要推翻三座大山……"

我们的谈话，不知不觉已有十几分钟。毛主席说："我该回去休息了。"才结束了这次终生难忘的交谈。从那之后，毛主席不但常叫我的名字，而且也知道了我的家境。

这一次，他想了解江苏的情况，便点到了我的头上。毛主席让你办事，总是要交代得清清楚楚，让你心中明明白白。毛主席说：

"我们最近制定了一些政策，行得通，行不通？你回去看一看。"

毛主席很深沉地边走边说："农村前几年搞得不好，农民吃苦了。"

我知道毛主席的用意，便说："主席，我愿去。"

接受任务后，我积极进行了准备，还列了个调查提纲，便愉快地踏上开往苏北地区的火车。记得我是5月8日到家，住了10天，就回到北京。因为在我回家期间，毛主席他们由上海回到北京了。

5月23日下午，我在中南海游泳池值班，毛主席去游泳，我看主席精神很好，便主动上前与他说："主席，我回来了！"

"什么时候回来的？"毛主席亲切地问。

"21日。"我说。

接着我向毛主席一五一十地汇报了回乡调查所见所闻。

"我这次回去，正赶上农忙，参加了6天劳动，割小麦，插秧，这些活都干了。"

毛主席仔细地瞅着我，风趣地说："长江，你还能劳动？"

"从10岁上就开始劳动了。"我又向毛主席讲起了自己"15岁上什么农活都会做了"的经历。

毛主席笑着说："你还不简单呢！离开家这许多年，还没有忘掉！"

"这不能忘。"听毛主席这么一说，倒使我有些不好意思了，忙说，"比人家差多了，我只是还没有完全忘了。"

毛主席见我局促不安的样子，只是一笑，又不厌其烦地详细询问起我的情况来了。

我告诉毛主席，我离家参加人民解放军之后，劳动一直没有间断过。解放战争后期，主席提出"军队向前进，生产长一寸"，我所在的部队参加了大生产，我还被当选为劳动模范呢！我这次回家参加几天劳动，一点也不觉得陌生，家乡干部很热情，说回来看一看就行了，不要劳动了，这是他们怕把我累着了。其实，我哪里会那么娇贵？我说，还是劳动好，不劳动连凉水也喝不上啊！

毛主席认真地听着我的这些叙述，也禁不住地笑了起来。

当我谈到农村贯彻"农业六十条"的情况时，我告诉主席，公社采取逐字逐句逐条解释的办法向下传达，还组织了县、社、大小队干部讨论了三天，然后又向社员传达，也组织了讨论。

社员们说，"六十条"说出了咱农民的心里话，他们觉得有奔头了。以前生产队劳动，出工不出力的多；现在劳动按工分计活，社员劳动积极性高，争着抢着让队长给他们派活。干部们觉得现在比以前好管了，社员们越来越关心集体生产了。

听我说到这里，毛主席说："'六十条'的全文，都是一字一句地向社员们传达的？"

"是的。"我说，"我还找了些社员问他们：'你们听明白了没有？'他们说，'明白了，明白了'，都显得很高兴。"

毛主席说："这样就好嘛，把党的政策交给社员群众，让他们知道了，掌握了，就好办事了。"

当我谈到农村办集体食堂的事情时，我告诉毛主席说，农村居住分散，张家在东，李家在西，还有老人和孩子，大家很难吃在一起。在集体食堂吃饭的人多，粮食不够吃，没法用瓜菜代替。食堂工作人员很是头疼，也很难做到公平合理，群众有意见。有不少人认为，集体食堂浪费时间，浪费劳动力，也浪费粮食，群众很不习惯。若是遇上恶劣天气许多人就无法去吃饭。要是以家庭为单位吃饭，不仅可节省粮食，也有利于发展养猪、喂鸡等副业生产……

毛主席边听边点头，还用手比画着说："过去那一段时间，听到的都是好的，看到的也是好的，实际情况满不是那个样子，城市和乡村有很大的不同。像上海那样大的城市，真正吃集体食堂的仅有30%左右，70%的人在家里吃饭或是白天带一顿饭。农村的确住得分散，冬天还有取暖问题，养猪靠刷锅水……其他地方对办食堂也有不少反映。当初，把办食堂说成是共产主义新事物，看来这是说过了头了，是不切合实际的。"

听毛主席这么说，使我非常感动。在"大跃进"的那些岁月，在农村办公共食堂，被看作是人民公社的重要特征，被一些报刊说得神乎其神，使任何希望中国实现社会主义的人，都不能说出半个不字来。我讲公共食堂存在的问题，也只是向毛主席做汇报时才这样讲的，我知道毛主席喜欢听实在话。要是在其他场合，或是对另外一些人，我是绝不会讲的。毛主席判别是非的标准，总是以大多数人的根本利益为出发点、为依据的。

毛主席看我没有再往下说，他语气沉重，面无表情地重复着说："农村集体食堂关系到几亿农民的生活，这个，我们一定要改。"

时过两个月，到了7月，我们随毛主席乘专列从北京出发，准备上庐山。毛主席再次指定我回农村调查，着重了解三个方面的情况：

1. 农村不办食堂后有什么反映；

2. 农村养猪等家庭副业发展得怎样；

3. 夏收和秋种的情况。至于其他方面，有什么情况就了解什么。

主席还耐心地为我讲了调查的方法，回到家乡，尽可能利用休息和晚上时间，多找些人了解，参加劳动时多接触干部和群众，听一听他们有什么反映，也可向他们提出问题，就某个问题或某件事情向他们进行了解。

毛主席最后说："了解完情况后，直接上庐山……"

根据毛主席教给的方法，我回乡调查果然见效。我同两位办过食堂的干部交谈时，他们说："过去办食堂，虽然想了不少办法，可是大锅饭、大锅菜确实不好做，真是众口难调，再努力大家还是不满意。后来粮食少了，就更难办了，吃饱饭都成了问题，还有什么好说的……以前，我们没少挨群众骂，干部也批评，我们也没少和社员们吵架，真是猪八戒照镜子，里外难做人，现在食堂不办了，把我们也解放了。"

不办食堂，在农村社员看来是件大事，得到一致拥护。特别是把粮食分配给社员，各户又分了自留地，各回各家吃饭，家庭副业也搞起来了，有的社员养的猪又肥又壮。

这年夏粮获得丰收，晚稻、棉花长势喜人，若不遇上特大自然灾害，无疑又是个好年景。

党的农村政策的调整，也进一步调动了农村干部的积极性。

我到达庐山后，将我所了解的情况向毛主席做了汇报，他很高兴。特别是当我说到一些农村干部和社员一起下地劳动，遇到苦活累活抢着干，分东西先人后己，认真落实党的政策，群众反映说，他们是"共产党培养的好干部"，群众与干部、与政府的关系有了很大的改善时，毛主席听了很是激动，连声道："政策，政策……"他低声沉吟，像是自言自语，连对面坐的我都没有完全听得清，但他接着提高声音说："我们的党就是要有这样的好干部，遇到什么困难都能和群众一起克服……你下次回家看一看他们有什么困难没有。"

在那些岁月，回乡搞农村调查是我们的一项重要工作，通常一年回去两三次。每次回来，毛主席差不多都要把我们找去，亲自听汇报，总要提出这样那样的一些问题。有的人反映的问题没有查清楚，毛主席还让再次返回去了解。这个做法，一直坚持了很长时间。直到"文革"中仍然坚持，不时派我们进行。只是因为他太忙，有时太急，不能每次都亲自听汇报，常常让汪东兴代他听汇报，了解情况，像这次这样。

稍后的一天夜里，已是11时多了，我值班去吃夜餐，汪东兴看到了说："你调查的情况汇报主席了，主席很满意。"

又过了几天的一个下午，毛主席出来散步，有护士长和卫士小商陪着，我跟在后边较远一些的地方。我们有这样的习惯，为了不打扰主席思考问题，凡是他不提问，我们不主动去与他说话。这一次，毛主席见到我，便把我叫到他的跟前说：

"长江，你这次回家了解的情况，东兴给我讲了，看来，你们那里搞得还是不错的。"

毛主席慢慢地走着，深深地想着，又说："农业是关系到大多数人生活的问题，抓好农业，解决了大多数人的生活问题，这就是抓住了大多数人。1958年后的那几年，农村政策不稳定使农业受到很大损失。"毛主席顿了顿又说："搞农业，一定要稳定政策，叫农民放心。"

毛主席沿着苍松翠柏掩映的小道，一步一步地走着，步伐是那样坚定，那么有力。

第 14 章

"住在毛泽东身边"的客人们

> 1969年，毛泽东邀请120名国庆观礼代表住进中南海，其中有李素文、尉凤英、孙玉国，还有王洪文。在天安门城楼上，叶群跑前跑后，指挥大家和毛泽东合影。

在中华人民共和国成立20周年前夕，我们驻中南海警卫部队接受了一项前所未有的新任务——接待参加国庆节观礼代表。

这一年的国庆庆祝活动，安排了不少内容，主要的有白天在天安门广场举行的隆重庆典，夜晚要放焰火，进行歌舞联欢。这些活动，与以往大多数国庆节没有多少特别的不同，我感到最突出的就是接待这些观礼代表了。

观礼代表是以毛主席名义邀请的客人，他们要"住在毛主席身边"。这一工作从布置到检查，都是由周恩来总理具体组织安排的。

中南海不同于饭店和招待所，这里本来就没有什么空闲房子，适合住人的就更少，而适合住"毛主席请来的客人"这样特殊身份人物的房子，根本就没有。

要在没有条件的地方做好这项工作，这就意味着要有超常的构想和非凡的努力。好在有周恩来的策划布置、督促检查，终于取得了一个喜人的结果。

周恩来让住在中南海的国务院北区机关腾出一些房子，临时布置安排了一批，让住在南区的警卫团部队也腾出一些房子供接待使用。腾来腾去，各单位都是住着破旧的房子，很不整齐，唯有我们警卫团一中队住的是一栋楼房，便决定将这个大楼的一二层都腾出来。我理解，之所以决定住在这里，除了房子稍好一些，且比较集中整齐之外，还因为我们是警卫毛主席的一中队，位置距毛主席住的丰泽园也最近了，更符合那个"住在毛主席身边"的提法。为了腾出这些房子，我们中队不论是干部，还是战士，全部集中到这栋楼房的第三层。大家搭通铺，睡地上，一间会议室就安排了数十人的铺位，连走廊也被利用起来。

我们中队一接到任务，在党内、团内，还有行政，进行了层层动员，提高大家的认识。当时提出"要接待好毛主席请来的客人，叫人家感到来我们这里就像回了自己的家里一样"的亲切、方便。

怎么接待呢？招待、服务、做饭、开车、打扫卫生、布置环境……凡是接待有关的各项工作，都由警卫战士担任。我们这支部队一直组织纪律严明，干部亲自带着干。不几天工夫不仅腾出了所需的房子，拆掉原有的大通铺，且将要使用的房间粉刷一新，屋内架起了一张张单人床，铺上了新的被褥，换上了适宜的家具，连原来青一色的男厕所，如今也标出了有男有女。伙房、食堂、所用大小车辆，也做了具体安排。这些工作，细碎繁多，时间紧迫，大都是连夜完成的。

9月26日下午，驻中南海的机关工作人员和部队，敲锣打鼓到中南海西门夹道欢迎代表们的到来。

我们一中队共接待了120人，印象最深的有珍宝岛战斗中的英雄孙玉国，后来当过人大副委员长的李素文，全国劳动模范、曾当过辽宁省负责人的尉凤英，当然还有人所共知、为害甚多的"四人帮"重要成员之一的王洪文……这些人，有的在"文化大革命"前就很有名气，但也有像王洪文这样的靠打砸抢起家的造反派头头……总之，在当时来说，都是些头面人物。他们一住进中南海，都觉得很光荣，显得很高兴，也说了许多称颂赞美的话。这并不奇怪，在那个时候，都说得很好听，何况他们又都是伟大领袖请来的，住在中南海的呢！

代表们住下了的一天下午，周恩来和邓大姐几乎走遍了所有代表住的房间，几乎和所有见到的代表们握了手，向遇到的许多人问了好，当时大家都很激动，场面极为隆重而热烈。

代表们住在中南海，又住在毛主席的身边，这里不仅风景优美，接待热情，而且也特别光彩，正像一些代表们经常挂在嘴上的那些富有时代特色的话所表示的那样，"爹亲娘亲不如毛主席亲""一辈子也忘不了的光荣"……代表们对中南海的一草一木，也赋予了伟大意义。他们利用有限的时间，采摘中南海的树木花草的种子，准备带回去在自己家乡的土地上栽种；把中南海的树叶、草叶捡起来，夹在书中，或制成标本，把它看作是最为珍贵的纪念。他们还在中南海的著名风景处、古迹旁拍照留念，这当然对他们是很大的优待了。在中南海工作许多年的很多人们，临调走了，也没有在中南海照过一张照片的人绝不是少数。那些为新中国的诞生而欢欣鼓舞的人们，那些如今不再受剥削与压迫的许许多多劳动者，他们把现今的中南海看作是江西的井冈山、延安的宝塔山一样的神圣，说它是一个时代的象征，是一种崇高信念与追求的标志，并不过分。

国庆节这一天，代表们被安排在天安门前的观礼台上，观看了五彩缤纷的游行场面，还听了庆祝大会上"林副主席"的那个讲话。

这天下午，安排代表们自己活动。辽宁省代表团在参观了中南海之后，在瀛台南端迎薰亭的台阶上排成长队，照了一张集体大照片。参加接待他们的工作人员，包括我在内，也应邀参加了这个活动，我们都站在最后一排上。有趣的是，代表们不仅每个人都戴有毛主席像章，而且每人还将一本"语录"本也捧在胸前。辽宁这个工业大省的另一个独具的特色，是他们带来了金属品刻制的《毛主席去安源》的彩色画像，不仅质量高，数量也多，照大照片时在前排摆了一溜，倒也好看，只是单调了些，就那么一个姿势。迎薰亭本来有一块精制的匾额，它是古建筑的组成部分，似乾隆的手笔，很有些名气，这时也被当作"四旧"给摘去了，代之以一幅毛主席的画像挂在那里，搞得不伦不类，可是在当时，也算是新潮了。

关于悬挂毛主席像的问题，主席的想法我们本来是明白的，他不喜欢到处挂他的像这种做法，但是面对这种情况，我们既不能传达，也不便干涉，只能听之任之，因为人家是客人呀！

晚间，代表们去天安门广场参加联欢晚会，观看焰火，其热闹与欢乐自不待说。

可是，那一天的我，却有另一番经历。在天安门城楼上，毛主席与林彪等在一起，会见了许多观礼的客人，与他们握手，一起照像。许多红卫兵，不少是造反派头头，记得有著名的聂元梓、蒯大富、谭厚兰、韩爱晶等所谓的学生领袖，也登上城楼，挤来拥去，显得非常活跃。

叶群在天安门城楼上跑前跑后，最为热闹。她是新当选的中共中央委员，正在走红，她本人也有强烈的自我表现欲望，尤其是在毛主席的面前。毛主席当然也难知她的内心，我看她也是很受信任的，没有觉察出任何人对她有什么戒心。

毛主席先在外面检阅游行队伍，当他进到大厅休息时，江青拉着林彪来到毛主席面前说是要照相。

叶群也想露一手，表现她比江青更有群众观念。她连连招呼在近旁的我们几个，便撺掇毛主席说："主席，今天是大喜的日子，请工作人员也参加，大家一起照个相做纪念。"

毛主席表示赞成，林彪自然附和，这一活动便完全由叶群指手画脚，当起了总导演。她先让毛主席、林彪在挂有毛主席手书《满江红·和郭沫若同志》那首词的墙前边站好，这时江青便站到毛主席身边的另一侧，作为工作人员的汪东兴、张耀祠也被叫过来参加，我也被安排蹲在最边上。这时叶群一边指挥摄影师这样或是那样拍照，一边又让摆好姿势的包括毛主席、林彪在内的我们大家，应该有怎样怎样的表情，于是，终于拍出了一幅照片。

这次国庆节庆祝活动，由于有周恩来苦撑门面，仍然维系着我们的党和国家在表面上的热烈与团结，人们在欢乐的气氛中度过了这个节日。但它却隐藏着严重的危机，掩盖着阴谋，当然这是后来的认识，当时的我们，哪里能想到这些呀！

包括住在中南海的那些代表，在当时，他们或是某一派别的头头，或许是某个革委会的核心人物，但可以肯定的是，他们之中的许多人，大概也没有料到后来的发展，他们住在中南海，也未见有任何异样的表现。

我们这些负责接待的人，根据总的安排，先后还组织他们参观了针织总厂和清华大学等我们部队支左的几个单位的"抓革命，促生产"的情况。

代表们大概住了一周左右，要走了，大家依依不舍，有一种难以言表的复杂情绪。总的来说，代表们对为他们服务的警卫战士，都有极好的印象。在代表们离开中南海时，我们又敲锣打鼓，热烈欢送，不少代表一再与送别的战士们握手，挥泪而别，至此才算是完成了这次前所未有的任务。

记得就是送走代表们之后一两天的一个下午，小商和小吴陪毛主席出来在游泳池边散步，毛主席看到了我，便说：

"长江，这次以我的名义请来的客人，住在你们中队。他们反映，你们干部战士都很好……"

"做得还不够。"我说。

毛主席继续说："过了一个礼拜战斗化、集体化的生活，吃得也很好，都说很满意……"

"我们也很高兴。"我说，"同志们说，为毛主席请来的客人服务是我们的光荣，同志们都觉得很高兴、很幸福。"

毛主席笑了，笑得很开心。显然，他在笑连我也能讲出这么一串时髦的话来！因为在往日的交谈中，我们很少用"光荣呀""幸福呀"之类的词来表达对党、对领袖的爱戴之情，但他没有明讲，而是说："你们还是有能力的。"

我赶忙说："主席，我们一中队可是没有这个本事，这都是周总理安排得周到具体，住在中南海的几个机关大力协助，调拨来好多东西，光靠我们一中队那可是无论如何也是不行的。"

毛主席面有喜色地说："请你转告大家，我感谢你们，谢谢同志们。"

毛主席说着，走着，表示很满意。

第 15 章

林彪"一号命令"的风波

> 林彪发出了一个加强战备的"一号命令"，毛泽东看了后说：烧掉！汪东兴向我们传达说：有人要调动军队，想干什么呢？毛主席很不高兴，要求警卫部队提高警惕，防止有人破坏。

1969年国庆节过得热闹，不论是天安门的庆典，还是在中南海接待请来的客人，都使毛主席高兴。

这时九大已开过，人事方面已有了安排，林彪是副主席、副统帅，他的一帮人黄永胜、邱会作、吴法宪、叶群、李作鹏都是政治局的成员，以江青为首的另一帮人张春桥、姚文元也成了政治局委员或是中央委员；尽管周恩来健在，也只能为共和国苦撑着门面……毛主席以为这个时候，他可以休息一下了。

记得那是过国庆节之后不久，即10月18日，毛主席即乘车从北京出发，沿京广线南下，到武汉住进了东湖宾馆。

我们这次外出，根据汪东兴的布置，带的警卫部队人员较多，共120余人。这么多的人，在东湖宾馆住房就很困难。根据那里的条件，把大家安排住在三号的小礼堂内、游泳池的更衣室里，战士们的铺就搭在礼堂的走廊上和游泳池的更衣室里，还有舞台上。

我们到达武汉的第二天，即10月19日，在北京的林彪以电话记录的方式向毛主席做工作报告，说什么为了加强战备，防止敌人突然袭击而发布紧急指示，调动全军进入紧急战备状态，其内容包括迅速抓紧布置反坦克武器的生产；立即组织精干的指挥班子进入战时指挥位置；各级司令部要加强首长值班，及时掌握情况，迅速报告等一类内容。这个被称作"一号命令"的文件，是通过总参谋长黄永胜等以"林副主席第一号命令"的名义下达全军贯彻执行的。他们所以采取这种先下达，后报告，先斩后奏的方式，在于形成既成事实，逼毛主席同意的局面。

毛主席看了这个电话记录稿之后很生气，当即说："烧掉！"这意思是明确的，根本就没有敌情那么一回事，因而要烧掉。

可是，林彪、黄永胜等为了掩盖事实真相竟篡改毛主席指示为："很好，烧掉。"

这个"号令"，关系到全军总动员，准备打大仗的事，不经党中央研究，不经中央军委批准，竟敢号令全党全军全国执行，这真是瞒天过海，犯下了弥天大罪。

当然这个过程不是我亲眼看到的，但就是在这个时候，汪东兴向我们做了传达说："有人要调动军队，想干什么呢？毛主席听了很不高兴，要求警卫部队提高警惕，防止有人搞破坏。"

谁要调动军队？毛主席听了什么不高兴？防止什么样的人来破坏？传达者没有说，却引起了我们不少的思索……可是，百思不得一解，唯一而有效的办法只能是全面布置，处处设防，时时警惕。

我们对战士仍然坚持正面教育，那就是要提高警惕，在应变方面多有几种准备。同时给部队配发了手榴弹、小铁锹和十字镐等野战作业方面的器械，做了随时可以投入战斗的准备，并加强了军事训练。往日我们随毛主席外出，主要是值勤站哨，很少或是就没有搞过军事训练。这一次却有所不同，不但加了这方面的内容，而且还在驻地一些重要部位，构筑了简易工事，对付突发变故的准备也比较具体，这在我随毛主席多次外出中应该说是绝无仅有的一次。

在此期间，差不多每天都有机要通信员从北京飞来给主席送文件，也把北京备战的最新情况带来告诉大家。诸如北京的大疏散、大搬家啦，北京的大专院校往外迁啦，许多住户卖东西很便宜啦，连我们警卫部队住在城区的家属也被疏散到西山了……北京一片打仗的气氛，战时那种紧张不安的氛围使数千里之外的我们不同程度地受到感染，当时，毛主席也是体察到了。

有一天下午，汪东兴把我们几个找到他的办公室，顺手拿出个本子来，向我们传达说：毛主席对一些人搞的"一号命令"很生气，说这是捕风捉影，小题大作。敌人不可能南边也来，北边也打，都向我们打来，他们不会配合得那么好。打仗的准备要有，警惕也是要的，但不会马上打起来的，不要惊慌失措……

毛主席的这些话，在我们之间引起极为热烈的反响，在对待打仗的问题上心中有了底。当然此时，还不能向战士传达，已安排的工作也不宜立即更改，只是做起来就有明显的差别了。

当然在警卫工作中，无论是什么时候，也不管是在什么地方，都贯彻内紧外松的原则，警惕是在心理上和组织措施上，外表上还是和往常一样地过日子。

这一段时间，毛主席差不多天天出来散步，也常到礼堂的休息室和舞台上看望住在那里的战士们。他看到战士们的被子叠得很整齐，各种用具摆放得很有秩序，收拾得很干净，他很是满意。

有几次遇上战士，就和他们聊起来，问他们家里的情况，问他们的年龄和工作的情景，谈得很亲热。

有一次，毛主席问我，战士的情绪有什么问题？

我告诉说，为了做好保卫工作，抓好战备和准备打仗，有一位战士的父亲病故，我们让他回去，他坚决不肯。他说，家里有哥哥，他回去也晚了，也帮不上多少忙，只是写了封信安慰母亲和家人。

毛主席听了，对这位战士很同情，也说了许多赞赏的话。

我还告诉毛主席，有一位战士生了病，住进了空军医院。

毛主席说，你们部队的战士，大多是北方人，到南方不习惯，这里夏天热，冬天冷，你们要关心他们，安排好生活，开展文化体育活动。

外出分队除正常的执勤、训练之外，我们还常用业余时间，与武汉军区警卫营打篮球。一说打篮球，自然就有些比赛的气氛。因为要记分，看哪一家得分多。这本是文体活动，为了增强体质、加强联系的一种方法。有空闲时，毛主席也常搬个竹椅子，坐在球场边的竹林子里，高兴地看大家打篮球。

说起打球，年轻人总有一股子争强好胜的情绪，每次比赛，总要赢人家几分。再说，我们一个中队比他们五六百人的一个营的球队还要强，不免有些得意之色。

就是那之后不几天，汪东兴把我们几个干部，包括中队区队干部在内，找去开会说：毛主席看过你们与警卫营打球，也听到了战士们的一些议论。他让我告诉你们，"凡是从北京来的人，都要尊重地方上的同志，尊重他们的首长，也要尊重炊事员、服务员和烧锅炉的工人。他们的工作即使有错误的时候，也不要乱讲。你们这些人到了地方上，人家都是兢兢业业地做好工作，为你们服务，招待你们。你们这些人到了哪里总是大手大脚的，要注意节约一滴水、一度电、一粒粮，也不要总想高人一头，比如打篮球吧，老想赢人家。"

我们外出分队把毛主席的这个讲话当作重要指示，反复学习研究，联系到1968年毛主席曾讲过的："老八路，有人说是'土八路'，他们不懂，我就是靠这些'土八路'才打下江山的，不要看不起自己。所谓'土'，就是没有文化，文化不高就学习嘛。你们是我身边的部队，不要搞'大国沙文主义'。"这样前后对照，联系起来思索，使我们体会到毛主席这是要我们保持谦虚谨慎的优良作风，不可盛气凌人，要处处注意学习，处理好与地方的关系。大家回顾过去多年跟随首长外出的情况，就曾有过许多规定，一直执行较好。如每到一地，因是随首长来的，当地总是热情招待，但我们有规定，招待的烟、糖、茶、水果一律不动，人家放在卫生间的毛巾、香皂也不用，都用自己带的，还积极参加力所能及的劳动。如有一年春天在武汉，我们和警卫营的战士们一起帮地方上栽树，那么大的松树几个人抬一棵，无论从种的质量上还是数量上，我们干得都是好的。还有一年的秋天在长沙，橘子大丰收，恰赶上当地收橘子，警卫战士们都是抢着干……这些做法，保持了我党我军的优良传统，也受到当地首长和工作人员的表扬与好评。有一次毛主席在散步时看到了我，他高兴地对我说：

"长江，你们保持了传统，对地方上的影响也是好的。"

他说得很轻松，看得出他的心情很好。"你到地方上，连用的被褥都是自己带，吃的也带……"我想说这是向你学习的，但还没等我说出来，他笑着说：

"我们应当尽量少麻烦人家……"

我们都知道，毛主席的生活是很简单的，吃饭总是几样小菜，用了地方上的东西，他总是让管理员给人家算账，交了钱之后才肯走。我在毛主席身边20多年，很少看到他参加宴会。每到一个新地方，人家请客，毛主席总是不参加。给毛主席送礼，通常他是不收的，有的从很远的地方送来的瓜果之类不得不收时，也大多把这些东西送给机关和警卫战士了。大的礼品，都让送给管理部门保存或处理了。毛主席是请客不到、送礼不收、廉洁奉公的楷模。

说起请客来，还有这么一件事情。大概是1956年，我们随毛主席到广州，住在一个小岛上。听说现在那里叫宾馆了，那个时候属于省委交际处管辖。那一段时间，毛主席心情很好，恰好又赶上他自己过生日，说要请我们吃面条。

那面条做得是很好的，更难忘的是，给加了一道当地的名菜，叫作龙虎斗。

这种菜听说是用蛇肉和山狸做成的。蛇是广东特产，这种山狸也产自粤北山上。山狸这种动物介于猴与猫之间，现在也许属于野生动物，列于保护之列了。可是那个时候，没有这个说法，也缺乏这样的认识，老祖宗传下来广东就有这么一道名菜。总之，在毛主席请我们吃面条的饭桌上，给端了上来。

一听说是让吃蛇和猫，有的同志就不动筷子了。说真的，我虽没有什么忌讳，但说到要吃猫，也有些那个。

请人家吃饭，人家不爱吃，请人者是什么滋味，这是不难想见的。

毛主席说："广东的同志既然做了，你们就吃了吧，要尊重他们的意见嘛……"

结果，大家吃了，越吃越觉得有味道，到后来也就没有什么顾忌了。

正是基于这样的经历、这样的认识，我们中队认真研究了毛主席的这次讲话精神，又制订了一些补充规定。其中有一条是，与当地同志赛球时，贯彻友谊第一的思想，并对战士进行了深入的教育，大家反映很好，从自我做起。这使我们体会到部队的作风在于教育，在于养成，战士的问题又主要是干部的问题。

记得那是此后不久的一个星期天的下午，武汉军区警卫营又邀请我们和他们打篮球。这场篮球打得很认真，裁判也很严格，球场上你争我夺，比赛正在激烈进行中，毛主席来了。

毛主席是听到裁判严肃而认真的口哨声和球场上队员们龙腾虎跃，观看者热情洋溢的助威呐喊声，所传递出来的团结、紧张、严肃、活泼信息后，赶来观看的。

毛主席依然坐在距篮球场十余米的那个小竹林边，坐在一个小竹椅子上看我们的球赛。

这场球从开始，李政治指导员就有意安排少上两名主力队员，并告诉他们说，球要打好，还不能打赢，并强调说："这是任务。"

终场的哨声响了，我们输了三分，这是警卫营与我们打球中为数不多的一次例外。

在那里观看比赛的毛主席，也高兴地情不自禁为大家鼓了掌。

第 16 章

上庐山开九届二中全会

> 毛泽东满脸是汗水地说：陈长江呀！我们
> 到了庐山的第一件事就是去游泳。在水中他说：
> 现在游泳比赛没有比耐力比时间的，若有的话，
> 我还是可以报名参加的。

1970年8月，毛主席要乘火车去南方视察。到底去哪里？领导并没有向我们交底。

不过，这并不影响我们外出准备工作的进行。说起准备来，人，还是那些人；事，也还是那些事，只是根据当前的形势在警卫部署上更突出了如何应付可能发生突然情况方面的考虑。因为我们知道，尽管报纸上天天说"文化大革命形势大好"，以及"大联合""三结合"等这些举动，加上中央一再提倡，各省的革命委员会也相继成立，实现了"祖国山河一片红"，可是，实际上，社会秩序并不平静。后来在外出沿途所见，不少地方仍然很

混乱，甚至还在动枪开炮，弥漫着武斗的硝烟。

毛主席乘坐的专列沿京广线南下，经石家庄、郑州到达武汉，在那里住了几天，又乘车继续南行，到达湖南省会长沙又住了几天。不论走到哪里，只要车一停下来，毛主席便立即找当地的党、政、军领导汇报情况，或者开会谈话，重点仍然是九大之后怎么样、怎么办？后来我们才知道，这也是毛主席进行的一种调查研究，是为即将召开的庐山会议做准备的。

8月19日下午，我们的专列到达南昌。毛主席准备在这里停留一下，然后再上庐山。汪东兴让我带十几个人先行，上庐山为毛主席打前站。我们在南昌火车站一下车，一股难挡的热浪迎面扑来，如烤如炙，炎热非常，真是名不虚传的四大火炉之一呀！

毛主席穿着一件白汗衫，也满脸都是汗水，不时用一方小手帕擦着。他知道我要上庐山打前站，便对我说：

"长江，我们到了庐山的第一件事就是去游泳……"

"是啊！"我知道毛主席一向喜欢游泳，江河湖海，不论是什么地方，只要是有水，他就想游泳。本来，这次出来，在武汉、在长沙，这些地方都是游泳的好地方，天气又很热，下水游泳在当时当地来说，那是再好不过的休息活动了。可是因为忙，十几天来，毛主席一次也没有下过水。今天，他提出了这样的要求，不仅说明他有活动的愿望，也说明了他所进行的沿途调查工作有了成效，可以松口气了。我也很高兴，听毛主席的嘱咐，我兴高采烈地重复说："是啊，是啊，第一件事就是游泳。"

毛主席见我高兴的样子，也会心地笑了起来。

我们一行十余人从南昌乘汽车上庐山，在盘山公路上旋转而上，那真是越上越高，真像毛主席在一首诗里讲的那样，"跃上葱茏四百旋"，当然气温也就越来越凉爽了。我不是第一次来庐山了，庐山之美，庐山之奇，给我以深刻的、美好的印象。不来庐山常想念庐山，可是今日登上了庐山，却无心观赏它的雄奇挺秀的峰峦，甚至也没有想到要去看著名的飞流直下的泉瀑，只是紧张地筹划着上山之后，怎样开展工作，做好毛主席上山的准备。

在庐山管理局人员的导引下，我们检查了为毛主席安排的住处，布置了警戒，便去察看准备让毛主席游泳的地方。

让毛主席游泳的地方，确定在庐山水库。这个水库，建在庐山顶上。有趣的是，庐山无论从哪一方面看都是很高的，奇峰突起，直指蓝天，最高的大汉阳峰高达1474米，比较低的几个山峰也都在千米以上，显得高峻而陡峭。可是上到山的顶部，地势反倒显得平坦，山谷宽阔，山势浑圆，山峰的周围又形成许多幽深的峡谷，峡脊和谷底，上上下下，反差很大。江西人民正是利用庐山这种特点，在几个峡谷的交汇处筑起了堤坝，造就了这个庐山水库。

水库，山谷间的一泓清水，湛蓝湛蓝，清可见底，这不仅因为它来自山涧，还因这里的环境很少污染，实在是个游泳的好地方。

毛主席非常喜欢在这里游泳。

记得那是1959年6月底，我随毛主席登上了这座长江之畔的高山。山下赤日炎炎，山上却清风习习，不仅风景秀丽，而且气候凉爽宜人。毛主席那次上山来，主持召开了党中央政治局扩大会议和八届八中全会，着重纠正在"大跃进"和人民公社化中出现的"左"的错误。会议开得很严肃，很认真，开展了批评和自我批评，有不少同志检查了工作中的错误。毛主席对当时形势的估计是"成绩很大，问题不少，前途光明"。后来发生了众所周知的彭德怀写信问题，以及其后出现的对彭德怀等人的错误批判和处理。关于这方面的情况，党史学家已有不少论述，本文不再赘言。我想说的是，在这次会议期间，在那些非常紧张、论争非常激烈的日子里，毛主席常抽出空闲时间到这个山顶水库里游泳，在他看来，这是最好的休息、最大的享受了。

那次上山开会的，有中央的、地方的、军队的，人比较多，住得也很集中。毛主席大多是在下午去游泳。他每次去游，那地方总是人很多，有下水游的，也有在岸上看的，大家有说有笑，非常热闹。

说起游泳来，顺便说一说我这游泳水平的提高，那还是在庐山那段日子里实现飞跃的。以前游泳，我和许多人一样，只会那种笨拙的无名氏游法，需要手足并举，才可浮出水面，唯一的优势是体质壮，能在水中游较长的时间。可是，毛主席游泳，那真是自在。他在水里随心所欲，任意翻腾，一口气可划出十几米，他将头钻到水下，好一阵之后，再浮上来呼吸，随即再沉下去，再钻出水面，顺手把头发在水中梳理一番。这样或沉或浮，或现或没，或侧身翻滚，左一下，右一下，在他的身边溅起一串串晶莹美丽的浪花。时而又换作仰游，或站或坐，既不是蛙泳，也不是自由泳，完全是独有的方式；最使人着迷和神往的，还是他仰躺水面睡觉那一招。只见他手不划，脚不蹬，四肢伸开，平躺水面，或抽烟，或看报，比在床褥上还要自如……我虽然常为毛主席护游，也常模仿他的动作，但他这个"睡觉"的本事，一直不得要领，未能掌握。

不过，我努力学会这一招的决心，没有任何动摇。这一天，我又随毛主席下水游泳，毛主席见我想躺在水面上，可是身体还未放平，就失去了平衡，沉了下去，几次试验，几次都失败了。

这时，毛主席游到我的身边说："长江，不要紧张，把身子放平了……身体要放松，再放松些……随便一点，不要那么紧张嘛。"

"游泳也有个规律，摸到了这个规律就容易学会……"

他边说，边为我做示范，纠正我的不正确的动作。

我照着毛主席的指点，反复模仿，多次失败，败了再做，这样反反复复，不知道进行了多少次，终于有一次，我突然觉着腿没有蹬，臂没有划，平躺在水面上，很是悠闲，而且没有任何要沉下去的感觉。

这是我生平第一次学会了在水面上平躺着，一动不动。我非常高兴，非常兴奋，因而印象也特别深刻。

毛主席看见我的这点长进，也非常高兴。他一边游着，一边和我们聊起来了。

毛主席说："游泳，比速度，我游不过你们；比耐力，比时间，我还可以吧……"

毛主席显得很高兴，他说："现在的游泳比赛，没有比耐力，比游得时间长的项目，若有的话，我还是可以报名参加的……"

说得大家笑声一片，水库的岸边传来嗡嗡的回声。

那一段时间，毛主席几乎天天都去游泳。在庐山的人们，包括当地的老百姓在内，差不多都知道毛主席在什么时候，到这个地方游泳，因而毛主席每去游泳，都有不少人去观看，有时岸边聚集的足有几百人之多，等着要见毛主席一面，要看毛主席在水上搏击的英姿。

这次，我们来到庐山水库试水，还是那通常做法，我们几个先下去。

几天来，大家也经历过"火炉"里的那份"熬煎"，整日都是浑身汗水淋漓，虽然常换常洗，内衣几乎总是湿漉漉的，也很想先下水畅快畅快。

其实，在这庐山水库游泳不是第一次了，可说是旧地重游，水域不会有什么显著的变化，但这里的设施却有若干改动，显得更好了。水库的岸边建了些房舍，那是为游泳的人们冲洗和休息准备的地方。水库边，还搞了些便于游泳者下水上岸和息憩的扶梯、台阶、栏杆、沙滩等设施，使这个山顶水库颇有些游泳场的色彩。我先下去试水，游了一圈，觉得下水上岸、休息晒太阳那些设施尽管简陋了一些，也还结实适用，总的感觉是什么都好，唯一使人不舒服的是水温低了点。我们这些年轻人刚下去时都觉得寒气逼人，难以忍受，何况此时的毛主席已是77岁的老人了。尽管他的身体很好，精力旺盛，不可忽略的是，他的总体健康状况怎么说也不是十几年前的样子了。这一点，随毛主席外出的医护人员一再提醒大家，领导也一再提出要求，要我们一定要谨慎小心，不能有半点疏忽。因此，我们对游泳的水域和场地及其设施的检查，做得一丝不苟，非常认真，为毛主席下水游泳做了充分准备。

我们做完准备工作不久，毛主席就上山了。

毛主席真是说到做到，连为他安排的住处也没有去，就直接来到了庐山水库，他上山的第一件事果然是游泳。

毛主席在车上换了衣服，到达水库边还是按老习惯，先做下水前的准备活动，就要下水了。

"主席，水太凉了。"我上前向毛主席报告说，"山下很热，山上很凉，温差太大了，简直相差一个季节。"

"水凉？那怕什么！"毛主席说着就迫不及待地伸腿屈腰，做起了下水的准备，并以和蔼的口吻说，"凉点，游起来舒服……"

毛主席下水，我们几个紧紧跟随在他的前后左右。这一游，毛主席一口气游了半个多小时。太阳快要落山了，天也黑下来了，他游泳的兴致还很高，不想上来。他说，在水里很舒服。确实，这十几天来，所经过的武汉、长沙、南昌几个城市都是有名的"火炉子"，所经受的闷热与煎熬，带来的种种疲劳和不适，这么一游，便一扫而光，令他振奋不已。

毛主席看了看山峰之间泛出的一抹余辉，无可奈何地长出一口气，一头扎进水里，连着翻了几个跟头，又一跃浮出水面，把手伸向宽阔的前额，从上往下一抹，脸上的水珠被抹净了，才说：

"上！"便游到了浅滩停了下来。我拿来毛巾、肥皂，给他的头上、背上打上肥皂，洗濯起来。

毛主席和我们有说有笑，情绪很好，洗好了，冲净了，擦干了，上了岸。

他高兴得情不自禁地说："好舒服啊！这里真好，谢谢你们……"

第 17 章

夜幕迷漫的庐山

林彪在开幕会上抢先发言，大吹"天才"，掀起一场风波。毛泽东很不高兴地说，你们让我早点死，就让我当国家主席。他对我说：有好几年不写文章，现在不写不行了，要写文章反击。又自言自语：大有炸平庐山、停止地球转动之势……夜雾茫茫，我们提着油灯为毛泽东乘坐的汽车开路，毛泽东说：我们这也是《红灯记》嘛！闭幕式上，主席台上没有了林彪、陈伯达、康生的座位。

1970年8月23日上午，九届二中全会在庐山小礼堂举行。

毛主席从他住的20号楼到礼堂还有一段距离，我们警卫分队跟随毛主席的车子，向礼堂开去。

毛主席下车后从礼堂的侧门进去恰是礼堂的主席台，这时，九大选出的五位常委中的四位林彪、周恩来、陈伯达、康生已在主席台上，其他与会者也都已在台下就座了。毛主席一进去，全场起立，响起了热烈的掌声。

毛主席在主席台中间坐定后，在会场趋于平静的时候，他庄严地宣布全会开幕，并宣布了到会的正式成员和列席人员的数字，以及请假人数等情况。

接着，周恩来宣布了这次会议的三项议程：（一）讨论修改宪法；（二）讨论国民经济计划；（三）战备问题。并说，出席这次会议的，都有这三项内容的材料，请大家先看材料，然后分组进行讨论，还宣布了小组的划分等事项。

这个过程进行了不到一个小时，预定议程已全部完成了。

主持会议的毛主席看了看全场，大声问道："还有什么意见？"

会场上静寂无声，没有一个人说要讲话。

毛主席正要宣布散会时，坐在他左侧的林彪，从衣袋里掏出一沓纸来，对着麦克风突然宣布说，他要第一个发言。他没有等主持会议的毛主席表示赞同与否，甚至也没有按惯例待台下的人为他鼓掌，便照着那个预先准备好的稿子念了起来。

林彪的这个讲话，完全是个意外的突然行动。事前，林彪没有像往常那样报告毛主席，他要在开幕式上讲话，讲的内容也没有让毛主席知道，因而，对他的这个讲话，毛主席毫无准备。

林彪的这个讲话，用大量的篇幅歌颂毛主席的才智和丰功伟绩，台下坐的那些众多的中央委员们，不断地报以极为热烈的掌声，只有端坐在主席台上的毛主席，两手放在桌上，动也没有动一下。

林彪在这个讲话中说，毛主席是"天才，大家都不要否认""国家要设国家主席"，等等，林彪的讲话终于结束了。

台上台下，出席这次会议的200多位中央委员和参加会议的列席人员，还有众多的会议工作人员，全都为林彪的讲话鼓了掌，要说没鼓掌的，只有毛主席一个人。

在主席台一侧的我，对台上台下的动静看得一清二楚，听得明明白白，却没有觉得有任何不妥的地方。对于毛主席不鼓掌，我还以为是毛主席的谦虚，因为林彪在颂扬自己嘛！根本没有想到、看到这其中有什么奥妙，我只是看到坐在主席台上的毛主席一脸的不高兴。

我以为一个人的喜怒哀乐，往往有很多原因，自然也不能乱加联系，更不会想到林彪颂扬毛主席是假，自己要当国家主席才是真。

林彪讲完之后，毛主席宣布散会。当别人还在鼓掌的时候，他闷闷不乐，没有任何表示，也没有通常那样与副主席、与各位常委握手道别，就从主席台上那个侧门出来，乘车回到住处。

后来，毛主席谈起这次会议的开幕式时，他向我们说：副统帅在全体会议上第一个发言，他讲话的内容事先也不与我商量，讲稿也未给我看过。他不顾事先安排好的议程，也不顾我不设国家主席的建议，以歌颂为名，大讲天才，要设国家主席……毛主席在讲这些问题时显得很生气。

8月24日，预先安排是讨论经济计划问题的，可是，这一天，在林彪统一指挥下，陈伯达、吴法宪、叶群、李作鹏、邱会作分别在各组宣讲了由陈伯达选编、经林彪审定的"马、恩、列、斯论天才"的材料。

在华北组会上，陈伯达大肆鼓吹林彪要设国家主席的主张。

在西南组会上，吴法宪借称天才，吹捧林彪，借口有人反对天才，攻击他人，说什么"有人利用主席的伟大谦虚，贬低毛泽东思想"。

在中南组会上，叶群含着眼泪，表示坚决要设国家主席的"感情"，坚持天才论的观点，并扬言："刀子搁在脖子上也绝不收回。"

在西北组会上，邱会作与其他组遥相呼应，说反对"天才"和"设国家主席"，"就是把矛头指向毛主席、林副主席"。

王洪文在上海组会上说，林彪的讲话"非常重要"，"不承认天才就是不承认毛主席的正确领导"。

毛主席为这件事，彻夜难眠。他对林彪感到痛心、感到失望。第二天，即8月25日，召开了政治局常委扩大会议，决定停止讨论林彪的讲话，收回华北组的二号简报。

毛主席极严厉地批评陈伯达等人的发言，并且说："设国家主席的问题不要再提了，你们让我早点死，就让我当国家主席。""你们若继续这样，我就下山，让你们闹去。""谁坚持设谁就去当，反正我不当。"并责令陈伯达做检讨。

毛主席还亲自找林彪谈了话，批评他事前不商量、违背会议议程的做法。毛主席语重心长地对林彪说："我劝你也别当国家主席，谁坚持设，谁就去当。"

周恩来找吴法宪、李作鹏、邱会作等人谈了话，要他们向中央写检查，他们在小组会上的发言记录也被收回了。林彪一伙策划许久，密谋用和平手段抢班夺权的阴谋，从林彪在开幕式上搞突然袭击至毛主席严厉批评，前后仅两天半的光景就被彻底戳穿了。

这几天，毛主席操心党内这场斗争，他睡不着觉，吃不好饭，常以出来散步恢复精神，在大门里值班的我，也常在这个时候陪毛主席走一走。

有一次，毛主席边走边对我说："有好几年不写文章了，现在不写不行了，要写文章反击。"还听到毛主席自言自语地说"……大有炸平庐山、停止地球转动之势……"

当时，不知主席讲的是什么意思，更不知道讲的是谁，当然也不能去问。但毛主席的习惯我是知道的，写文章他总是喜欢自己动手，从来不靠别人。未写成之前，总有个酝酿的过程，此间如果与你相遇了，可能与你说起文章中的某些观点和某些词句，甚至还想听一听你的反应，尽管你可能对这样的问题一无所知。

他也不止一次说过："我的秘书也只是做些收收发发的工作，属于我的事情，应该我自己去做。"毛主席确实是这样做的，直至晚年，重病缠身，他仍然遵循这个原则，所有文件的批语，也都要亲自去做。

这一次，毛主席也是这样，他边走边说，念叨着一些我不懂的话，说明一篇新作的构思尚未完成，因而连散步也缺乏兴致了。他这次出来散步，前后也不过十来分钟，就回到他的办公室去了。

毛主席办公室的灯一直亮着，直到很晚很晚的时候。

看着毛主席窗户上透出的灯光，忽然使我想起关于他当不当国家主席的问题上，我所经历的那一段认识的历程。

毛主席自己不当国家主席早已不是新闻了。

早在1959年4月召开的第二届全国人大第一次会议上就选举刘少奇为国家主席，此后毛主席一直专事党的工作。

记得那还是在1965年1月5日，毛主席出席了全国政协四届一次会议，并当选为全国政协名誉主席。毛主席对这个职衔，似乎很满意，他与到会的政协委员们热烈握手问候，还与著名的科学家李四光一起合影留念。跟随主席参加这次活动的我，却有些想不通。

觉得毛主席不当有职有权的国家元首——中华人民共和国主席，却到政协当个名誉主席，我很有些想不通。想不通归想不通，工作归工作，无妨大局，不过，我有问题，总是愿意问个清楚。

此后不久，我又奉命回老家进行农村调查，归队后向毛主席汇报完情况了，我便把埋在心中的问题端了出来。

"主席。"我说，"不论是在路上，还是在老家农村，我接触到的许多人民群众，还是希望你当国家主席的。"

"你要向大家解释嘛。"毛主席忽而又认真地问，"长江，你解释了没有？"

"我也是这样的想法。"

"难怪啊！看来，你也是不知道了。"毛主席笑了一笑说，"当国家主席外事活动很多，有些纯粹是礼仪性的，还要到国外访问……这要占去许多时间。我呢，不愿意应付这些礼节性的事情。不当国家主席，我可以集中精力专做党的工作……"

毛主席这么一说，我才明白了，党中央做出这样的安排，完全是毛主席的想法，是让他集中精力把我们的党、我们的国家建设好。

毛主席已不担任国家主席这个职务多年，他已不止一次真诚地表达过自己的愿望，而且也是得到党内外大多数人赞同和理解的。

后来我们听到传达的文件和看到的有关材料，逐渐明白，毛主席为什么那么生气，为什么说林彪一伙的行为是个大阴谋，与党内正常民主毫不相干。

九大之后，毛主席把重点放在政府的重建方面。1970年3月8日，毛主席提出召开四届人大和修改宪法的意见，并建议不设国家主席。3月17日中央召开工作会议，与会同志表示拥护毛主席关于召开四届人大、修改宪法和不设国家主席的建议。

林彪出席了这次会议，但他别有用心，反会议的决议而行之，于这次会后不久的4月，又向毛主席提出了设国家主席一职的所谓"建议"，并声言由毛主席出任此职。

第二天，毛主席就在他这个书面建议上批道：

"我不能再做此事，此议不妥。"

后来，毛主席在4月下旬中央政治局会议上说："孙权劝曹操当皇帝。曹操说，孙权要把他放在炉火上烤。我劝你不要把我当曹操，你也不要做孙权。"再次表明了他坚决不当国家主席的意见。林彪、叶群和他那一伙中的几位大将，不仅参加了这个会议，而且也是亲耳听了毛主席这一番议论的。

当然，作为党员对党的批评与建议，可与不可，本来是党内正常民主生活的一个方面，是无可指责的。问题在于它的动机的严重性，毛主席已敏锐地看出了林彪是以这些堂而皇之的招牌掩盖着不可告人的险恶用心，并且一针见血地揭出了老底，使其阴谋曝了光，这也正是毛主席在那个非常岁月中非凡为人的一次集中表露。

这些情况，不能说"副统帅"不知道，为什么在这个会议上采取突然袭击的手段又提出来呢？

我的经验使我坚信，毛主席主张的、坚持的大都是以全国最广大人民的利益为出发点的，为人民服务是他的最高追求，除此之外，他没有任何个人的目的。我们不理解或是不懂的东西太多了，这除了说明我们水平低之外，我们也不了解不掌握全面情况，对于自己一时想不通的，应当再学习、再思考，不要轻易就下是与非的结论。

随着会议的进程，汪东兴也及时向我们传达会议的主要情况，中心是要我们提高警惕，值班干部和哨兵，都要加强责任心。部队要加强应变能力的训练，做到确保领袖的安全。

根据汪东兴的这个意见和庐山的实际情况、地理环境，我们设想了可能发生问题的几种情况，制订了相应的应付突然情况的方案，其中也有对付最严重情况的准备，组织干部战士演练。

这次庐山会议斗争很激烈，林彪一伙尽管机关算尽，可在会上并没有得到什么，而是在200多位中央委员的面前露出了马脚，引起了人们的警觉。毛主席也显得坦然多了，有时下午还抽空来到庐山水库去游泳，这大概是毛主席在那一段时间里最好的休息了。

这时，毛主席仍然住在一号楼那个地方。那一段时间，差不多每天中午都到水库边新建的那幢房子里去办公、开会或找人谈话。因工作太多，常常干到凌晨两三点钟才回住处。

庐山这个地方，晚间不是大风，就是大雨，要不就是大雾。那雾，又密又浓，真是大雾迷漫，云海茫茫，上看不见星斗，下看不见脚面。庐山的路面很窄，车子稍微开偏了就有掉下深谷的危险。毛主席深夜回住处，乘坐汽车走这段路，并不比牛车快多少，驾车的司机也总是提心吊胆，小心翼翼。即使把最大的灯都打开，仍然看不了多远，司机感到很不好办，只好硬着头皮冒着风险往前开。

做警卫工作，不仅要防止敌特的阴谋破坏，还要防止包括车祸在内的各种事故带来的危害。为了确保行车安全，我们就想了个土办法：就是用煤油灯为汽车引路。我们的做法是从管理部门借了一盏普通的防风煤油灯，每逢雨、雾夜行车时，我就穿一件雨衣走在汽车前，手提一盏油灯在前引路。

浓浓的夜雾中的煤油灯，发出红红的光亮。红光，有较强的穿透能力，在十几米之外就能看得清楚，尽管在夜雾之中。司机看着红灯开车，既可照路，又使人随时警觉。

这样行车，当然谈不上什么快速了。这样慢的速度在山路上行车，后顾之忧就显得突出了。我便派出三个人编为一个小组，跟在车后，以防不测。

在汽车里的毛主席看到这情景，笑着说："这办法不错，提着红灯引路，我们这也是《红灯记》嘛。"

在车上的几位听见了，无不哈哈地笑起来。那个时候，京剧《红灯记》风靡全国，无人不晓。

到二中全会闭幕的这一天，全场的主席台上发生了令我惊讶不已的变化：主席台上的中央只放着一个座位，旁边是一个主持人的座位。周恩来宣布开会后，毛主席坐到了中间那个位子上，周恩来在旁边主持人那个座位上坐了。其余的三位常委：林彪、陈伯达、康生的位子去掉了，他们都坐在台下和其他人一样的位子上去了。

闭幕式上，周恩来宣布对陈伯达隔离审查，几项讨论的议程均已通过，散会后怎样贯彻，也都做了布置。

毛主席在这个闭幕式上，针对这次全会暴露出来的问题就党的高级干部学习问题、党的路线教育问题以及党内外团结问题做了重要讲话。

毛主席说："现在不读马、列的书了，不读好了，人家就搬出什么第三版呀，就照着吹呀，那么，你读过没有？没有读过就上这些黑秀才的当，有些是红秀才哟。我劝同志们，有阅读能力的，读十几本。基本开始嘛，不妨碍工作。""要读几本哲学史，中国哲学史，欧洲哲学史。一讲哲学史，那可不得了呀，我今天工作怎么办？其实是有时间的，你不读点你就不晓得。这次就是因为上当，得到教训嘛。人家是哪一个版本，第几版都说了，一问呢？自己没有看过。"在谈到这次会议出现的问题时，他说："庐山是炸不平的，地球还是照样转。极而言之，无非是有那个味道。我说你们把庐山炸平了，我也不听你的。你就代表人民？我是十几年以前就不代表人民了。因为他们认为，代表人民的标志就要当国家主席。我在十几年前就不当了嘛，岂不是十几年以来都不代表人民了吗？我说谁想代表人民，你去当嘛，我是不干，你把庐山炸平了我也不干，你有啥办法呀？"在谈到党内外团结时，毛主席说："不讲团结不好，不讲团结得不到全党的同意，群众也不高兴。""所谓讲团结是什么？当然是马克思列宁主义基础上的团结，不是无原则的团结，提出团结的口号总是好一点嘛。包括我们在座的有一些同志，历来历史上闹别扭的，现在还要闹，我说还可以允许，此种人不可少。你晓得，世界上有这种人，你有啥办法？一定要搞得那么干干净净，就舒服了？就睡得着觉了？我看也不一定。到那时候又是一分为二。党内外都要团结大多数，事情才干得好。"

毛主席这次讲话虽说不长，却是点睛之笔，使人透过庐山会议纷乱的头绪，理出了今后的努力方向，就像夜雾行车的灯指明了前进的道路。

这次会议的后半段，是我记忆中掌声最少的会议。人们对鼓掌显得谨慎多了，只有在毛主席讲话、周恩来宣布开会和闭幕的时候才有。

这次会议之后，毛主席对林彪的希望、寄托遭到了沉重的打击，但他还想再看一看，还想争取他，不致使他走得太远。毛主席只是让周恩来主持党的日常工作，并抓军委办事组的事情。

后来，毛主席对这次庐山会议出现的反常现象做了如下评价：

> 1970年的庐山会议，他们搞突然袭击，搞地下活动，为什么不敢公开呢？可见心里有鬼。他们先搞隐瞒，后搞突然袭击，五个常委瞒着三个，也瞒着政治局的大多数同志，除了那几位大将以外。那些大将，包括黄永胜、吴法宪、李作鹏、邱会作……他们一点气都不透，来了个突然袭击。他们发难，不是一天半，而是8月23日到25日中午，共两天半。他们这样搞，总有个目的嘛！……可见这些人风格之低。我看他们的突然袭击、地下活动，是有计划、有组织、有纲领的。纲领就是设国家主席，就是"天才"，就是反对"九大"路线，推翻九届二中全会的三项议程。有人急于想当国家主席，要分裂党，急于夺权。天才问题是个理论问题，他们搞唯心论的先验论，说反对"天才"就是反对我，我不是天才。我读了六年孔夫子的书，又读了七年资本主义的书，到1918年才读马列主义，怎么是天才？那几个副词，是我圈过几次的嘛。"九大"党章已经定了，为什么不翻开看看？《我的一点意见》是找了一些人谈话，做了一点调查研究才写的，是专批天才论的。我并不是不要说天才，天才就是比较聪明一点，天才不是靠一个人、靠几个人，天才是靠一个党，党是无产阶级先锋队，天才是靠群众路线、集体智慧。林彪同志那个讲话，没有同我商量，也没有给我看。他们有话，事先不拿出来，大概总认为有什么把握了，好像会成功了。可是一说不行，就又慌了手脚。起先那么大的勇气，大有炸平庐山、停止地球转动之势。可是，过了几天之后，又赶快收回记录。既然有理，为什么收回呢？说明他们空

虚恐慌。

毛主席还说：

> 我同林彪谈过，他有些话说得不妥嘛。比如他说：全世界几百年，中国几千年才出现一个天才，不符合事实嘛！马克思、恩格斯是同时代人，到列宁、斯大林一百年都不到，怎么能说几百年才出一个呢？中国有陈胜、吴广，有洪秀全、孙中山，怎么能说几千年才出一个呢？什么"顶峰"啦，"一句顶一万句"啦，你说过了头嘛。一句就是一句，怎么能顶一万句？不设国家主席，我不当国家主席，我讲了六次，一次就算是讲了一句吧，就是六万句，他们都不听嘛，半句也不顶，等于零。陈伯达的话对他们才算是一句顶一万句，什么"大树特树"，名曰树我，不知树谁人，说穿了是树他自己。还有什么人民解放军是我缔造和领导的，林亲自指挥的，缔造的就不能指挥呀！缔造的也不是我一个人嘛。

毛主席的这些话，对庐山会议的问题和实质，做了最清楚不过的揭露和分析，使那迷漫的夜雾，再也迷惑不住人们了。从此，林彪和他那一伙，走上了自我毁灭的道路。

第 18 章

一路高唱《国际歌》南巡

出发前，毛泽东深沉地对我说：军队闹得厉害，有的不听指挥，要进行改组。多次接见各地党政军领导人，他都要求大家一起唱《国际歌》，还要华国锋这就穿起军装，把广州军区的事管起来。毛泽东说，我不相信我们的军队会造反。

1971年8月中旬的一天，中央办公厅主任兼警卫局局长汪东兴，中央办公厅副主任兼警卫局副局长、中央警卫团团长张耀祠把我找去，向我布置了毛主席外出南方期间我们随行的警卫任务，要我们迅速做好准备。

他们特别强调指出，由于去年庐山会议，问题并没有解决，现在情况更趋复杂。有些地方还在真枪实弹地武斗，铁路沿线的治安也不好，随行分队要有随时投入战斗的充分准备，并交代了这次可能遇到的各种情况，以及对这些情况的处置原则和方法，还有注意事项，等等。

张耀祠还用他那特有的江西普通话说："这次不是新任务，你们也不是第一次外出，但这一次确有许多新情况，可能遇到许多麻烦、困难和危险，很可能是前所未有的，一点也不能大意……"

记得自庐山会议以来，党中央为解决林彪集团的问题所做的种种安排时有所闻，毛主席、周恩来做了许多工作。这年1月下旬，根据毛主席的提议，主持中央日常工作的周恩来亲自主持召开了华北会议，揭发批判陈伯达的问题。1月24日，周恩来做了总结发言，提出黄永胜、吴法宪、叶群、李作鹏、邱会作在政治上犯了方向路线错误，在组织上犯了宗派主义错误，站到了反九大路线上去了，并宣布了党中央改组北京军区，进一步批陈整风的决定，并任命李德生为北京军区司令员、纪登奎为政治委员。4月15日，又召开了有地方和军区负责人共99人参加的批陈整风汇报会，林彪一伙，不得不做了些检讨。住在北戴河的林彪也在那里待不住了，于4月19日窜回北京"坐镇"，企图稳住阵脚，应付过关。

直至此时，林彪那一伙中的许多人大都握有实权，在军队很有影响，这在我们党的历史上，特别在新中国历史上，是前所未有的情况。

就在此间，有一天毛主席在中南海游泳池院里散步，我习惯地跟在他的身后，和他走在一起。

毛主席情绪深沉地对我说："军队闹得厉害，有的不听指挥，要进行改组。"

当时的我，并不了解全局深层的情况，就我所知，我们警卫部队根本不可能有这样的情况，因而很不理解。在毛主席面前，我一向有什么说什么，也没有什么顾虑，我说："主席，人民解放军的干部、战士，没有一个不听你指挥的。"

毛主席说："你不了解情况，不知道啊！"

毛主席没有进一步给我讲有哪些情况，有什么原因。我呢，自然是他讲到哪里，听到哪里，不好再往下细问了。

想来两位主任之所以把这次外出随卫任务讲得那么严重，自然和这些情况有关。因此，我们准备外出的动员、组织工作，做得十分仔细，非常认真。

我也把毛主席最近一个时期以来谈话的一些内容告诉大家。主席说：

"对路线问题，原则问题，我是抓住不放的。重大原则问题我是不让步的，庐山会议以后，我采取了三条办法，一个是甩石头，一个是掺沙子，一个是挖墙脚。抓了陈伯达搞的那个骗了不少人的材料，批发了三十八军的报告和济南军区反骄破满的报告。还有军委开了那么长的座谈会，根本不批陈。我在一个文件上加了批语。我的办法，就是拿着这些石头，加上批语，让大家讨论，这是甩石头。土太板结了就不透气，掺一点沙子就透气了，军委办事组掺的人还不够，还要增加一些人，这是掺沙子。改组北京军区，这是挖墙脚。

"你们对庐山会议怎么看法？比如华北组六号简报，究竟是革命的、半革命的，还是反革命的？我个人认为是一个反革命的简报。"

我们还传达了毛主席批评林彪夫人叶群的不得体的行为，"我一向不赞成自己的老婆当自己工作单位的办公室主任，林彪那里，是叶群当办公室主任，他们四个人向林彪请示问题都要经过她。做工作要靠自己动手，亲自看，亲自批，不要靠秘书，不要把秘书搞得那么大的权。我的秘书只收收发发，文件拿来自己选，自己看，应你办的自己写，免得误事。"

毛主席的这些讲话，对我们、对战士来说，似懂非懂，但因为是毛主席讲的，领导传达的，因而我们坚信他是正确的。党内中央领导层存在矛盾和斗争，通常情况下我们是不知道的，现在毛主席讲出来了，传达下来了，这足以说明情况的严重性、紧迫性。我们的部队一向以热爱党中央、热爱毛主席教育部队，因而，一动员，就鼓起了大家不惜以鲜血和生命做好警卫工作保卫毛主席安全的决心。

毛主席一向不摆架子，不讲排场，外出从不要他人送行，包括中央领导人在内。这次，也不例外，仍是老规矩，没有任何人为他送行，他一上车，列车就启动开行。

我们乘坐的这趟专列驶出北京火车站，沿京广线南下。第一个停车点是石家庄火车站，在这里检修加水，15分钟后继续开行。驰过冀中腹地，跨过激流滚滚的黄河，在第二个停车点郑州车站，也是例行行车公务，只停15分钟，于16日下午到达武汉火车站。

在这里，毛主席换乘汽车，沿着熙熙攘攘的武汉大街，经蛇山、龟山，过长江大桥，又住进了东湖宾馆梅岭一号楼。

到达的当天晚上，毛主席召集当地党、政、军负责人开会。不论是大会小会，或是找人谈话，时任中央办公厅主任的汪东兴都是参加的，那时，他还是中央政治局候补委员。毛主席这次出来巡视，除他之外，再没有带任何其他负责人，甚至工作人员也比往常少，也可说是任务和历史的需要。也因此，毛主席有什么重要的事情，我们也往往很快就知道了。

毛主席到达武汉的第二天，即8月17日开了两次会，25日、27日又各开两次会议，在此期间还找一些人谈了话。常来参加会议和谈话的，记得主要负责人有刘建勋、王新、刘丰，后来还有华国锋等。我负责迎送客人，不参加他们的会议，自然不知道这些活动的具体内容。

会后，汪东兴把我们随行警卫分队的干部战士召集起来，传达主席指示说，毛主席向他们讲了我们党50年十次路线斗争的历史，"十次路线斗争，十次危机"。后来，这些谈话内容，都以中央文件形式下发全党。现在还能记起来的，主要有：

庐山会议搞突然袭击，是有计划、有组织、有纲领的。有人急于想当国家主席，要分裂党，急于夺权。

不赞成自己的老婆当自己的秘书、办公室主任。

三要三不要：要搞马列主义，不要搞修正主义；要团结，不要分裂；要光明正大，不要搞阴谋诡计。

汪东兴传达完了，他要我们认真学习讨论，领会精神实质，并强调结合实际工作，提高警惕，做好警卫工作，要随时有打仗的准备。

8月27日下午2时半，毛主席乘坐的专列由武汉火车站开出南下。

这次与已往不同的是，乘车随毛主席南下的还有武汉军区负责人刘丰等三四个人，他们就坐在毛主席专列的会客室里。

他们都是在震惊中外的武汉"七·二〇事件"之后，撤掉陈再道、钟汉华，而走上大军区领导岗位的，自然是得到信任的了，因而才能有此殊荣，是令人刮目相看的重要人物了。

毛主席从他的办公室出来，坐在会客室一头的沙发上，刘丰等坐在两侧的长沙发上。

女列车员迅速送来茶水。她，高高的个头，白净的肤色，轻巧地将茶水送到每一位首长的面前。她是继小张离开主席专列，调到毛主席那里工作之后，被派到毛主席车厢的第一名服务员。她把水倒好，正要准备退出去时，毛主席突然请她唱一曲《国际歌》。

这位服务员虽不是演员，可还真有两下子，只见她不慌不忙，手中的托盘还没有放下，便以她那特有的清亮嗓音，由低沉而高亢地唱了起来。

起来，

饥寒交迫的奴隶，

起来，

全世界受苦的人，

......

坐在沙发上的毛主席不顾行进中车厢的摇晃，他随着歌声的旋律，一只手在茶几上，轻轻地拍打出明显的节奏，嘴唇一张一闭，随着女列车员的歌声，也在哼着《国际歌》的歌词。只是由于列车员的嗓音，由于在场的人都情不自禁地哼了起来，加之，我与他还有几米的距离，不能听得十分清楚，但可以肯定地说，毛主席在和大家一起唱《国际歌》。

唱完了第一段歌词，毛主席把那只在茶几上拍打的手，又用力地按了下去。

服务员又唱出了第二段。不同的是，这一段领唱者声音更高了，和者也就更多了，声音也就更大了，事实上是个大合唱。雄壮的《国际歌》声，飘扬在长江沿岸，回荡在中华大地上。

接下来是大家合唱一段，毛主席讲一段，记得讲得最多的是要"为真理而斗争""要团结"，从而使我体会到他是多么希望大家团结起来，为真理而斗争啊。

毛主席还讲了列宁那篇《纪念欧仁·鲍狄埃》的文章。毛主席说，《国际歌》和列宁的文章，包括着马克思主义的全部观点和立场，那里面讲的是奴隶们起来为真理而斗争。在庐山会议上我写了一个700字的材料，就提出了是奴隶创造世界这个根本性的问题。

接着，毛主席又和大家一起唱《三大纪律八项注意》。毛主席说："三大纪律八项注意条条要记清，现在有几条记不清了。"还说："不仅要会唱，还要照着去做。"

到了长沙，刘丰等与我们分开了。毛主席这一次为什么把他们从武汉带到长沙呢？毛主席没有讲，很长时间对我们来说也是个谜。后来在揭发批判林彪一伙罪行时，有的认为，毛主席此举的目的，在于牵制他们的行动，使他们在一定的时间里不能办什么坏事，也有的认为是为了观察和培养，才把他们带在身边的，这仅是人们的分析推测。是不是这样？到底是前一种，抑或是后一种，还是两者兼而有之，甚至都不是，在我的心中，至今也还是没有个确实的答案。不过，不管当初是出于哪一种动机，他们跟着毛主席走了一程，这却是千真万确的事情。

其实，这样做并不能有效地制止他们的行为。后来的事实还是说明，他们从湖南回来，即把毛主席与他们谈话的内容，都告诉了陪外宾来武汉的林彪的死党李作鹏了。这个李作鹏，又把这些内容以电话的方式告诉了叶群，这已是尽人皆知的事情。

8月28日傍晚，毛主席到达湖南长沙，住进了长沙市蓉园一号楼。这里是毛主席故乡的省会，又是他青年时代闹革命的地方，也是他外出常爱住的地方。

毛主席这次来长沙，也顾不得像往常那样，出去走一走，看一看，而是一住下，便召集湖南、广东、广西等省区的党、政、军负责人来开会，来谈话，很是忙碌。

有一天，毛主席找广州军区司令员丁盛和政委刘兴元谈话，当时我们不解的是还让湖南省委书记华国锋参加，当然汪东兴也是参加者之一了。这个小型会议是在毛主席住的一号楼进行的，我把与会的各位迎进去之后，便在门口值班。

这个时候在毛主席身边工作的，不论是卫士，还是秘书，绝大多数都是我们警卫部队的成员。担任主席卫士一职的是我们一中队副中队长商来保，秘书是原一中队副区队长高碧岑，保健方面则由后来任305医院副院长的吴旭君等负责。那时，张玉凤刚去不久，主要是做些勤杂事务性的事情。虽说有这么个分工，但在很多情况下，都是根据需要干的，因而经常看到的是大家都是一人身兼几职，相互配合，工作效率挺高。

毛主席与丁盛等人谈了两个多钟头，谈话结束了，要散会了。

我上前把门打开，一股清凉的风迎面扑来。毛主席会客室里装了空调，使在这盛夏时节室温仍能保持在23摄氏度左右，这样倒使室内室外的温差，形成强烈的对比。

我一开门，他们几位都站了起来。

毛主席与他们一一握手。

他们，穿军衣的，行举手礼；穿便装的，也轻轻地点头，毛主席还是穿着那件毛巾布长袍睡衣。不难看出，他们的交谈没有遇到什么困难，大家的情绪很好。

毛主席以叮嘱的口气说："国锋同志这就穿起军装，兼任广州军区第一政委，把军区的事管起来。"又转向丁盛和刘兴元说："你们有事要找他商量。"

"坚决按主席指示办。"丁盛和刘兴元异口同声地表示，"请主席放心"。

华国锋说："请主席放心，我一定把那里的工作抓起来。"

丁盛和刘兴元两位走了，只见他们情绪很好，很有信心的样子。

华国锋和汪东兴送丁、刘两位至门外之后，他们又折回室内，大约又过了十几分钟，华国锋才离去。

此后，大概就是第二天，汪东兴向我们传达了这样一些话。

毛主席当着许多人的面，毫不留情地质问丁盛和刘兴元说："你们同黄永胜关系那么密切，来往那么多，黄永胜倒了，你们得了？！"

毛主席还说："我就不相信我们的军队会造反，我就不相信你黄永胜能够指挥解放军造反！军下面还有师、团，有司政后机关，你调动军队来搞坏事，听你的？！"同时还说："把二十几岁的人捧为超天才，这有什么好处？"传达时汪东兴没有说这指的是谁，我们也不好细问，但知道毛主席所言肯定是有所指的。我们真有些担心啊，不知道在哪里，谁的身上又出了什么大问题了。

毛主席这几次讲话着重讲了陈伯达、黄永胜、吴法宪、叶群、李作鹏、邱会作等人在庐山会议上的表现。

毛主席在长沙住了4天，不断找人开会、谈话、交代任务，甚为忙碌。

根据毛主席谈话情况和工作安排，警卫干部进行了几次研究，总的印象是情况严峻，我们要随时提高警惕，加强责任心，无论是值班员，还是哨兵，都要做好应急准备，不论发生什么事情，都要能拉得出，顶得住，确保毛主席的安全。

8月31日，毛主席乘坐的专列，离开长沙，调头东向，朝江西省省会南昌开进。

在南昌，毛主席住在市郊一个山坡上的一栋别墅式建筑内，距市区约有十余里。这里没有都市特有的喧嚣、繁忙，也没有"文革"特有的"炮轰""打倒"那一类口号，显得十分安静。记得，毛主席在1962年那次巡视南方时，曾在这里住过。

毛主席住下之后，便分别找江西、福建、江苏等省的党、政、军负责人谈话。

毛主席除向他们讲了党内路线斗争之外，还指出林彪"当然要负一点责任"，"对这些人怎么办？还是教育的方针，就是惩前毖后，治病救人，对林还是要保。不管谁犯了错误，不讲团结，不讲路线，总是不好吧。回北京以后，还要再找他们谈话。他们不找我，我去找他们。有的可能教育过来，有的可能教育不过来，要看实践。前途有两个，一个是可能改，一个是不可能改。犯了大的原则的错误，犯了路线、方向错误，为首的，改也难。历史上陈独秀改了没有？瞿秋白、李立三、罗章龙、王明、张国焘、高岗、饶漱石、彭德怀、刘少奇改了没有？没有改。"

毛主席还说："我同林彪同志谈过，他有些话说得不妥当嘛。"

南京军区许世友司令员颇得毛主席的赞许。这一天，许司令员来了。他穿着白汗衫，军装裤，还是穿一双用麻绳、布条编织的透气的凉鞋。有趣的是，在鞋面上，还缀着一个红穗穗，倒是满有些地方的、民族的特色。这种鞋，即便是偏僻的农村也很少见人穿了，却颇得这位大军区司令员的青睐。这次来见毛主席，他穿的也是这种鞋，这几乎成了一种独一无二的个性化穿戴了。许司令员与毛主席谈了许久，毛主席送他出来了，临别，主席忽然问他：

"现在还打猎不打了？"

"打。"

毛主席哈哈地笑着，与他握手送别。

果然，第二天早上，我见许司令又扛着猎枪，到机场附近那片草滩里打兔子去了。

当时毛主席的女儿李讷正在江西南昌附近的进贤县五七干校劳动，已很有些时日了。她锻炼得怎么样？毛主席一直很关心，常向了解情况的人问起她在那里的表现。当时我们想，毛主席一定会把她找来见一见、谈一谈的。因为她是毛主席子女中最小的一个，一直生活在他的身边，深得主席的宠爱。南昌距这所五七干校仅有50余公里，乘汽车也就是一个钟头的路程。何况，李讷来劳动，也是在一个非常情况下发生的。

"文革"之初，李讷大学刚毕业，她像许多青年学生那样，天真烂漫，朝气蓬勃，对革命、对前途充满了种种美好憧憬。其后，她成了"中央文革"办事组成员，经常出头露面处理一些问题。她的化名肖力，不时出现在报刊上。之后，她当了《解放军报》的副总编，不久，又成了北京市委副书记。在当时，据一些知情人讲，论能力、论素质，她确实不比许多同龄人差。

这个情况，不知怎么搞的，毛主席知道了，很生气，认为这样做很不妥，一定要让她下去劳动锻炼。因此，就让她到了这个五七干校劳动。

可是，毛主席要处理的党和国家的事情很多，见一见李讷的事，一直排不上日程，直到我们离开南昌，毛主席也没有见她。

毛主席就是这么一个公而忘私、很少能想到自己的人。

第 19 章

火速调车离杭州

9月初在杭州刘庄，一位和毛泽东交情很深的领导干部托人报告毛泽东，有人在秘密装备军用飞机，有人说毛泽东的专列"碍事"，暗示毛泽东"请速离开"。9月10日毛泽东突然下令离开杭州，战士们用雨衣包起刚洗完的衣服登上了车。车抵上海，警卫增加双岗，配备了冲锋枪……

1971年9月3日毛主席乘火车从南昌到达杭州，住在西湖边上的"刘庄"一号楼内。

这个"刘庄"，是个很大的院落，它位于著名的西湖岸边，夕阳山下。

刘庄的前边是碧波荡漾的西湖，西湖之美自不待说，宋代诗人苏东坡的"欲把西湖比西子，淡妆浓抹总相宜"之句对西湖之美做了绝妙的描述。依山而筑的刘庄，掩映在绿树丛中，古柏参天，流泉淙淙。它的建筑，既有重檐翼角、曲折回廊等土木结构的古老民族建筑群体，也有有棱有角的钢筋混凝土结构的现代楼群，可说是集古今江南建筑之大成，把观赏与适用有机地融为一体，显出秀逸淡雅，富有神秘色彩，与遐迩传扬的"西子湖"相得益彰。浙江省军区的领导人陈励耘等，也住在这个院子的某一幢楼房里。

毛主席所住的一号楼，实际上就像北京常看到的那种四合院般的平房，外观没有任何特别之处，值得一提的是它的环境。这里古柏参天，绿树荫荫，在清静幽深之中，也包含着某种肃穆。毛主席每来杭州，极愿来这里居住，在这里开过许多重要会议，在这里也做出过在中国历史上具有重要影响的战略决策。在这个院落之后，翻过一座不大的山，就是著名的雷峰塔了。

列车刚稳，住处还没安排，毛主席就在车上找浙江省的领导同志谈话，记得有熊应堂、南萍、陈励耘等。

毛主席再次与他们谈了在九届二中全会上的斗争，又与他们一起唱《国际歌》，还向他们讲了那个学习讨论了大半年的著名的"三要三不要"的内容。

在刘庄住下之后，我还是按老习惯，布置完警戒，便由近及远地查看周围环境。

这地方，我不是第一次来，地形、布置等没有多少明显的变化。但是，接触到的工作人员，如服务员、厨师等，都感到熟面孔少了，新人多了。这些新人，无论男女，个个年轻精干，显得训练有素，一问才知道是为这次任务特别挑选来的。

后来，又发现我们的外围警卫工作也有了变化。过去我们来浙江，警卫都由当地公安机关具体部署和实施。这一次，省公安机关的那些老熟人不见了，外围警卫系统由陈励耘负责。他是空五军的政委，实际掌握省的军队和治安大权，尽管出面接待毛主席的还有好几位，但真正说话算数的，是他一个人。

毛主席这次在杭州，随着时间的延续，他的情绪越来越不安，不知他发现了什么，还是怎么了，他吃不下饭，睡不着觉。见毛主席这样，连我们也觉得不安，尽管并不理解这是为什么。

有天上午，毛主席出来散步，依然是小商、小吴陪着。

当时，我正在给集合在礼堂门前一棵高大榕树下的部队讲形势，讲注意事项，讲得最多的还是那个最为重要的话题：提高警惕，确保安全。

在队列中的干部战士，都身着便服，在别的场合见到他们，你绝不会以为他们是解放军；但现今是集体活动，每人坐一个小马扎，成排成列，整整齐齐，尽管天气很热，他们仍然服装整齐，聚精会神地在那里听我讲话。

这时，毛主席来到我们队前，大家热烈鼓掌，欢迎毛主席的到来。

我上前向毛主席报告说："主席，我们正在学习，讲你说的那个'三要三不要'。我讲得不好，请主席给大家讲一讲吧。"

毛主席向大家摆了摆手，表示不讲了，却亲切地说：

"长江，你指挥大家唱《国际歌》吧！"

我这个人，不擅长文艺。我们的部队虽然歌声不断，那都由文艺骨干们或指挥，或领唱，我从来也没有指挥大家唱过歌。我还是想让骨干们出来指挥，他们比我行，尤其是在毛主席面前。

不知什么时候赶来的汪东兴对我说："毛主席说了，你又是队长，不指挥唱还行？"

我便硬着头皮指挥大家唱《国际歌》。说来也有趣，开始指挥还有些紧张，生怕指挥错了，唱不好。可是唱起来了，大家越唱越来劲，我们四五十个人唱歌，比一个一百多人的连队唱得还要响。这首《国际歌》，我们一连唱了两遍。

毛主席见我们唱完了，很高兴，他说："唱得不错，再唱个《三大纪律八项注意》。"

我又指挥大家唱起来了，这一回唱得更起劲了。

唱完了，我说："主席，您还有什么指示？"

毛主席亲切地向大家挥了挥手说："你们的歌唱得很响，不仅要会唱，还要照着去做，一切行动听指挥嘛。"

队列中，爆发出热烈的掌声。

毛主席再次向大家挥手，表示要走了。

大家不约而同地站起来，热烈地鼓掌。

也就是在这几天，汪东兴找我们几个干部开会说，前几天给你们讲"三要三不要"，那是有所指的，有人要分裂党，有人不听指挥，现在情况比较复杂，他最后说："你们要提高警惕，防止有人搞破坏。"

我很想知道，是谁在分裂党，是谁不听指挥，又有谁来搞破坏，好心中有数，以有利于防范。然而，长期以来做警卫工作养成的习惯，深知此时此刻不宜提出任何问题，重要的是做好应变准备。不过，显而易见的是我们这次来杭州，确与往日有很大不同。

杭州，是毛主席常来的地方。毛主席每在杭州小住，对浙江省委、省公安厅的同志不仅很尊重、很爱护，也很有好感。如今，那些他熟悉的干部都靠边了，整个杭州的警备大权，都是陈励耘管着，而毛主席对这个陈励耘不知为什么，又很厌恶。

有一次，陈来毛主席住处看望，毛主席对他表现出异常的反感，毫不客气地当面问他："你同吴法宪的关系如何？吴法宪在庐山找了几个人，有你陈励耘，还有上海的王维国，还有广州的顾同舟，你们都干了些什么？"

把个陈励耘弄得狼狈不堪，支支吾吾。

这次外出，毛主席活动的范围较广，接触的人也相当的多，其中，有不少人还是林彪那一伙的。

是毛主席长期对敌斗争的丰富经验，使他随时保持异常的警觉，还是他们，包括那个陈励耘在内，过分嚣张，露出了马迹……总之，越到后来，毛主席了解到可疑的情况也就越多，越觉得问题严重，对他们也就更加不信任了。

9月8日午夜，我们刚吃过夜餐，毛主席突然叫小商，要他立即通知停在杭州笕桥机场附近铁路专运线上的专列，趁夜转移至杭州和上海之间嘉兴近旁的一个叉道上，离杭州足有百余里。当时以为，我们的三个专列停在一个叉道上，有人认得哪个是毛主席的车，停在那里显得目标过大，或是发现了什么可疑的征候，当然，这都是我们的猜测、分析，到底为什么要把专列连夜远调？毛主席一直没有对任何人讲过。

9月10日这一天，就像往日一般，大家该做什么做什么，没有任何特别的安排。这天上午，我们与住地警卫营举行篮球友谊赛。尽管我们去的人不多，警卫任务也比较重，打篮球也还是很有实力的。加之，李指导员、商副队长等干部也上场参与争夺，更增加了信心。两阵对垒，一攻一防，笛声阵阵，掌声不断，我方频频得分。记分牌上显示，我们领先不少。

临终场还有几分钟了，对方叫了暂停，在场上李指导员提醒大家说："莫忘了，不能赢。"大家点头会意。

当终场笛声鸣响之后，计分牌上显示，两队得分相当，我队以二分之差居次，场内外响起热烈的掌声。我们那些上场的球队员，个个像水洗过的一样，浑身是汗，衣衫尽湿。

中午饭吃的是面条，热天吃面条，犹如火上浇油，战士们个个汗流浃背，刚刚换上的衣裤转眼之间就湿淋淋的了。这有什么办法？无非就是湿了就换，换下来再洗……

中午刚过，毛主席忽然告诉说："现在把火车调回来，我们马上就走。"往哪里走？没有说，只是交代说："不要告诉陈励耘他们，也不要他们送行。"

不管去哪里，都需要我们立即进行准备，做到随时可以行动，军人要有这样的素质，尤其是我们这支队伍。可是，大家刚洗的衣服，还在外面晾着没有干，有的还往下滴水呢。有位战士向我提出："怎么办？"

我告诉他们，用雨衣把湿衣服包起来全部带走。

我们的警卫部队很快进入登车状态，所带的东西，包括厨房的炊具在内，都已装进车内，一切都在不声不响、有条不紊之中完成了。考虑到复杂的情况和我们并不明了真正敌人是谁、在哪里，为应付发生的意外，我安排前卫车和后卫车分队人员提前进入车站，因为前卫车需提前几分钟开行，后卫车，要控制车站进出口和登车地点，留下30余人随我跟主席一起行动。一经布置，很快均已就位，做好了开行的准备。

毛主席乘一辆小轿车，由汪东兴陪着，我和张耀祠副主任乘一辆小车在前开路，警卫战士乘一辆面包车紧随其后。

由于毛主席是突然行动，我们又提前控制登车地点，因而从出发到登车都很顺利。

9月10日下午3时，我们的专列离开杭州车站，向上海方向急驶。

毛主席为什么突然下令提前离开杭州，事后我才从汪东兴的回忆中了解到：毛主席在刘庄的工作人员中，有人将陈励耘布置的向他汇报毛主席活动情况的特殊任务，报告了毛主席。在杭州的一位与毛主席交往甚多、友情很深的领导干部，托人给毛主席捎去口信说，有人在装备飞机，还有人指责停在笕桥机场支线上的毛主席专列"碍事"，妨碍他人走路，暗示毛主席"请速离开"。毛主席起初听到，还有些纳闷：这会妨碍谁呀？

这些异常情况引起了毛主席的警觉，当机立断，下令离开杭州，虽然他这时还不知道林彪的政变阴谋计划。

此次外出，最使人担心、情况最为复杂的是上海这一站了。

当日下午6时许，我们的专列顺利驶抵上海虹桥机场附近的吴家花园专运站。

往常，毛主席每到这里都要下去住几天，这已是20多年来的习惯了，因此，我们按惯例做了毛主席下车的准备。

列车停下来了，毛主席却没有下车，而是立即把上海市的党、政、军领导找到火车上来，或开会，或谈话。记得到车上的有马天水、王洪文等，毛主席与他们谈了约一个多小时，这几位就下车回去了。

我们在火车上吃晚饭，并安排过夜。汪东兴在晚上八九点钟时，把我们几个找到一起，包括秘书、卫士在内。只见他拿着个小本子，一页一页地翻着，向我们传达了毛主席与上海领导人的谈话内容。那些要点有：

毛主席说："庐山这件事还没有完，还没有解决。""要谨慎，第一军队要谨慎（指的是南京军区部队），第二地方要谨慎（指的是上海市革委会）。不能骄傲，一骄傲就犯错误。军队要统一，军队要整顿。我就不相信，我们的军队会造反？"汪东兴讲到这里，顿了顿，欲言又止，似乎还有重要的话没有讲出来，就翻到下一页去了。他又传达毛主席的话说："抓军队工作，无非就是抓路线学习，纠正不正之风，不要搞山头主义、宗派主义，要讲团结。军队历来讲雷厉风行的作风，我赞成。但是，解决思想问题不能雷厉风行，一定要摆事实，讲道理。"

这使我忽然明白，汪东兴给我们传达毛主席的讲话是有选择的，但那顿一顿，把什么东西隔过去了，没有向我们说。直到第二年的3月间，读到中共中央办公厅印发的《毛主席在外地巡视期间同沿途各地负责同志的谈话纪要》文件之后才搞清，原来汪东兴是把"他们要捂住，连总参二部部长一级的干部都不让知道，这怎么行呢"这一段话隔过去了。

汪东兴要求我们，严密部署列车周围警戒，重点部位要加设双哨，干部要加强值班。

根据汪东兴的要求，我们一下加了五六个哨，还增设了一个由三人组成的巡逻哨，并让佩带了冲锋枪。

高秘书10日晚上给南京打电话，要许世友第二天到上海来。许世友从南京坐直升飞机来上海，然后换乘轿车来到我们的专列停车点。

我上前迎接，他一下车就热情地与我握手，并说："我们有缘，你看，没几天又见面了……"许司令还是那么豪爽。我们很早之前就是熟人了，几天之前在江西省南昌，还有过接触。

我把他引到毛主席的车厢门口，汪东兴接他进去。他与毛主席谈了一个多小时，直到中午才结束。

该吃午饭了，毛主席没有留他一起吃饭，而是说："你自己吃些吧。"

许世友说：请主席放心，南京军区指战员听党中央的指挥，我们已做了安排，有了准备。

我把许司令员送下车。

毛主席已一天一夜没有睡觉了，还在那里看文件。到中午时分，我们的专列从上海火车站开出，向南京行驶。车开得很快，一路顺利。晚6时许，到达南京下关车站，车一停，我见许司令员已在车站迎候了。

这时，正是大家吃晚饭的时间，我进了主席的房间，见他仍在聚精会神地看文件。

我说："主席，许司令员在下边，他说要来看一看你。"

毛主席说："上午见过了，也都谈了，不见了，请他回去休息吧。"

我下车把毛主席的这个意见告诉许司令员，他很高兴地应允了，但是，他没有走，一直等在那里。

我们的专列在南京站完成加煤加水和检修任务之后，仅用了15分钟，便又启动了，只见许司令还在那里，向列车挥手告别。

主席的专列驶过长江大桥，向北疾驶。按往日习惯，通常要在蚌埠、徐州等车站停顿，这一次却一反往常，一路不停，于12日凌晨到达济南火车站。

毛主席原打算在济南火车站见杨得志司令员，便让高秘书提前告诉了他们。车一停我们便下去迎接，在站台上方知杨司令员到泰州检查工作去了，要五六个小时之后才能赶回来，来了一位副司令员在站台上，看有什么要办的事。

我上车把这个情况报告了毛主席。

毛主席说："副司令就不见了，不久在北京开会时再见，请他们回去吧。"

这时往北京打电话，安排下一站活动的张耀祠等人也已上车了。毛主席知道人已来齐了，便交代说："请立即发车。"

我们的专列向北急驶，跨过黄河，直奔天津。在这个站，既没有人上车，也没有下车的，仅停15分钟加煤加水检修机车，便出发了。

恰在这时传出毛主席的话来，让在丰台火车站停车。丰台临近北京，火车行驶不足20分钟的路程就可到达北京火车站。毛主席往常外出，从来没有在这里停过，这是为什么？引起了许多人的关注，却没有一个人能说得清楚。

第 20 章

丰台站的部署

9月12日中午到达丰台，毛泽东按兵不动，召来北京军区和北京卫戍区司令员，调三十八军一个师到南口，进行了一系列部署后，才在夜幕降临之际进入北京。

车一停稳，车门开处，"丰台站"的牌匾赫然可见。

这时等候在站台值班室的几位领导人：北京军区司令员李德生、政治委员纪登奎，北京市委书记兼卫戍区政治委员吴德和司令员吴忠登车进到毛主席的车厢开会或者说是谈话。这项活动，还是在济南车站停车时，毛主席让张耀祠、高秘书他们打电话安排的。

该接的接到了，由汪东兴等他们陪同参与，我便退出在外值班。这个活动一直进行了两个多小时，关于这次会议的内容，当时的我们，并不知晓。

后来陆续看到参加这次活动的几位领导人写的文章，才知道毛主席在丰台火车站停车的原因，在于他做事谨慎，意在首先了解北京的情况，同时也给他们谈了为防止林彪一伙搞极端行动，所进行的种种必要部署。

现将其中有关的，摘引于后，作为本文的补充。

李德生将军在他写的《庐山会议到"九·一三"的若干回忆》一文中有这样的描述：

> 我们在1971年9月12日12点，在丰台车站专列上见到了毛主席，汪东兴同志也在座。毛主席长途南巡归来虽然一路疲劳，而且思虑着同林彪一伙斗争的大事，但他精神很好，和往常一样，谈话十分幽默。他先问了我近日访问阿尔巴尼亚和罗马尼亚的情况，随即转入这次接见的正题。他说："路线正确与否是决定一切的，人多、枪多代替不了正确路线。路线正确就有了一切，路线不正确，有了也会丢掉。路线是个纲，纲举目张。"他讲了党内多次路线斗争的历史。接着又说："这次庐山会议搞突然袭击，大有炸平庐山、停止地球转动之势。……五个常委瞒着三个，一点气都不透，来了个突然袭击，出简报煽风点火，这样搞是有目的嘛……我那个文章（指《我的一点意见》）是找了一些人谈话，做了一点调查研究才写的。""天才问题是理论问题，他们搞唯心论。……天才就是比较聪明一点……天才是靠群众路线，集体智慧。……什么顶峰啦，一句顶一万句啦……不设国家主席，我讲了六次，一次就算一句，顶六万句，他们都不听，半句也不顶，等于零。"这时，毛主席对着我说："他们在庐山搞的那个材料，你问他们要，一连说三次，'你们那个宝贝为什么不给我？'看他们怎么说！"毛主席指的是他们不发"天才论"语录给我的事。我在一次会议上提起过，毛主席当时就说："你向他们要呀！"他一直记着这件事。毛主席又说："黑手不止陈伯达一个，还有黑手。"这句话已等于点林彪了。最后毛主席要我去执行一项任务：调一个师来南口。当时毛主席不但十分警惕，而且已做了具体部署，对林彪一伙可能搞武装政变的最坏的情况都估计到了。离开毛主席，我立即部署了一个师的调动。

吴德在《庐山会议和林彪事件》中有这样的记载：

　　1971年9月12日下午，我在丰台上了毛主席的专列，毛主席与我们谈话时汪东兴也参加了。谈话开始，李德生向毛主席汇报了他去阿尔巴尼亚的情况。李德生汇报时，我们就看出毛主席很不耐烦。毛主席说霍查"他是左派，我是右派"，这样，李德生不再汇报了。

　　毛主席的谈话内容很多，讲了党的历史上历次路线斗争的情况，讲了去年庐山会议的问题，还讲了庐山会议后的甩石头、掺沙子、挖墙脚等措施，以及华北会议问题。

　　毛主席讲过党的路线斗争后说，我们这个党已经有50年的历史了，大的路线斗争有过10次，张国焘搞分裂后，党内多次有人搞分裂，但都未能把党分裂了。毛主席说路线决定一切，党的路线正确，就有一切，路线不正确有了也可以丢掉。

　　毛主席说庐山会议搞突然袭击，五个常委瞒着三个，出简报煽风点火，大有炸平庐山、停止地球转动之势。庐山会议显然是一次有计划、有组织的行动，他们的纲领就是设国家主席、"称天才"。毛主席说：什么"顶峰"啦，"一句顶一万句"啦，你说过了头嘛！不设国家主席，我不当国家主席，我讲了六次，他们都不听嘛，半句也不顶，等于零。毛主席还说：庐山会议的事情还未完结，黑手不止陈伯达一个，陈伯达后面还有人。毛主席还问我们说，这第十次是不是路线问题。

　　毛主席说，他在陈伯达的论天才的材料上加批语，在济南军区、三十八军的报告和其他文件上加批语是甩石头，从中央和各大军区调人参加军委办事组是掺沙子，派李德生、纪登奎到北京军区是挖墙脚。

　　毛主席批评了把自己的老婆安排为自己办公室主任的做法，虽然没有点名，但完全可以听出来是指向林彪的。

　　毛主席还点名批评了黄永胜。

　　在谈话中，毛主席说庐山会议六号简报是反革命简报。

我一听毛主席这样说，就赶紧检讨。我说：主席，我还在六号简报印发前签了名字。六号简报是反革命简报，我犯了政治错误。

毛主席挥着手说：没你的事，吴德有德。

毛主席随后的谈话好像是说这是个反革命集团或是反革命行动这样一类的话，因为紧张，没有听得很准。这时，吴忠说：主席，可能有坏人吧？

毛主席说：你讲得对，吴忠有忠。

毛主席还询问了北京批陈整风的情况，我们简要地汇报了一下。

毛主席反复地说：我们要搞马列主义，不搞修正主义；要团结，不要分裂，不要搞宗派主义、山头主义；要光明正大，不要搞阴谋诡计。

毛主席最后说：要抓路线教育，方针还是"惩前毖后，治病救人"，团结起来争取更大的胜利。

汪东兴在《毛主席在粉碎林彪反革命政变阴谋的日子里》对在丰台火车站的这次活动有如下的叙述：

12日13点10分，专列在丰台停车。毛主席与纪登奎、李德生、吴德、吴忠和我谈了话，一直谈到下午3点多钟才结束。在谈话中，毛主席谈了党史上历次路线斗争，谈了1970年庐山会议上的斗争，以及庐山会议后采取的甩石头、掺沙子、挖墙脚的做法，谈了华北批陈整风汇报会及黄、吴、叶、李、邱等人的检讨，继续强调：要搞马列主义，不要搞修正主义；要团结，不要分裂；要光明正大，不要搞阴谋诡计。要坚持"惩前毖后，治病救人"的方针，要"团结起来，争取更大的胜利"。

对毛主席在丰台的这次谈话活动，上述几位讲了自己的亲身经历。这些记述，他们虽然详略有别，各有侧重，但无疑较为真确地勾勒出毛主席这次谈话的基本要点。从而不难看出，毛主席对林彪集团的罪恶阴谋有高度的政治警惕，并采取了果断机智的措施，在要害部位调集重兵扼守，对可能的更大的规模的极端行为也有了防范，并对阴谋和错误加以严格的区分，对林彪仍然留有余地，没有把他完全推到敌对的地位上去，期盼他不要走得太远。

　　这次活动结束后，我送走了他们，时间已很晚了，我们才上车吃午饭。我们以为吃了这顿饭就该走了，谁知到了下午5点了，还没有动身的任何信息，我们就又在火车上吃晚饭。饭后一切都准备好了，仍然不说出发。这使我很纳闷，这火车停在家门口，到底有什么意义？直到下午7时多了，夜幕将要降临的时候，才接到向北京站开进的命令。

　　毛主席乘坐的这趟专列进入北京站时，像已往一样，没有任何首长前来迎接，只有警卫局来的大车小车，接人运东西。在这里，我们是人熟车熟道路熟，自然很快便有条不紊地换车上路，顺利地回到了驻地——中南海了。

　　这时，已是9月12日的晚上了，北京已是秋风习习、气爽宜人的初秋天气了。我们外出一个多月，大家都很辛苦，一路上生怕遇上意外，提心吊胆，随时准备应付可能发生的突然情况，投入战斗，流血牺牲……如今，终于平平安安地回到了中南海，一种从未有过的轻松，一种很少感觉到的愉快，顿然注入了全身。

　　我们10日从杭州出发，毛主席一路找人开会谈话，也没有很好休息，也该休息了，跟随毛主席外出的汪东兴、张耀祠也都回家了。我把哨兵、值班人员安排好，并向他们交代了注意事项之后，已是晚上10点多了，部队也都熄灯休息了。

　　我也几天没有睡眠休息，眼都有些睁不开了，到家就躺下睡了。

第 21 章

惊心动魄的"九·一三"之夜

子夜时分，汪东兴、周恩来先后赶来中南海，惊闻林彪出逃的消息。凌晨3时，毛泽东气恼地被迫乘车转移到人民大会堂。当夜，林彪集团的成员黄、吴、李、邱被扣在大会堂里……凑巧，这天上午李讷从江西送来了申请结婚的报告，毛泽东仔细询问情况后批示：同意。

我回家刚刚躺下不久，游泳池中队值班室便派人叫我马上回去。

我当时很不高兴，外出一个多月，特别是9月10日以来，连续几个昼夜没有休息，很是疲乏，本想好好休息一下，没想到又被叫了起来，什么事呀？还来叫我！转而一想，肯定有什么大事，否则他们也不会来叫的。我立即跨上自行车往回赶，走到中南海西门，我的眼睛似乎还没有睁开，中南海的路灯还是一个个圆圈圈，一闪一闪的。

我一到游泳池值班室，见汪东兴、张耀祠已在我们之前到达。他们个个神情庄重而严肃，面孔绷得很紧，看那个样子，大概是刚吃了安眠药准备睡觉，又被叫来的。由于他们长期做警卫工作，常常是夜晚陪着毛主席活动，白天还要办理日常工作与管理部队，这种不规律的作息，他们只能靠安眠药调剂精神，促使睡眠。因经常服用，产生抗药反应，服用量小了不管用，一服剂量就很大，不睡到一定时候就被叫起来，那是很不好受的。看到他们，想到我刚才那阵子不高兴，觉得很有些不好意思。

见我来了，汪东兴说："林彪逃跑了，是乘飞机跑的。"

我一听，受惊不小。他是副统帅，是国防部部长，被视为除毛主席之外的最高领导人，他的行止，关系到党和国家的根本利益，党和国家、军队的机密，他无一不知……我急躁地问："他怎么逃？逃到哪里去了？"我那情绪，恨不能立即让我带队把他追回来。

汪东兴说："林彪反对毛主席，他乘飞机逃跑了，别人也不好拦呀，也拦不住呀。逃到哪里了？还得等一等才能知道。"

我真想问，你是怎么知道的？可是见他紧张的那个样子，也觉得不好再问下去了。不过，我很快就知道，在我到达值班室之前，接到在北戴河执行任务的中央警卫团副团长张宏的报告，林彪的女儿林立衡到警卫部队向大队长姜作寿反映说：林彪、叶群、林立果等人准备逃跑，请求部队采取措施，并保护她的安全。

这使警卫部队大吃一惊。林彪、叶群，一个是党中央副主席、副统帅、毛主席的接班人，一个是党中央政治局委员，他们都是派出的这支部队的保卫对象，怎么又能说得上是逃跑呢？他们往哪里逃，为什么又要逃跑呢？

当时的他们，自然也不知道林彪、叶群暗中干的那些勾当，更不知道林彪与毛主席、党中央之间的分歧和矛盾，只是凭着良好的组织纪律观念和责任感、警觉性，立即将这一异常情况，用电话报告了在北京的中央办公厅副主任兼中央警卫团团长张耀祠。

张耀祠副主任又马上报告了汪东兴，不到10分钟，这些情况都报到了正在大会堂福建厅主持召开筹备四届人大会议文件的周恩来那里了。

同时，张耀祠又组织指挥部队进入应付突然情况的状态，我就是在这样的情况下，被叫回值班室的。

这时，在北戴河的张副团长和姜大队长不断把发生的最新情况用电话报到值班室来，汪东兴、张耀祠又把这些变化着的情况不断地报给正在大会堂指挥处理此事的周恩来。周恩来把通过空军、总参等渠道来的情况综合起来，打电话告诉汪东兴，请他及时报告毛主席。

通过这些不断收送转达的过程我了解到，林彪乘一架三叉戟飞机，从山海关机场起飞，向西北方向飞去，沿途雷达站开机跟踪，不断把最新的情况报到人民大会堂周恩来那里，他又不断地把综合分析最新境况，告诉游泳池值班室。

刚刚睡下的毛主席也被叫了起来，他不断地听到这些来自人民大会堂的消息。

过了子夜，已到次日凌晨了，即9月13日1时许，周恩来从人民大会堂乘汽车来到中南海游泳池。

听说周恩来要来，我忙去门口迎接。汽车刚停稳，我急忙上前拉开车门，总理匆匆下车后，与前来迎接他的汪东兴简单低语几句，两人便一起进了毛主席的卧室了。

当时我想，从林彪逃跑的方向判断，肯定是逃往苏联的。苏联，林彪在那里是有影响的，加之苏对我党我国的态度，有许多看法与林彪是一致的。近几年来，苏联在我国边界不断增兵，大有动武之势，两年之前就挑起过著名的"珍宝岛事件"。正如毛主席当时指出的，"苏修亡我之心不死"，这一严峻的形势至今未曾改变。现今林彪逃去，他们不仅在政治上得到一直以来难以企盼的收获，而且在军事上，也就使我们的国家处于更为危险的境地。

因为林彪所处的地位，他掌握的实权，我党我国的核心机密，包括党中央、毛主席的驻地在内，他可以说是无所不知，若搞个突然袭击，那后果真不堪设想。

这时，我已通知中队指战员迅速起床待命，并把常用的几辆大小汽车也调来，总之，从最坏处着想，做好了准备，一声令下，便可立即启动。

大约过了20多分钟，周恩来、汪东兴他们从毛主席的卧室出来了。周恩来的心情很沉重，但眉宇间已开朗了许多。他对在场的张副主任和我们说：

"主席说了，林彪逃跑，天要下雨，娘要嫁人，由他去吧。"

汪东兴向周总理请示说："主席怎么办？他的安全问题……"

周恩来略加沉思后说："先转移至大会堂，那里条件好一些，以后看情况再定。"

我们把周恩来送出门外，见他匆匆乘车往大会堂去了。尽管这里距西花厅仅数百米，他也未能顾及一下，或是回去看一看。

毛主席转移大会堂的准备工作很快就准备好了。这是因为毛主席行动一向都是轻车简从，除几只书箱之外，没有多少特别的东西，再则我们刚外出归来，有的行李还没有打开，转移起来有一定的基础，这些工作进行得有条不紊。到凌晨3时许，毛主席便起程往大会堂转移。

毛主席从卧室出来，只见他的脸色很不好看，显得筋疲力尽，又很生气，那脸色，我在他身边这么多年，从来也没有见过。

毛主席还是乘坐他常坐的那辆吉斯牌轿车，出中南海西门向大会堂急驶。北京的长安街头，盏盏路灯，散发出莹莹光亮，使宽阔的长安街显得更为安静。首都居民经过一个盛夏的煎熬，迎来了秋高气爽、气温宜人的初秋，他们正在安然入睡之中，他们哪里知道，此时此刻在中国大地上，发生了让世人震惊的事件；哪里又能想到，中南海正在发生着毛主席避险转移的一幕。

在人民大会堂，毛主席又住进了118厅。

这时，周恩来也没有休息，他不时过来，与毛主席交谈，报告最近、最新的情况。后来我才知道，就是那个晚上，周恩来一直在人民大会堂的另一侧——福建厅，主持全党全军和全国的工作，处理林彪出逃后给党和共和国带来的一系列问题。

9月13日凌晨，林彪、叶群等不顾警卫部队的阻拦，从北戴河乘车逃至山海关机场，乘三叉戟256号飞机强行起飞。

周恩来指挥若定，及时向全国发出禁空令，即任何飞机都不准来北京；没有周恩来、黄永胜、吴法宪、李作鹏的联合命令，任何飞机都不准起飞。

周恩来还派李德生坐镇空军作战值班室，并明确要求他一天24小时，不得离开一步；派出中央办公厅负责人杨德中去西郊机场，寸步不离地"协助"吴法宪工作。

凌晨3时许，周恩来下令空军派出战斗机起飞，成功地拦截了林彪的死党周宇驰等人的直升飞机，避免了党和国家的大量机密被带出国境。

凌晨3时，他又根据毛主席的意见，召集在京政治局委员会议，向他们通报了林彪仓皇出逃、狼狈投敌、叛党叛国的情况，并就应付万一的准备做了说明。

当夜，将林彪集团的成员黄永胜、李作鹏、邱会作等留在大会堂，吴法宪从西郊机场回来之后也让他加入其间。为有效地控制局势，不致使情况更为复杂，还要求他们不要外出，不准打电话，也不许他们把原来的工作人员带在身边。

清晨，周总理又亲自打电话给各大军区和各省、市、自治区主要负责人，向他们通报情况，布置任务，采取必要的防范措施。

事有凑巧，也就是这一天的上午，即9月13日，在江西省中央办公厅"五七干校"劳动的毛主席的小女儿李讷，托人给毛主席带来一份报告。那是一张16开有红色横格的普通信纸，装在一个很普通的信封里，要求主席批准她结婚。

那时，李讷已32岁了，大家对她的婚事一直很关心，也曾有人为她介绍过几个对象，不知为了什么，都没有成功。李讷很开朗，她与我们机关的一位女同志小李开玩笑说："咱们什么时候上街拣一个去！"逗得大家哈哈大笑。小李与李讷是同龄人，当时也还没有可心的人，两位待嫁的大姑娘自然共同语言多一些。今天，突然听说此事，大家又惊又喜。

毛主席坐在118厅的长沙发上，把秘书送上去的这份报告看了又看，还是没有全看明白，便把从"五七干校"带信的那个人叫进去询问。他也是我们一中队的，毛主席对他也很熟悉。

毛主席很认真地问了男方是个什么样的人？是哪个单位的？他俩的关系怎么样……来人简要地介绍了男方的年龄、籍贯等情况后，还特意说明，李讷到"五七干校"后与之一见钟情，感情发展很好，尽管男方是一位服务员，也没有上过大学，但他肯学习，爱劳动。两人感情基础不错，是在艰苦劳动中建立起来的。结婚，他们两人都愿意。

毛主席听罢了这番介绍，当即在那个报告的纸头上，用铅笔重重地写了：

同意。

毛泽东

9月13日

写罢，便将那份报告让来人带走，算是完成了作为父亲，对自己的爱女李讷婚姻的关心，仅此而已。

随后，毛主席又陷入了因林彪出逃为我们的党和国家带来的严重危机的焦虑和苦恼之中。

9月14日下午周恩来由福建厅来到118厅，只见他穿着白色汗衫，浅灰色的长裤，在门口看见我们就面有喜色地说：

"终于有了结果，终于有了结果。"说着，便进了118厅。

有什么结果了？

原来林彪等人乘坐的飞机在凌晨2时许飞出国界，进入蒙古人民共和国（今蒙古国）境内，机影便在我军雷达屏幕上消失了，从此，就是我们经历的那段极为担心的时间。到了这天下午，我国驻蒙古使馆发回的消息判明，在蒙古人民共和国东部的温都尔汗附近，坠毁一架三叉戟民航客机，机上人员八男一女全部死亡，机号也正是256号，为此，蒙古方还向我提出"强烈抗议"呢。

不大工夫，周恩来从118厅出来，高兴地对我们说：

"林彪摔死了，折戟沉沙，机毁人亡，坏人是没有好下场的，我们取得了胜利。毛主席说，这是处理林彪事件最理想的结果。"

周恩来与在场的每一个人都握了手，与大家亲热交谈，并说："有些事情还要继续查清。"

林彪反党集团坏事做绝，恶贯满盈，摔死在温都尔汗，这是罪有应得，当然，外边的人们还不知道发生了什么事情。那天的傍晚，大会堂还给大家加了菜，尽管谁也没有说明这是为什么，不过按我的理解，这也是表达欢欣与喜庆的一种方式。

值得一道的是，时年已74岁的周恩来，连续50多个小时没有休息，正是由于这一系列的措施和创造性的指挥，才使林彪一伙的出逃，没有给党和国家造成更大的损失和灾难。

无可回避的事实是，"九·一三事件"的发生，不是一个偶然事件。这对毛主席来说，对他的信念、他的追求、他的超人的判断能力和强烈的愿望、他的精神和健康，当然是个巨大的难以承受的打击。

我真的担心啊，毛主席他能承受得了吗？！

第 22 章

破例出席陈毅追悼会

毛泽东突然决定出席陈毅追悼会，三九寒天只要穿睡衣，我们拿来棉大衣，他板着面孔挥手拒绝。毛泽东的出席，一下子突破了人为的许多无理限制，使追悼会提到最高规格，参加人员发生重大变化。在八宝山，毛泽东愤愤地说：姚登山夺了外交部的权20天，比陈毅当外交部长20年犯的错误都多。回来后他大病一场。

北京的1月，数九寒天，是一年之中最寒冷的月份了。呼啸的西北风，凛冽刺骨，在外边待长了，不仅肌肤僵冷，简直使人的心头也因寒冷而颤抖。1972年的这个冬日，在我的记忆中尤为深刻。

那天下午，我正在游泳池值班室值班，忽接到小张通知说：毛主席要去八宝山参加陈毅同志的追悼会，立即出发。

往日办理这类事情的通知，大都是由毛主席的机要秘书徐业夫下达的。徐业夫是位老秘书了，为人忠厚可靠，工作谨慎周密，只是年纪大了些，他不能全天24小时盯在这里。今天他没有来，由小张代行其事，这也并不是第一次了。但说到毛主席要去八宝山参加追悼会，这可是头一回呀！我们没有任何的准备。

我在毛主席身边这许多年，曾多次见到陈毅来主席处。我知道，陈老总不仅是毛主席在井冈山时期的老战友，而且还是一位在诗词上也能和毛主席唱和的诗友，这在众多的老帅、老将军中，还是为数不多的。因此毛主席对陈老总的功绩、他的忠诚、他的才能都很重视，还在不少场合称赞过他的高尚为人。可是，自"文革"以来，不知是怎么回事情，对这位赫赫有名、忠诚不二的陈老总，不是要打倒，就是要批判，要炮轰，要火烧……没完没了。好在那个时候，被打倒、被批判的多了，我们知晓这并不重要。在那个时候，对"打倒""批判"这种词，既不觉得新奇，也不觉得可怕，颇有些司空见惯，习以为常，因为见得、听得太多了。但总觉得毛主席与陈老总等这样一些老同志来往少了，疏远了，这些奇异的变化，令我们难以理解。

前些日子得知陈老总在医院病逝，使人觉得意外。在我的印象中，他的年龄不算高，身体又那么好，精力充沛，性格豪爽开朗，他的突然逝世，很使人悲痛。近几日，又得知为陈老总举行追悼会有许多限制，搞什么小规模、低规格的，政治局委员一般也可以不参加，更何况毛主席呢。加之很久以来，没有记得毛主席参加过这类活动，特别是到八宝山，几乎从来没有去过，因此在我们的工作中，就没有任何去八宝山参加这类活动的任何准备。现今，忽然提出要去，这使我们有些措手不及，非常紧张，况且预定的追悼会时间就要到了。

我立即拿起红机电话，分别向汪东兴、张耀祠做了汇报，并报告了周恩来总理办公室，同时立即调来了毛主席外出所需的大小车辆，通知随卫分队迅速做好出动的准备。

我还特别关照随卫的警卫战士，每个人都要带上长短武器和足够的弹药，在将要随行的一辆面包车上待命。"文革"这些年，我也有了经验，不管

157

毛泽东的真实记录

1966—1976年

怎么说"形势一派大好"，但我心里有底，必须随时提高警惕。林彪企图谋杀毛主席的阴谋和所准备的那些残酷手段，已使我们更加警觉了。因而，我们的警卫部队，从思想到措施均有较充分的准备，有几种应付突然情况的预案，要搞得过敌人，必须想在、做在敌人的前面，才能防患于未然。

当时毛主席乘坐的汽车仍然是苏联20世纪40年代产的那种吉斯牌车，这种车看起来车体宽大，十分笨重，设备也说不上先进，甚至不及国产的红旗牌轿车。许多中央领导人都已换了车，可是毛主席仍然乘坐它。他觉得这个车内部宽阔，上下车方便，也比较习惯了，另一位乘这种车的就是周恩来了。

有一天，周恩来来看望毛主席，也来到我们值班室，我见他又是坐着那辆旧吉斯车来的。

"总理，他们都换车了，你怎么还是旧的？"我好奇地问。

他笑着说："光主席一个人坐吉斯车太显眼了，人家一看见吉斯车就知道是毛主席……"

这使我恍然大悟，原来周恩来是为了减小毛主席外出时的目标，才这样做的，这也是一种安全措施嘛。这使我再一次体会到，为了毛主席的安全，不但是我们这些专门搞警卫的在进行保卫工作，我们国家的政府总理，也在处处身体力行，为毛主席的安全而操心，他是为了陪着毛主席才乘坐这样的旧车的。

我们刚准备就绪，汪东兴、张耀祠也已来到。

这时，见小张等扶着毛主席出来了。

我见毛主席穿着他平时常穿的那件睡衣，下身穿着一条绒毛裤，连帽子也没有戴，迎着凛冽的冷风，就要上车。在这样三九寒冷的天气里，穿这样单薄的衣服怎么行呢？

我知道毛主席有皮帽子、皮大衣，都在那里挂着，伸手可取，为什么不给主席多穿点？天气这么冷他怎么能受得了呢？我的心中，在埋怨小张他们没有尽到责任。

我们李指导员拿来一件棉大衣，就要往主席身上披。毛主席摆了摆手，表示不要，而且态度倔强，使人不好再去劝说。

最近几天来，毛主席精神一直不好，他吃饭、睡觉都不正常。他的脸色苍黄，一脸阴霾，是焦躁，还是困倦，使人难以琢磨。看到我们，也不像往日那样主动说话，问这问那，而是不管见了谁，都板着面孔，没有一句话说，他的心情是沉重的。

我们一行几部车子，组成一个不大的车队，出中南海西门，经长安街向八宝山开进。

我们的车子在八宝山公墓小礼堂门前停下，我见门口冷冷清清，也没有像往日那样有首长们在门外迎接。我忽然意识到，可能是通知晚了，有关方面还没有准备好，而毛主席又行动得早了，在别人还没有准备好的情况下，就已来到了。我顾不得等主车到达，便与他们交代一句，迅速进入礼堂，报知他们，毛主席到了。

毛主席要参加追悼会，这一下子就突破了许多人为的无理限制，使追悼会的规格无形中提高到了最高，这种情况是很少有的。这样一来，有些政治局委员本想来而不便来的，也成了顺理成章的事情；那几个本不打算来的，也不好不来了；还有陈老总生前的重要友人，像西哈努克亲王、宋庆龄副主席原来就要来的，自然也应该让来。这些组织工作做起来，还是颇费周折的。可是，当我到了接待室时，惊奇地发现，周恩来、宋庆龄、叶剑英、邓颖超、李先念、康克清等已经到达，他们之中不少人是原来那个计划出席之外的，这使我非常佩服总理办公室的工作效率和非凡的组织能力。

我先告诉周恩来说："主席来了。"

周恩来一看见我，似乎已明白了一切。

他一面嘱咐人去找陈毅的夫人张茜，一面首先出来迎接毛主席。

毛主席与周恩来，在礼堂前厅相遇了，两人亲切地握手，却没有说什么话，周恩来便领着毛主席来到了已经到达的人们中间。

毛主席与在座的老同志宋庆龄副主席、叶剑英、李先念、邓颖超等一一握手。毛主席与他们之中的许多人很久没有见面了，这中间又经历了许多变故，似有许多的话要讲，又不知从何处讲起，何况，此时此刻，并不是个适宜的谈话场所。

恰在这时，张茜来了。

毛主席看见了，起身就要上前迎接，张茜紧走几步，已经来到毛主席的面前。

"主席，你怎么也来了？"这是满脸泪痕、泣不成声的张茜见到毛主席的第一句话。

毛主席看着悲戚凄咽的张茜，也潸然泪下，他亲切地拉着张茜的手，让她坐在自己的身边说：

"我也来悼念陈毅同志嘛！陈毅同志是一位好同志。"

在此时此地，张茜看到毛主席，她很是激动，也不知有多少话，想向毛主席说，然而，她是顾大局、识大体、严以律己的老革命了，她只是说："陈毅同志有时不懂事，引得主席生气……"

毛主席似乎已知道她的下文是什么，便急忙打断她的话说："不能这么说，也不能全怪他，他是个好人。陈毅同志是立了功劳的，他为中国革命、世界革命做了贡献，这已经做了结论嘛！"

毛主席又说："陈毅同志，他跟项英不同。新四军四千人在皖南搞垮了，当然，后来又发展到九万人，陈毅同志是执行中央路线的，他是能团结人的。"毛主席还说："要是林彪的阴谋搞成了，是要把我们这些老人都搞掉的。"

这时，西哈努克亲王和莫尼克公主也赶来参加陈毅的追悼会，他们是这次活动的绝无仅有的一对外国人了。

毛主席与西哈努克亲王亲切交谈，毛主席庄重地告诉西哈努克说：

"今天向你通报一件事情，即那位'亲密战友'林彪，去年9月13日坐一架飞机要跑到苏联去，但在温都尔汗摔死了。""林彪是反对我的，陈毅是支持我的。"

西哈努克亲王面部紧张地望着毛泽东。

林彪出逃一事，我国还未向国外公开发布消息，西哈努克亲王是毛泽东亲自告知林彪摔死的消息的第一个外国人。

毛主席接着说："我就一个'亲密战友'，还要暗害我，阴谋暴露后，他自己叛逃摔死了，难道你们在座的不是我的亲密战友吗！？"

毛主席停了一会儿又说："陈毅跟我吵过架，但我们在几十年的相处中，一直合作得很好。"

这时陈毅的四个孩子也被找来了，毛主席一一问了他们的名字，周恩来在旁做了介绍。

毛主席还说了许多勉励的话，大意是愿他们继承父亲的遗愿，好好学习，好好工作。

毛主席还谈到所谓"二月逆流"的问题。他说，那是陈毅他们这些老同志对付林彪，对付陈伯达，对付王、关、戚的。这无异是对包括在座的李先念等在内的一大批老同志怀仁堂抗争行为的一种肯定，而且在这许多人面前讲出来，令人惊异，感人至深。

这本身就是对那令人心碎的"二月逆流"的公开表态，事实上也是对那些被"打倒"的、被"靠了边"的党和国家领导人、老同志发出重新评价的信号，无疑也是对一大批老同志的解脱，当然，这也是毛泽东为人坦诚性格的写真。

毛主席又说：陈毅为中国与世界人民的友谊做了许多工作，为中国革命和世界革命做了贡献，是有功劳的。说到这里，毛主席愤愤地说："姚登山夺了外交部的权20天，比陈毅当外交部长20年犯的错误都多。"

谈话结束时，张茜关切地说："你坐一下就回去吧。"

毛主席说："不，我也要参加追悼会，给我一个黑纱。"

于是，他们把一块宽大的黑纱戴在毛主席睡衣的袖子上。

追悼会开始了，周恩来在陈毅的遗像前致悼词。悼词简述了陈毅一生的主要经历，高度评价了他为革命事业所做的重大贡献，并指出：陈毅是中国共产党的优秀党员，是中国人民的忠诚战士。几十年来，他在党中央的领导下，在长期革命战争中，在社会主义革命和社会主义建设中，坚持战斗，坚持工作，努力为人民服务。他的逝世，使我们失去了一位老战友、老同志，是我党我军的一大损失。

周恩来那样刚毅的人读到后来，也哽咽欲泣，几乎读不下去了。

毛主席站在队列前的正中，他高大的身躯微微前倾，轻轻颤动，静静地听着。我似乎感觉出他的巨大的悲痛，而且在这悲痛之中甚至还包含着某种更深层的感情冲击。

这时的我就站在毛主席身后不远的地方，我真担心啊，怕他经不起这悲痛的打击。

周恩来宣读的悼词，在"安息吧""永垂不朽"的悼念声中做了最为沉重的结语。

毛主席和大家一起，向陈毅的遗像和骨灰行三鞠躬礼。

追悼会结束了，毛主席再次与张茜握手，久久没有松开。张茜和她的孩子们，一起把毛主席送到汽车前，我打开车门，请主席上车。

毛主席再次与张茜和孩子们握手，并深情地嘱咐张茜节哀，希望孩子们好好学习，好好工作。毛主席转身上车，但他抬不起腿来，很吃力，小张等几个人把他搀扶进车里。

从追悼会回来，毛主席很悲伤，几天没有休息好，接着就病了，而且病得很厉害。

毛主席的身体，就是在这一个时期垮下来的。

毛主席亲自参加陈毅追悼会，此举本身就是一个重要的信号，这不仅是对所谓"二月逆流"表示公开的否定，也是对在"文化大革命"中被打倒的党和国家领导人、老同志重新评价的起点。

第 23 章

毛泽东两次休克

1月13日高烧中的毛泽东突然休克，护士长小吴紧张得摸不到脉了。闻讯赶来的周恩来脸色苍白，手脚颤抖，竟然许久下不来车。毛泽东醒过来不解地问：发生什么事情了？周恩来俯身在他耳边轻声细语地说……

1972年1月的北京，气温很低，寒冷异常。一个时期以来，毛主席外出活动也意外地多起来。

1月11日下午，毛主席的心情很不好，在家中待不住。他只穿了一件夹大衣，便乘车到钓鱼台12楼，找人了解情况，与人谈话，直到很晚了，才回到中南海的住处。

1月12日下午，毛主席又去大会堂118厅，开会或是找人谈话。

由于连续外出，天寒衣薄，心情欠佳，过分的劳累、过多的忧虑与悲戚，大大地超过了他的承受能力，1月13日，毛主席突然生病了。

这次生病，爆发突然，来势凶猛，由于肺心病的作怪，高烧不止，发生了严重的缺氧，毛主席突然休克了。

这，无论是毛主席身边的工作人员，还是经常照料他健康的医护人员，谁都没有料到，一向健康而自信的毛主席突然会病成这个样子，因而不仅没有任何应急的准备，如今事情一发生，尽管他们处事老练，也不免有些措手不及。

护士长小吴大声地喊道：

"快来人呀！快来人呀！……"

我们应声赶到毛主席的卧室，只见主席躺在床上，像平日常看到的那样，他似乎睡着了，而且睡得很沉，一动也不动。

可是，吴护士长的神情紧张极了，她在给毛主席切脉。不知是过分紧张，还是怎么搞的，她对赶到的医生以颤抖的声音说：

"没有脉了，摸不到了！"

她这话一出口，可把大家急死了，吓坏了！

医生像班长给战士下达战斗冲锋命令似的说：

"抢救……"

平时缺乏应急抢救的准备。是啊，毛主席一向身体很好，从来也没有出现过这类情况，可是，现今，又突然摆到了面前。

医生当即口述着抢救要采取的措施，要使用的药品、器械名称；护士长像领授重要任务时的战士那样，一句句复述着医生的口令：

"抢救……"尽管她复述着传来的一道道命令，可是，所需的药品、器械，并不都在手边。

然而，他们毕竟是有水平的医务工作者，迅速适应了这种急速的变化，他们熟练地往针管里抽药，然后又准确地注入毛主席的体内，接着，又是一次又一次地用药……

这时毛主席还处于完全的昏迷状态，目睹这一切的我们紧张极了，可又不知如何是好，我只是呆呆地站在那里，心急如焚，不知所措。

著名的心血管专家胡旭东医生赶来了，他上前把毛主席扶起来，有节奏地在他的背部捶打，以进行人工呼吸，还不停地大声呼唤着：

"毛主席，毛主席……"

在场的我们，也随着呼唤起来：

"毛主席，毛主席……"好像要把毛主席从很远很远的地方呼唤回来似的。

周恩来得悉毛主席发病的消息后，甚为着急，他立即从西花厅他的办公室驱车赶来。

我赶忙出去在门口迎接，当我打开车门请他下车时，只见他脸色煞白，没有一点血色，两手微微颤抖，腿脚也不听使唤了，许久下不了车。

见他这样，我既着急，又使不上劲，只是不安地想到，主席还没有抢救过来，总理又这样了！

当周恩来被搀扶着走下汽车，来到抢救毛主席的现场，恰在这时，毛主席苏醒过来了。

毛主席的生命是顽强的，经过一阵紧张的救治，他终于有了微弱的呼吸，他的胸部在缓缓起伏，慢慢地睁开了眼睛。

他看到了面前那些医疗器械，他看到了周恩来那张因过分紧张而苍白的脸和紧锁的眉头，他也看到了他所熟悉的一张张紧张的面容……他看到了面前的这一切，既熟悉，又陌生，他显得愕然而不解，他望着大家，似乎在问："这是怎么了？这里发生过什么事情？你们这是在干什么呀？"

刚才发生在他身边的这场为争夺一个伟大生命所进行的紧张而激烈的一幕，他全然不知。

周恩来见毛主席的状况有所缓和，他却显得非常疲乏，几乎力不能支，但他挣扎着，俯下身去，在毛主席的耳边轻声细语说些什么，安慰他。

毛主席连连点头，几乎是一语一应。

周恩来一再嘱咐，让毛主席好好休息，便退了出来，向有关人员做了交代才离去。

毛主席的身体素质本来是很好的。但自"九·一三"事件以来，他的健康每况愈下。毛主席的内心充满了难以言状的痛苦，他的追求、他的自信，受到了严重的损害。

他无论如何也不会想到，林彪会背叛他的事业，更没有想到竟然那么狠毒，用地面攻击、爆破铁路桥梁、飞机轰炸、手枪打、平射炮轰、火焰喷射器烧等极端手段杀害他、致他于死地。林彪之所以能执掌军政大权，在"文革"中一跃而进到副统帅地位，成为绝无仅有的写在党章上的、宪法上的接班人，而且是在许多同志不赞成的情况下，做到这一切，没有毛主席力排众议，竭力扶持，是根本不可能的。毛主席对林彪可说是仁至义尽，得到的却是恩将仇报……这样寒心的结局，又能怨谁呢？

林彪出逃之后那几天，毛主席一连几天没有合过眼，除了讲出那句著名的"天要下雨，娘要嫁人，由他去吧"的话之外，再也没有讲出什么话来。

一连串的挫折，太多太多的刺激，对他的健康带来了很大的损害。从那之后的几个月来，他吃不下饭，睡不着觉，甚至也不想见任何人。是啊，如果同志、战友、朋友、部下问起来，作为主席的毛泽东能怎么说？他有口难言，闷闷不乐，非常忧苦，他有话不好对人讲，硬是憋在心里，颇有些闭门思过的样子，从此，他的身体垮了。当然这是我的想法与看法，在我的周围，我所接触到的上级和下级，对这个问题都缄口不语。是啊，我们之中，又有谁愿意在他的伤疤上撒盐、往火上浇油呢？谁也不想惹他再生气。

时隔不久的一天下午，毛主席又犯病休克了，值班的小张慌慌张张地跑出来告诉我，便匆匆忙忙地又回去了。

作为那里的值班者，我迅速将这个情况报告了总理，当时他正在大会堂开会，当然我也报告了其他有关领导。

周恩来接到这个消息，便飞车来到中南海毛主席住处。我上前打开车门请他下车，只见他面容憔悴，一脸忧云，那绷得很紧的脸上没有一丝血色，他颤巍巍地挪动身躯，试图从车里出来，然而，是那样的艰难，顿然间使人觉得他也老了许多。看得出，他很紧张，也很着急。

"总理，主席已缓过来了。"我急不可耐地把刚得到的最新情况报知他，我相信这是他最为关心的。从那次休克之后，有了个医疗组，当然进行了专门研究，各方面都有了准备，抢救很快就能奏效。我说："请不要急。"

这时，周恩来才松了口气，但他没有讲一句话。在车上，他坐了坐，才慢慢地下了车，进了毛主席卧病的房间。

毛主席虽然躺着，他坐不起来，但神志清楚，气色也有所恢复，周恩来亲眼看到了，他那清癯的脸上露出一丝喜悦，这时他才真的放下心来。

毛主席看到了周恩来，他略有歉意地说："你看，又叫你紧张了。"

"这里有事，我应该来嘛。"周恩来说，"很担心你的健康……希望你早日康复。"

毛主席示意周恩来坐下来，两人便谈了起来了。

自"九·一三"事件之后，周恩来事实上是一肩挑着党中央和国务院两副担子，从各个方面加强工作，努力使党和国家尽快摆脱困境。外间人只知道毛主席"容光焕发，神采奕奕"，根本没有谁能想到，如今的毛主席已是重病缠身了。

根据毛主席前后两次休克的严重情况，中央决定成立由周恩来、王洪文、张春桥、汪东兴4人组成的主席医疗领导小组，后来又增加了邓小平、华国锋，并在原来医护人员小组的基础上，增加了几位医生和护士，以进行具体的医疗值班和护理操作。

第 24 章

毛泽东会见外宾的时刻

毛泽东在长江中游泳，蒙哥马利元帅在游船上看，两人相约1964年做横渡长江的比赛，让全世界电视公司发个大财。毛泽东与澳大利亚总理谈邓小平，说王洪文。一向自信要强的毛泽东，向外国客人说，自己已80高龄，听力不行，身体不佳。

1973年9月12日，毛主席会见了来访的法国总统乔治·蓬皮杜。预定的会见时间未到，将要陪见的周恩来便来到毛主席的住处，与毛主席商谈了这次会见的有关事项，并察看了作为会见场所的毛主席的书房，见一切安排都满意了，包括译员、记者在内的工作人员也均已到位，这才来到大门外，迎候法国客人。

法国客人准时到达。周总理引领客人进入毛主席的书房，毛主席从沙发上站立起来，与客人们握手问好，开始了长达数十分钟的会谈。

这次会谈的气氛比较好，这也是毛主席大病之后，情绪较好的一次。

在此前不久的8月，毛主席亲自主持召开了中国共产党第十次全国代表大会。这次大会最突出的特点是有一批在"文革"中受冲击的老同志，在毛主席的坚持下出席了会议，有的还被选进了大会主席团，如邓小平、王稼祥、乌兰夫、李井泉、谭震林、廖承志等。会议的结果也使毛主席高兴，不少老同志被选进了中央委员会，有的还被委以重任。其次是有一批比较年轻的也进了中央委员会，王洪文成了党的副主席，吴桂贤、陈永贵等多位从劳动第一线来的劳模等充实了中央高层领导班子。这些变化，也是他几年来希望做到的，这次代表大会终于都实现了，这也使他高兴。这些因素影响着毛主席的情绪，也感染着来访的客人。这次会见在轻松愉快的气氛中结束了，主客双方都比较满意，印象最深的是蓬皮杜总统离开时，显得格外高兴。

送走了客人，周恩来又返回去与毛主席说话，直至很晚了才回去。在此后的几天中，周恩来与法国总统进行了几次会谈，于9月17日发表了《中法公报》。双方商定，将进一步发展经济关系以及在技术、工业方面，尤其在石油、化工、航空、机械和电气工业方面加强交流的问题达成了一致。这是自中美、中日关系正常化之后，我国的对外关系方面又一重大成果。这时毛主席的身体还没有完全恢复，但会见外宾的次数显著地增加了，会见时所谈的问题也远远地超过了双边关系，毛主席对世界的影响也越来越大。

记得在此后不久，毛主席在会见来访的澳大利亚总理惠特拉姆时，给人留下了难忘的印象。

那是11月一天的下午，毛主席决定马上会见来访的澳大利亚总理，此时，澳总理正在人民大会堂与周恩来会谈。这是自1972年12月中旬两国建立外交关系以来澳政府首脑第一次来访，因而，议题很广泛，想谈的问题也很多，会谈很热烈。当毛主席要见客人的通知传至谈判桌上的时候，两位总理都很振奋，他们从人民大会堂出发，同乘一辆红旗轿车，来到了中南海。

在门口值班的我，见车一停稳便上前迎接。

周恩来总理请惠特拉姆总理先下车，然后两位总理兴致勃勃地一起走进毛主席的书房，王洪文作为党的副主席，也陪同会见。在我看来，这是毛主席有意要培养他，让他有机会接触外交事务。

这时，毛主席身体较好，精神也不错，他与澳总理谈话长达100分钟，所谈内容也比较广泛，从国内到国际，也谈了党内的一些情况，有些情况是从来也不向外透露的，这一次也谈了。

这次会见，在照完相、拍完电视片之后，记者们都退出去了，毛主席坐在沙发椅上，喝着茶，告诉客人说，他今年已80岁了，腿脚不便，走路困难，听力也不佳……

一向自信的毛主席，今日在外国人面前讲出这样的话来，令我们吃惊不小。新中国成立后，中国人不但在政治上"站起来了"，而且精神面貌也焕然一新，表现在一些外交场合，不论是毛主席、周总理、朱老总，还是陈毅、贺龙，他们都十分注意自己的仪表和神情，给人以美好的印象。那是1961年9月，我们随毛主席由庐山乘火车到达武汉，在那里，毛主席会见了英国的蒙哥马利元帅。

这位蒙哥马利元帅，在第二次世界大战中是反法西斯的英雄，很受人们尊敬。他曾来我国访问，与毛主席晤谈。这一天，毛主席要去长江游泳，蒙哥马利元帅应邀在一艘游轮上观赏浩荡的长江。

此刻，毛主席兴致极高，他从轮船上下到江水中游泳，吸引了两岸数以万计的群众观看。为毛主席水上护游的我，既兴奋，又担心。

在长江游泳，最为担心的是江猪之害。这种被称作江猪的动物，大的有南方耕田的水牛那么大，皮呈肉色，平时难得一见，唯在变天前夕，风涌浪急，水下混浊，或因气压过低，它在江底不舒服了，才会游出江面，一露尊容。要不是亲眼所见，真使人不敢相信。

有一次，我们和毛主席在长江里游泳，突然变天了，风急浪大，洪波滚滚，江水一片混浊。不好再游了，连毛主席也不得不上到随行的一艘游艇上。这时，我们突然发现，江面上有一股巨浪涌起，翻滚前行，那浪足有数米之高，在其两侧显出数米深的沟谷，呼啸而过。随我们同行的当地同志告诉说：那里有一只江猪在活动。

他告诉说，江猪性情强悍凶猛，但也通情达理。在通常情况下，人不犯它，它不犯人，可是若是谁触怒了它，则厉害得很。他指着我们乘坐的那艘游艇说："能把它掀个底朝天。"

过去虽听人说过江猪凶悍，总是将信将疑。这次亲眼目睹，其翻江倒海之力，所向披靡之势，一旦触怒了它，那凶劲、那猛劲，谁人能抵挡？从此之后，每逢下江游泳，对江猪的预防也就成了一个重要的内容了。

防备江猪有啥办法呢？说来也有趣，那个时候受许多因素的限制，使用的还是一些土办法。在毛主席游泳的区域的外围，有几条小船随行划动，这样可能在几米或几十米之外，就把它赶跑了。在内圈，反正有我们几个在毛主席身边游，但最为重要的还是要选择较好的天气再去，尽可能避开江猪易于游出江面的那种天气。

我们这天随毛主席在江中游，蒙哥马利元帅站在游轮上看，毛主席在涛涛的江水中劈波斩浪，英姿勃发。蒙哥马利元帅在船上指手画脚，兴高采烈地与在他身边的人们议论着，不时爆发阵阵笑声，可惜相距太远，未能听得清楚。

毛主席这一游，就是30华里，才登上那艘随行的游轮。蒙哥马利元帅以极为敬慕的目光打量着毛主席，趋前来与毛主席握手表示祝贺，他还竖起大拇指，口中喃喃不停，那显然是对毛主席好身体、好水性、有毅力的一番称赞。不过，我是听不懂的，后来有人告诉我说，他与毛主席有这样一番交谈：

"你下次访问中国时，我们做横渡长江的比赛，好吗？"

"好。"蒙哥马利元帅兴奋地说，"我们比赛。"

"你什么时候能再来呢？"

"1964年吧。"

"好！"毛主席说，"一言为定。"

"那将会成为全世界电视公司一大发财的好机会。"

他俩对视，一阵开怀大笑，笑声飘洒进滚滚不绝的长江之中。

毛主席那份豪情，那种气魄，代表着一个新的国家，一个新的时代。

在他身旁的我们，一种自信、一种自豪的情怀油然而生。

如今，毛主席当着一个陌生外国人的面讲出这样的话来，尽管他讲得很实在，我完全能够理解，但也使人觉得不是个滋味。

客人见毛主席站起来时像年轻人那样，十分自如，根本不要别人搀扶，与他们握手也很有力，来访的这位澳国总理不由得赞赏说：

"使人感到你不到80岁……"

毛主席高兴地笑了，周恩来也笑了。这次会见谈话，在宾主欢快的笑声中切入正题。

正式会谈开始后，我们便退了出来。后来看到一篇采访澳国总理的文字，记述了这次会见两人交谈的情况，现节录其中的几个片段，作为本文的补充：

> 会谈开始后的前半小时，毛主席很少说话，而且说话的声音几乎听不见。威特兰（澳国总理的称谓）是个善于表达自己意见的人，话主要是他自己说的，毛主席只要两位同事回答问题。
>
> 毛主席问澳总理："澳大利亚工党的哲学与共产党的哲学有什么不同？"
>
> 澳总理说，他笃信由改良产生的社会主义，而共产党认为只有革命才能带来社会主义。
>
> 毛主席说："噢，你们的世界观是达尔文主义嘛。"
>
> 当澳总理说毛主席对现代中国所做出的巨大贡献时，毛主席说："我的作用并没有那么大。"
>
> 澳总理评议说：苏联在1949年以前曾对中国共产党很有帮助。
>
> 毛主席又一次慢腾腾地补充说："莫斯科有时候不肯帮助。"
>
> 澳总理说："我，认真地反对中国核试验。"
>
> 毛主席对待这个问题显得很轻松，他说："你谈这个问题我们毫不介意。"
>
> 这位总理说到澳大利亚、日本和其他国家抗议中国进行核试验时，毛主席又说："那是必要的例行公事。"
>
> 澳总理对"例行公事"一词表示异议，但是他随后就放弃了自

己的看法，中国不应像法国那样受到严厉直率的批评。他让步道："核爆炸是在中国本土上进行的，而不像法国那样是在远离本土的殖民地进行的，而且中国确实受到拥有核武器敌人的威胁，法国的情况好一些，巴黎还得到美国的保护。"但是澳总理新扮演的安抚者的角色并没有获得成功。

毛主席的兴趣被引起来了，说："法国受到苏联很大的威胁，它需要自己的威慑力量，它应当有自己的威慑力量。"最后毛主席沉思地说道："核试验没有多大用处，人还是比武器更重要。"

当澳总理称赞中国所取得的成绩时，毛主席表示了异议，毛主席说："目前所取得的成就不过是沧海一粟，但中国的贫穷是件好事，贫穷使得人民想干革命。"

毛主席在澳总理解释中国军队与其他国家的军队有所不同时，他提到了邓小平。

毛主席说："邓小平是一个有军事经历的平民。"

澳总理说："这位副总理曾告诉过澳大利亚来宾，他出席了中国共产党八大和十大，但是没有参加九大，为什么邓小平没有出席1969年的九大呢？"

通常来访的外宾对这类敏感的问题，很少或说一般是不会提出来的，更少有人问及中共中央政治局内部事务，但这位澳大利亚人则是一个例外了。

毛主席对这样的问题，似乎早有了准备，且毫不介意，他说："因为那时，林彪的问题还没有解决。"

澳总理还提到王洪文在十大飞速提升后，在世界上出了名了，并问："你们在哪儿发现他的？"

对这个问题，毛主席本可以轻松地回答，可是，他的回答却十分干脆——"不知道"。毛主席哼了一声道。毛主席对王洪文在十大的提升是满意的，大会刚结束，他曾对法国总统蓬皮杜说："注意他，他大有前途。"但是，很快毛主席就对他不再抱有幻想了。

澳总理几次试图给他与毛主席的这次会见增加一点欢快的气氛，他说："在毛主席一直致力于解决的中国问题中，至少'革命的未来'已从茁壮成长起来的中国青年一代得到了充分的保证。"

　　"周恩来和我，都看不到中国革命的结束了。"毛主席说，"我现在病魔缠身。"

　　周总理笑着插话说："他只是膝盖患有风湿病。"

　　"我跟上帝有约会。"毛主席对澳总理继续说他的话题是人固有一死，他并不想掩饰自己身体状况的可悲前景。

　　会见结束了，毛主席说："跟我一起走出门吧。"尽管他走路困难，还是坚持把这位澳大利亚总理送至客厅门口。

　　周恩来和王洪文把客人送到游泳池外，才握手告别。

　　送走客人之后，周恩来和王洪文又回到大厅，与毛主席共同回顾了这次会谈的情况，还研究了一些其他的事情，才告结束。

第 25 章

江青私闯毛泽东住处

江青几次打电话求见，都被毛泽东拒绝，她竟然假借检查卫生硬往里闯。张耀祠和我站在通道上阻挡，她破口大骂：你们是一个特务集团……毛泽东大为光火地说，你说他们是特务集团，这个集团的头子就是敌人！又对她说：不见。滚！再闯，就抓起来！因为没有拦住江青，我做了两次检讨。

我在毛主席身边做警卫工作前后20多年，也经常与负责党中央、毛主席警卫工作的汪东兴、张耀祠等领导打交道，不论是做具体工作，还是管理部队，领导上对我总是表扬多，鼓励多，批评少。到了1973年，我却因为工作上的问题，连续做了两次检讨，究其原因只有一个，那就是江青那一伙寻衅、捣乱造成的。

1973年秋末冬初时节。江青几次把电话打到游泳池值班室，说她要来见毛主席。每有这样的电话，我们当然不能说可与否，而是及时报告给毛主席的秘书，看是否允许她来。

这几次，毛主席都不同意她来，说不见她。我们当然每次都如实告诉她了，可是，她并不死心。有时，她让工作人员为她向毛主席请求，显得可笑又可怜。有一次，她在电话里向秘书求情说："不见，我这个司令没有办法，解决不了问题……"

关于这个情况，我都及时给门口、检查站、哨兵做了布置。因为对哨兵的交代，既不能和盘托出，又要十分明确，易于执行，因而，只能讲明要怎样，不要怎样，对于原因通常是不讲的。因为讲细了、多了没有用，也会耽误事情的，何况有些事情我也说不清楚呢。这一次，我明确告诉他们，江青来了，未经我们值班室同意，不能让她进来。还告诉北大门的哨兵，没有我的同意，不开大门。我以为这样，只要哨兵一报知我，便有机会请示主席，做出可或是不可的结论，谁知恰恰在这个方面出了问题。

这一天，江青来了。她不走前门，偏走经常关闭着的北大门，而且，她一反往常乘车直到游泳池门前才下车的做法，而是把汽车停在大门外边，步行着来了。这样，哨兵也不用开大门，她也没有带警卫秘书，就她一个人，叫开了小门要进来。

哨兵见是江青来了，觉得不好阻挡，说是给她打电话联系。

江青诡秘地一笑对哨兵说："到游泳池周围看一看卫生，我不是到主席那里去的，也不要通知他们了。"

哨兵以为，她是中央首长，又是主席夫人，而且明确无误地告诉他是去"检查卫生"，"不到主席那里去"，就对她的话相信了。是啊，在那个年代，她的职位、她的名分，谁还能不信，因而，没有挡她，但还是向值班室报告了。

另一个因素是，战士搞不清楚哪些事情该谁管或是不该谁管。因为自1964年之后，中央机关实行精减，毛主席身边连一个卫士也没有留，他那里的一些工作，包括采购、打扫卫生、取药、烧锅炉等许多杂务事情，都由警卫战士担当，原来卫士们的那些工作也是一中队干部担任。总之，不管毛主席那里发生的是什么事情，大都和我这个当队长的有关，有难以推脱的责任。

最有趣的是，在此前不久，还发生了这样一件事情，那是因为挡错了，我也做了检讨。

这是两位在"文革"中走红的人物，她们要来毛主席处，可是预先也没有通知我们。执行任务的哨兵自然不知道，且对她们也不熟悉，不是不让她们进，而是说要给她们联系。这一下可就惹下麻烦了，她们把状一下告到副主席那里，说不让她们见毛主席。这纲上得不低，帽子戴得不小。

她们告状，只讲结果，不说过程和根由。

这位副主席以为抓住了什么要害，沿着这个思路顺下去，不依不饶，直至把领导找来，说"挡错了"，也没有告一段落的意思。

作为那里的领导干部，对此事我愿承担责任，但作为一项工作，我有意见。检讨我可以做，但情况也应说清楚。

我向这两位说："对不起，哨兵不认识你们，耽误了时间……"本来我还想说些表示道歉的话。

还没等我说完，其中一位便声色俱厉，火爆爆地说："我们常来，怎么就不认得？"

"哨兵哪能认识来这里的每一个人啊，再说，你们应该给我们值班室打个电话，我们就知道了。如果那样，再挡了你，那我们就有了责任了。"我向她们做出解释。

然而，我的这番解释，并没有使她们消气，还是执意要往上告，直至让党的副主席出面处理。在这样的情况下，你就是有万条理、千张嘴也没法说清楚，唯一的出路就是，不愿意也得做检讨。

其实，这也是没有办法的，你挡了不对，挡不住也不对。过去说，不知者不为过，看来在警卫工作中，是不能或不允许这样论是非的，你必须先人一招，想在前边，处理得当。但这件事情的处理和负面效应，就是无形中使哨兵和警卫工作人员不能或不敢大胆坚持原则，坚决执行未经同意不准进入的规定。

对这件事情，队长尚且难以应付，不得不做了检讨，而年轻的哨兵遇到的是比那两位高出许多的中央首长、主席夫人这样的双料人物，哪里还敢不让进呢？！

江青进了院子，先围着游泳池转了一圈，便从北门进去，装模作样地到处察看，就像是检查卫生的那样。其实，这里的卫生一直是我们警卫战士打扫的，不论室内室外，其清洁的程度自不待说。在那一阵子，我们有个说法，要进行健康保卫，就一定要搞好卫生。因而，搞卫生那种认真、严格的劲儿是不难想象的。再说，查卫生这类事情，江青从来没有过问过，她这次来，完全是另有图谋的。

正在这时，我发现江青进来了，预感到风暴就要到来了，便站在通道上，因为我的身后，就是毛主席的书房和卧室，意在不让她通过或是希望她看到我这样，便躲开或是折走。在这里负责主席工作的中央办公厅副主任张耀祠也急忙过来，他在延安时就是中央警备团政治处主任，进入北京之后，他又担任中央警卫团团长。在这个职位上，与江青当然是熟人了。现今做了中央政治局委员的江青，也成为保卫对象了。加之她与主席的关系，自然不能像往常战士那样简单地直来直去，只是对她的到来，没有表示欢迎，而是冷冷地说：

"你来了。"

江青见我与张副主任挡在她的面前，既不表示欢迎，也没有请她进去的意思，一下发火了，大发雷霆，她指着张耀祠副主任就骂：

"你派人挡住不让我进。你年纪大了，老糊涂了，门口也不让我进……"

"我们是按毛主席指示办事的。"我也直冲着她说，"谁到毛主席这里，都得他本人同意。"

我还没有讲完，她更生气了，大声嚷道："你们是一个特务集团，都是反革命，没有你们的好下场……"

不知她忽然想起了什么，还是觉得与我吵架有失她的身份，她突然改变声调，又佯装笑脸地说："我是来看卫生的，看你们把这里的卫生搞成什么样子了。"

她一边说，一边往里闯，态度很蛮横。她沿着室内游泳池边不太宽的走道，走到南头毛主席卧室的门口，抬腿就进去了。她在主席房里待了不长时间，就出来原路折回，走了。

不大会儿工夫，汪东兴来了，显然是毛主席找他的。不一会儿，他又找我询问，为什么没有把江青挡住，让她闯进来了？

当夜，汪东兴又把耀祠副主任、我们中队的指导员和我找到他办公室说，这次江青进了主席的卧室，毛主席发火了，说：不见。滚。为什么不把江青挡住！她和其他人一样，没有我的同意她不能来。总理到我这儿来还要先说一声呢，江青算什么，随便闯！再闯，就抓起来。汪东兴特别强调说："今后，无论如何要做到没有主席的同意，任何人也不能到主席这里来，江青也一样。"

我知道，这个使主席生气的事不管怎么说，自己是有责任的，我当即做了检讨。因为我没有给哨兵交代得很清楚、很肯定，没有下达"死命令"，让江青钻了空子。在我的思想上，总觉得她是主席的夫人，与其他人不能一样，她要来，我们不敢挡，怕挡错了不好办。今后，有了主席的明确指示，我们的心中有数了，一定要坚决办。

江青往毛主席那里跑的另一个原因就是要搞钱，也就是在这一年，即1973年10月，江青又到了主席那里，张口就是要钱。

毛主席出于无奈，从他的稿费中一次给了她3万余元，毛主席在谈起这件事情时很伤感地说："他们看我不成了，为自己准备后路呢。"

可是江青接到这笔钱时，仍不满足。她对给她送钱的人说："这些钱对我来说是不够的。我跟你们不一样，将来我是准备杀头、坐牢的。这个，我不怕，也可能不死不活地活着。"坏事做绝的江青，已预感到自己是不会逃脱历史惩罚的。

细想起来，毛主席对江青的认识，也有个演变的过程，在对待她的措施方面，也是逐步升级的。记得早些时候，江青来毛主席这里是理所应当的，无人敢于过问。后来，就不允许她随便来了，她还是天天让工作人员往我们这里打电话，问询毛主席的起居等情况，诸如何时起床，什么时候休息，到哪里去了……我们也无戒心，如实相告。

后来，毛主席得知这一情况后，便不让告诉了，他们再来电话询问时，我们的答词也就变成了"不知道",她那里，以后也就不再询问了。但是，江青并没有就此罢休，她又通过另外的渠道了解，并和毛主席身边的一位工作人员勾得很紧，用小恩小惠拉拢，送些衣料什么的。

毛主席知道了，很不高兴。当即批评这位工作人员说："你若实在需要，就去买。钱，从我的稿费中开支。"

毛主席为什么不让她来？很长时间我们不理解。随着"四人帮"的被粉碎，我们才知道，江青来主席处既不是尽夫人之责，关心毛主席的生活和健康，也不是有什么问题要解决，她来是为了实现可耻的政治野心，捞取政治资本，抬高自己的身价。她经常在一些场合向广大群众说，"我代表毛主席看望你们来了"或是"毛主席让我向你们问好"。甚至无中生有，把个人的主张冠以毛主席的指示，说主席如何如何讲的。到底讲过没有，又有谁能查证去？使人分不清哪些是毛主席讲的，哪些是她自己的话。其实，到了后期，毛主席根本不见她，其重要原因之一就是为了避免她再假传"主席指示"，而危害大家。

到后来，江青的这些做法被毛主席知道后，对她也就愈加严厉起来了。汪东兴告诉我说，有一次江青到了主席那里，毛主席当着汪东兴的面批评江青说："你说他们是反革命，是特务集团，你知道吗？这个集团的头子是谁？那就是敝人。"

汪东兴还说，毛主席理解和信任我们，不要背包袱，要做好工作。做警卫工作，就是要忍辱负重，不计个人荣辱，为的是保卫领袖的安全。

在工作上，我的这两次检讨，实际上是一个原因，就是以江青为头子的那一伙捣乱的结果。

当夜，汪东兴和张耀祠与我们一起研究了措施，确定下一条：任何人不经毛主席本人的同意，均不准到毛主席这里来，江青也一样，不能搞例外。

我吸取这次教训，坚决执行有关指示和规定，加强责任心，并教育部队，使每个战士都坚决贯彻执行。

第 26 章

采纳邓小平意见对调八大军区司令

> 毛泽东在书房召开中央政治局会议,《国际歌》的歌声传出室外。我们在外面不断听到好消息:毛主席表扬邓小平了,说他是钢铁做的……毛泽东公开做自我批评,是我听到的第二次。

1973年12月20日,毛主席在游泳池他的书房里召开政治局会议,出席会议的除政治局成员之外,还有各大军区的司令和政委。过去,毛主席主持或是出席的会议大多是在下午或是晚上,一般也在大会堂进行。而这一次,则是在上午9时进行,因而,连我们都觉得有些特别。好在平时就有基础,稍事准备就可进行。

按照安排和分工,我还是那些工作,在门口迎接来开会的各位首长。

最先到达的是周恩来,他一下车就显得精神很好。我说:"总理,你来了！"

周恩来热情地与我们一一握手，并关心地询问毛主席的饮食起居，当他知道毛主席一夜没有睡觉，接着就要召开这次会议时，再没有说什么，便进了毛主席的书房。

这是一个阴天，雾气腾腾，没有阳光，使人觉得阴冷阴冷的。

毛主席习惯地坐在西南角他常坐的一张沙发上，与参会者入场的方向正对着，这样，他可看到进来的每一个人。

朱德乘车来了，警卫员小徐搀扶他下了车，还拄着一根手杖。

他笑眯眯地与我们握手，并说："……很少参加会议了，今天主席召集，我也就来了。"他还是那么平易近人，是一位出了名的随和长者。

朱德一走进毛主席的书房，就被主席招呼到紧挨他身边的一张沙发上坐下。

"老总啊，你好吗？"毛主席十分开心地笑着说，"人家讲你是'黑司令'，我总是批评他们，我说是红司令，还不是红了嘛！？"

朱老总那憨厚慈祥的脸上，绽出了笑容。

最显眼的景象是，在毛主席座位的一边是朱老总，另一边不是周恩来，也不是江青那一帮了，而是工作不久的邓小平。他身着便装，与毛主席隔着一个茶几而坐，正在侧着身子与毛主席说着什么，显得很是亲热，这与"文革"之初对他那种"炮轰""火烧""大批判"的阵势形成鲜明的对比。

政治局的首长们陆续到齐了，军队的徐向前、聂荣臻等也来了，还有各大军区的负责人……

与会者都进入会场之后，我也协助服务员往会场送水，因此，不断进进出出，也使我看到一些至今难以忘记的情景。

徐向前是人民解放军元帅，但他进入会场之后，却站在后边，既不讲话，甚至也不怎么与人们打招呼。

毛主席看到了，他蹒跚着迎过去与徐帅紧紧地握手，并连声说：

"好人，好人！"

显然，这不仅是对徐帅战争年月所做贡献的肯定，应该说有更为丰富的内容。

"文革"初期，由江青提议，经毛主席批准，徐帅出任人民解放军全军"文革"组长。在这个岗位上，他所接触到的情况和问题，使他意识到无论如何不能担任这个职务了。他找过江青，也找过其他人，但总推不掉，只好硬着头皮干。后来他见到了毛主席，便直截了当地说，请另选贤能，自己干不了这个组长了。

　　可是，毛主席却说："你就干吧，天塌不下来。"还是不让他辞去。

　　1967年初，造反派把矛头指向了军队领导机关，军队内部也突破了正面教育的规定，也出了造反派，有的带头冲击军事机关，严重地影响了军队的稳定。

　　中央军委提出稳定军队的"八条"，徐帅认为很好，便将这个文件亲自送到中南海，请毛主席审批。

　　毛主席在这个文件上当即批道："所定八条，很好，照发。"

　　这个文件的下发，在其后发挥了重要作用。

　　后来军队"文革"的演变，使他越来越感到当这个全军"文革"组长名实不副了，便于1967年9月16日写报告给毛主席，要求辞去这个职务。事隔不久的10月16日，毛主席在他的报告上批道：

　　"我意不宜免除，请考虑酌定。"

　　但是徐向前的存在，使林彪、江青一伙感到不快，1969年九大前夕，林彪、江青一伙为阻止徐向前等老帅出席会议，又掀起了所谓反击"二月逆流"的邪风。1969年1月3日，毛主席指示："所谓'二月逆流'有关的老同志及其家属都不要批判，要和他们搞好关系。"但是林彪一伙在主持起草九大政治报告时，仍然坚持塞进批判"二月逆流"的内容。毛主席说："我对'二月逆流'的人恨不起来。""报告上不要讲'二月逆流'了。"

　　后来，徐向前也随着那个"一号命令"的实施，被疏散到了外地，因而与毛主席见面的机会就更少了。这次会议，是"九·一三"之后徐向前和毛主席第一次见面。

　　一切都安排好了，正式开会了，作为工作人员，我们是不请就不再进去的，但是会议的进展情况，我们却随时都在关注着。

　　从毛主席会议室里传出唱歌的声音，从声音判断，虽不能说是高亢嘹亮，却显得雄浑有力。

汪东兴不断进出，到值班室来，或是向我们交代急办的事情，或是打电话找某位领导，他也不断地把会场内的一些信息给我们带来。

他告诉说：这次会议开得很急，大军区司令员调动，10天到位，不准带自己的一班人，毛主席要抓军队的事情了。

汪东兴再一次出来，他有些兴奋地说：毛主席表扬邓小平了，说他柔中寓刚，绵里藏针，是钢铁做的……

后来，又是汪东兴向我们传达了毛主席的这个讲话精神，说"这次会议开得很好"，还说："军区司令的对调是毛主席采纳了邓小平的意见而决定的。"

邓小平在1971年11月和1972年8月3日，两次写信给毛主席，表示愿意为党、为人民、为国家再做些工作。

毛主席对邓小平当然是了解的。在1968年召开的党的八届十二中全会上，林彪、江青一伙极力主张开除邓小平的党籍，毛主席坚决反对了这种做法，而且，在讲话中，他还首先提出要给邓小平安排工作。这个讲话，对邓小平的功过是非尽管还有许多保留和不正确之处，但在那个年月，在一片"批判""打倒"的气氛之中，无疑令人感觉到了一线希望。

随着时间的推移，"文革"造成的严酷现实，越来越使毛主席认识到，对邓小平重新评价不仅是可能的，而且从党和国家，从人民的最高利益来说，是完全必要的。因而，对邓小平给他的两次信中所表达的思想情绪和他的要求，毛主席同意了。

毛主席1972年8月14日在邓小平的一封信上写了批语，说邓在中央苏区时期是和我站在一起的，没有历史问题，是有战功的，去莫斯科谈判没有屈服于苏联，并强调说："这些事我过去讲过多少次，现在再说一遍。"

1973年2月20日，邓小平从度过了3年时光的江西回到北京。3月10日，根据毛主席、周总理的提议，中共中央恢复了邓小平党的组织生活，并让他重新担任了国务院副总理职务。

1973年8月，在党的第十次全国代表大会上，邓小平被推举为主席团成员，并被选为中央委员，他开始协助周总理整顿和恢复国民经济工作。

此后，他在协助周恩来着力组织促使国民经济的恢复和发展的同时，也在关注着军队的建设，因而提出了对调大军区司令员的建议。

毛主席一直在注意军队的问题，直至12月12日在他主持的中央政治局会议上明白无误地提出了这一问题。

毛主席说：

"我和剑英同志请邓小平同志参加军委，当委员，是不是当政治局委员，以后开二中全会报告追认。"

接着他提议讨论一个军事问题，即全国各大军区司令员互相调动，并指着叶剑英说："你是赞成的，我赞成你的意见，我代表你说话。"

毛主席还说，他找了周恩来，他也赞成。

后来毛主席又向叶剑英说："你把大军区司令员、政治局委员都找来吧，参加议军。"这大概就是这次会议召开的最直接的起因了。

12月15日，毛主席又一次同政治局有关同志和八大军区负责人谈话，他介绍邓小平说："我们现在请了一位总参谋长，他呢，有些人怕他，但是办事比较果断，他一生大概也是三七开。你们的老上司，我请回来了，政治局请回来的，不是我一个人请回来的，是剑英同志建议的。"

毛主席又对在场的邓小平说："你呢，人家有点怕你，我送你两句话，柔中寓刚，绵里藏针，外面和气一点，内部是钢铁公司。过去的缺点，慢慢改一改吧。"这与其说是批评，还不如说是赞许。

对南京军区司令员许世友，则另有一番交代。

毛主席亲自把南京军区司令员许世友从后排叫到前排就座。

毛主席对许世友等人说，汉朝有个周勃，是苏北沛县人，他厚重少文。《汉书》上有《周勃传》，你们看一看嘛！

毛主席又说，如果中国出了修正主义，大家拿主意。

许世友朗声说道：出了修正主义就把它消灭掉！

毛主席为什么提倡看《周勃传》呢？当时在座的许多人没有看过这本书，一时说不出来，但会后都找来看了。

许世友读了这本书，"才晓得原来周勃跟随刘邦平定了天下，建立了汉朝，后来吕后的私党诸吕要篡汉夺权，周勃等人把诸吕消灭了。我的领会，毛主席是要我们保卫他老人家领导我党我军创建的人民共和国，防止修正主义篡党夺权。"在林彪集团被揭出之后毛主席提出这个问题，他已预见到"四人帮"可能会跳出来闹事，因而在众多的将帅面前提出这个问题。

毛主席从12月12日在政治局会议上提出军队问题为始，紧抓不放。

"我还可以打一仗呢。要打就打嘛，天下大乱，包括中国嘛！我能吃饭，也能睡觉，所以要打，我最欢迎了。"

"一打起来就可以分清，谁是真正愿意打的，谁是勾结外国人，希望自己做皇帝的。"

毛主席还提出，邓小平当军委委员、政治局委员，并说："现在请了一个军师，叫邓小平。发个通知，当政治局委员，军委委员。"

在13日、14日和15日，毛主席又同政治局委员和北京、武汉、沈阳、济南军区的负责人谈了话。这些会议和谈话，我作为工作人员，对具体谈话内容并不知悉。不过，没有过多久，汪东兴就向我们做了传达，并在干部中进行了讨论。

印象最深的，记得有批评了"政治局不议政，军委不议军，不议政"，还说："准备打仗，内战外战都来，我还可以打几仗！"

毛主席在接见参加中央军委会议的同志的讲话中指出：

"如果中国出了修正主义，大家要注意啊！"

毛主席还做了自我批评说："我看贺龙同志搞错了，我要负责。""要翻案呢，不然少了贺龙不好呢。杨、余、傅也要翻案呢，都是林彪搞的。我听了林彪一面之辞，所以我犯了错误。小平讲在上海的时候，对罗瑞卿搞突然袭击，他不满意。我赞成，也是听了林彪的话，整了罗瑞卿呢。"

"有几次听一面之辞，就是不好呢，向同志们做点自我批评呢。"

当然，接见的场面非常热烈，掌声、欢呼声自不待说，他都给人留下过多的回忆和深沉的思念。

毛主席为什么要做检讨，当着众人讲这番话呢？

那是1966年9月间，在林彪、江青蛊惑人心的煽动下，社会上响起了一片抓贺龙的嚣叫声，在中南海的我们，也屡有所闻。

9月5日，毛主席在中南海游泳池与贺龙会面。

"有人说，你是'黑人物'。"

毛主席把林彪指使吴法宪写的诬陷贺龙在军队"谋权"的材料交给贺龙看，并安慰他说："你不要紧张，我对你是了解的。我对你还是过去的三条：忠于党、忠于人民，对敌斗争狠，能联系群众。"

9月19日，毛主席又一次约见贺龙。两人一见面，握手问好之后，毛主席便开门见山地说："问题解决了没有？"

"你可登门拜访，征求一下有关同志的意见。"毛主席只是按通常的党内矛盾看待这个问题，实际情况是，欲加之罪，何患无辞，他们存心整人，登门拜访也是无用的。

但毛主席和周恩来是保贺龙的，我一直有这样的认识。有一段时间外间风声紧张，周恩来还把贺龙和他的夫人薛明接到中南海西花厅他的家里居住。

毛主席虽然对贺龙讲了这样的话，可是林彪、江青一伙整贺老总之心未死，最终使贺老总蒙冤，毛主席也不得不在军队众多的老同志、老将军们面前做起令人痛心的检讨来。

作为党主席的他，做自我批评的机会并不多，尤其是在全军的面前。毛主席做自我批评，这是我听到的第二次了。

12月22日，中央军委发布了八大军区司令对调的命令：任命北京军区司令员李德生为沈阳军区司令员，沈阳军区司令员陈锡联为北京军区司令员，南京军区司令员许世友和广州军区司令员丁盛调换，济南军区司令员杨得志和武汉军区司令员曾思玉对调，兰州军区司令员皮定均与福州军区司令员韩先楚对调。

同日，中共中央发出通知说，遵照毛主席的提议，中央决定：邓小平为中共中央政治局委员，参加中央领导工作，待十届二中全会开会时追认；邓小平为中央军委委员，参加军委领导工作。

在这些讲话中，毛主席提到的"政治局不议政，军委不议军、不议政"的批评，是指周恩来的。因为当时主持政治局和军委工作的，虽然有了王洪文这个中央副主席，但实际主持工作的，自然还是周恩来。

这样的批评是否符合实际，是否公允，是否必要，留给党史、军史学家去研究，不是本文所能涉及的。但正是因为这个批评，其后被江青一伙所利用则是实实在在的事实。

第27章

毛泽东会见英国前首相希思

毛泽东要求破例用三军仪仗队欢送已经不
当首相的希思，两人说了许多玩笑话。希思问：
为什么还挂斯大林的像？

由于林彪事件使毛主席精神上受到重大打击，1972年闹了那场大病，几次休克，后来又添了严重的心脏病。我们眼看着毛主席一下子衰老了许多，头发白了不少，连走路也越来越显得艰难了。到了1974年春，毛主席的身体可说旧疾未去，又添了新病。

开始，他只是觉得自己看东西模糊，看书写字读文件很吃力。我们知道，多少年来，毛主席都是自己起草文件、写批语，他还利用时间阅读大量东西，真可说是手不释卷，就连上厕所、理发这样的一点工夫，也被他有效地利用起来阅读了大量的材料和书籍。他与书有着深厚的感情，简直到了须臾不可离的程度。而如今，他的眼睛看不清了，根本不能阅读，他是多么痛苦、多么烦恼啊！

这时，联合国第六届特别会议即将召开，毛主席发现这是让世人了解我国、冲破封锁走向世界的极好机遇。他不顾党内一些极左分子的反对，毅然批准邓小平率我国代表团赴联大开会，这从他写给江青的一封信中，也反映出来。他在3月27日致江青的一封信中说：

"派小平同志出国是我的意见，你不要反对为好，小心谨慎，不要反对我的提议。"

邓小平在联大的发言稿于4月4日被审阅批准，4月6日邓小平率中国代表团出席联合国大会第六届特别会议，10日在大会上发了言。他的发言中全面阐述了"划分三个世界"的理论，并说明了中国的对外政策。

他指出：中国是一个社会主义国家，也是一个发展中国家，中国属于第三世界。中国同第三世界国家具有相似的苦难经历，面临共同的问题和任务。中国把坚决同第三世界其他国家一起为反对帝国主义、霸权主义、殖民主义而斗争，看作是自己神圣的国际主义义务。

他的这个发言，引起了热烈的反响和深远的影响，使世界各国了解和认识中国，也为中国走向世界做了重要的准备。

这年6月，毛主席邀请了英国保守党领袖希思访华。

毛主席在会见他时，周恩来作陪，英国驻华大使也参加了会见。当时，毛主席虽然看不清他的相貌，但他根据介绍，对其已有所了解，他热情地与参加会见者一一握手，表示对他们的欢迎。

毛主席与希思相见，就像故友重逢一般，因为希思不是国家元首，也不是政府首脑，因此在欢迎仪式上没有三军仪仗队。

毛主席告诉周恩来说："客人走时要补上，用三军仪仗队欢送希思。"

后来，希思忆起毛主席的这次接见和他对毛主席的印象时说：他是一位非常令人愉快的人，和蔼可亲，平易近人。

这次谈话开始，双方说了许多玩笑的话，气氛甚为热烈。

毛主席笑着问："我想你的欧洲政策是为了使你们变得更强，以迫使俄国人转向东方而进攻中国吧！"

"不，"希思笑着说，"我们政策的目标可不是这样的。"

毛主席说:"那正是你们的张伯伦先生在战前竭力要干的事情。"

周恩来说:"希思先生是反对张伯伦的,是艾登先生的支持者。"

希思问:"我到天安门广场,看到斯大林的像挂在马克思、恩格斯、列宁像的旁边,感到诧异。我可以理解前边的三个人,但为什么斯大林的像还挂在那儿呢?"

毛主席说:"他是苏联的最后一位真正的马克思主义者,他的像挂在那里就是因为他是一位马克思主义者。"

毛主席向客人叙述了林彪叛逃的经过后说:"他以前与我们一起共事,不知他受俄国人的指使。现在我才知道,他一直受俄国人的指使和操纵,俄国人总是想方设法控制我们。"说到这里,毛主席顿了顿,有力地挥动了一下手臂说:"这是办不到的。"

他们还谈了许多别的事情,使这次会见持续了一个多小时。毛主席站起来送客,再次与他们热情握手。

周恩来一直把客人送到大门外,我打开车门,请客人上车。

车已开动了,周恩来还站在那里向希思乘坐的车辆挥手。

第 28 章

王洪文在长沙诬告碰了大钉子

只有毛泽东身边的人和几个政治局委员知道，毛泽东很长一个时期眼前是灰茫茫的一片，但他心里是明白的。王洪文春风得意地来，垂头丧气地走。周恩来和毛泽东谈了一个多小时，感情融洽，气氛热烈。

进入1974年，江青显得更为活跃起来，她又是讲话，又是送材料，到处煽风点火，"烧荒""放炮"，闹停工停产，到了5月份生产大幅度下降。据统计公布，生产指数下降6.2％，运输减2.5％，钢铁生产下降9.4％，支出增加了25亿元。一些站出来工作的老干部又被打倒，不少的领导班子又陷入瘫痪状态。

毛主席得知这些情况后很生气，使他的病情愈加严重起来。党中央、国务院采取了一系列有效措施，毛主席对江青及其一伙也屡有批评。

这时，江青几次提出要见毛主席，主席坚决不见。毛主席在3月20日给江青的一封信中说："过去多次同你谈的，你有好些不执行，多见何益？有马列书在，有我的书在，你就是不研究……你也是个大事不讨论、小事天天送的人。"

4月10日，经毛主席批准，中共中央发出通知，规定"批林批孔运动在党委统一领导下进行，不要成立战斗队一类的群众组织，也不要搞跨行业、跨地区一类的串连"。

7月1日，中共中央发出《关于抓革命、促生产的通知》。《通知》指出，"我们的干部绝大多数是好的和比较好的"，要求"擅离职守的领导干部""必须返回工作岗位"。批评了所谓"反潮流的歪风"和所谓"不为错误路线生产"的谬论，对这些错误言论，必须加以批驳。对于幕后操纵者，要发动群众揭发批判。

根据毛主席的一系列指示，邓小平在周恩来的支持下，进行了几个方面的整顿，使全国总的形势向好的方面转化。

这段时间，毛主席的视力进一步下降，看东西更模糊了，精神和身体都得不到安宁和休息。

毛主席不得不听从医护人员和一些领导人的劝告，决定到外地养病。

临行前的那一天，7月17日，毛主席亲自主持在人民大会堂118厅召开了中央政治局会议，在会上，毛主席就党内领导层存在的问题，也主要是针对江青一伙的行为做了严厉的批评。

毛主席批评江青说："不要设两个工厂，一个叫钢铁工厂，一个叫帽子工厂，动不动就给人家戴大帽子，不好呢，要注意呢。""你也是难改呢"。

毛主席又批评王洪文、张春桥、江青和姚文元道："她也算是上海帮呢！你们要注意呢，不要搞四人小宗派。"

毛主席还一再说，江青"不代表我，她代表她自己"。"总而言之，她代表她自己。"

这个会一直开到中午时分，散会后，吃了些饭，毛主席就乘专列火车于当日下午2时许离开北京南下。

因为毛主席的健康欠佳，没有像往日那样，一路上找沿途各地党政军领导人上车开会或是谈话，了解情况，解决什么问题了。机车除了添煤、加水、检修之外，几乎未做停顿，一气就到了武汉，进站时已是19日下午6时多了。

武汉，一直是毛主席喜欢的地方，他仍然被安排住进了东湖宾馆。这里的山仍然是那样的美，水还是那样的清，环境也还是一样的幽雅……令人痛惜的是，在毛主席的视觉里，已没有往日的光彩和感受了，而只是灰白茫茫的一片了。

汪东兴请医疗方面的专家为毛主席组织会诊，在检查了毛主席的眼睛后，确诊为患有"老年性白内障"，而且两眼都有。

据医生介绍，这种病的病程通常有几个阶段：即初发期、膨胀期、成熟期和过熟期，治疗的办法也只有进行手术，没有其他更好的办法。进行手术又必须等到成熟期才能进行，当前唯一的办法就是耐心地等待。这就意味着毛主席要在几百个漫长黑暗的日日夜夜里等待下去，在此期间，他不能读书，不能看报，也看不清他所熟悉的人们的面庞，甚至连迎面走来的人也看不清楚。

毛主席清楚地知道，他是党的主席，责任重大，他要了解国内外、党内外的许多情况，然而，他不能看，不能写，这对毛主席来说，是非常痛苦的。

毛主席要靠别人为他读文件、念报纸。念过的文件要处理，需要写批语的，也要让别人代他写，这更使他伤心。毛主席多次说过，他的秘书，只是为他收发文件，起草东西他都是自己动手的，从来不要别人代劳。他白天干不完就黑夜接着干，他怎么能因为自己，耽误了党和国家的事情，然而，事到如今，却由不得自己了，他的痛苦是可以想见的。

毛主席很坚强，他不能看东西的事，除了身边工作人员和医护人员外，他不让告诉任何人，政治局委员中也只有周恩来等少数几个人知道。

周恩来为毛主席眼睛不好很着急，他把自己戴过多年的老花镜送给毛主席试戴。他还写信给毛主席身边工作人员，嘱咐他们一定要千方百计照顾好主席，显示了对毛主席的深厚情感。

我在主席身边二十几年，亲眼看到周总理处处关心与爱护主席，每当毛主席遇到为难之事，或是遇有什么危险时，他总是亲自到场，主持定夺，排除艰难，化险为夷，那是非常感人的。

记得在20世纪50年代，毛主席一定要去游长江，许多人不赞成，有矛盾了。周恩来亲自了解情况，询问水情，提出种种保证安全的措施，最后使毛主席实现了畅游长江的夙愿。

还有我亲身经历的另一件事是，1967年武汉"七·二〇"事件，在错综复杂的派性斗争中，在手持武器的人员情绪失控的严重时刻，周恩来挺身而出，既为毛主席的前往打前站，安排他的行止，又妥善处理善后事宜，稳定了军队，稳定了中原，使毛主席得以安全转移。

至于1971年"九·一三"事件的前后，周恩来更是夜以继日地主持全党、全军、全国的工作。在毛主席身心遭受重大挫折的情况下，呕心沥血，全面组织指挥，把林彪反党集团给党和国家造成的损失，努力减少至最低限度……

这年的10月，毛主席由武汉到达湖南省会长沙，住在了蓉园一号楼。有一天，汪东兴告诉我们说，王洪文要来，我按惯例在门口等候。

不一会工夫，王洪文乘一辆黑色轿车来了。他住在蓉园九号楼，距一号楼并不远。我为他打开车门，他大模大样地下了车，春风得意，踌躇满志，俨然是一位大首长。其实，王洪文在造反之初，我就认识他。毛主席有几次去上海，那时，他是响当当的造反派，对我们不仅很热情、很客气，一见面恭维、赞赏之词不绝于口，巴结奉承之举不离其行。

这时，汪东兴出来迎接，我把他们一起送进了毛主席的会客室。

王洪文也真会来事，一进门就急趋上去，向主席问好，还问主席"在这里住得习惯吗"，等等。

毛主席向他问了北京的天气等情况，也显得很热情。

寒暄过后，便坐下来谈，汪东兴参加。我见他们三个人都已坐好了，便退了出来。其实，这个时候，毛主席虽然头脑清楚，但讲起话来很困难，好在汪东兴熟悉主席的语言和讲话习惯，能帮助他说清楚。

前后谈了一个多钟头，汪东兴把王洪文送了出来，只见王洪文脸拉得好长，满脸丧气的样子。

因为在此之前的10月11日，中共中央为将在近期召开的四届人大发出通知。

11月12日，江青写信给毛主席，提出她的方案，其中有让谢静宜任人大副委员长，让迟群当教育部部长……当时，毛主席在她的信上指示"不要多露面，不要批文件；不要由你组阁（当后台老板），人贵有自知之明"等话。

江青根本听不进毛主席的意见，11月19日江青又向毛主席写信，说"一些咄咄怪事触目惊心，使我悚然惊悟"，"自九大以后，我基本上是闲人，没有分配我什么工作，目前更甚。"显然，这是一封伸手要官的信。11月20日，毛主席再次批评她："你的职务就是研究国内外动态，这已经是大任务。此事我对你说了多次，不要说没有工作。"

毛主席这些中肯的告诫，江青不仅听不进去，而且变本加厉地开展活动，企图争得国家政府的组阁权。

江青不听劝诫，又找人向毛主席提出让王洪文当人大副委员长，毛主席立即尖锐指出："江青有野心，她是想叫王洪文当委员长，她自己做党的主席。"

就在此间，大约是12月中旬，周恩来乘飞机来到长沙，住在蓉园的另一个院子里。

这一天，他乘汽车来到毛主席住的一号楼门前，汪东兴、张耀祠等都在门口等候迎接。

车一停下，我上前为总理打开车门，只见总理面色焦黄，身体很不好。

汪东兴上前迎接。

周总理面带笑容，下车后与在场的我们一一握手问候，并说：

"你们辛苦了，为了主席的安全和健康，你们兢兢业业，我感谢你们。"

汪东兴关切地说："您身体不好，应该多休息。"

周恩来清癯的脸上绽出一丝苦笑说："关于四届人大的事，还得请示主席后才能决定。"

周恩来等一起进了主席的会客室，早在那里等候的毛主席知道总理来了，就让小张把他搀扶起来，周总理走上前去，两位老战友重逢，格外亲热，他们热烈地握手。

总理说："知道你眼睛不好，身体怎么样？"

"身体还可以，眼睛也没有事，只等它成熟了。"毛主席说，"你身体不好，还让你到我这里来，又是坐飞机来。"

周总理说："我有些事，还得请示你，我不来，怕有些事说不清，我也不放心。"

毛主席指着沙发，让总理坐下，说："来，慢慢谈。"

这次谈话，连政治局委员、中央办公厅主任汪东兴也没有让参加，只有毛主席和周恩来两人，他们谈了一个多小时。

直到主席打铃了，才知道他们谈话结束了，汪东兴闻铃声进去了，我也过去开门。看得出，毛主席和周恩来谈得很高兴，感情融洽，气氛热烈，显然取得了高度一致，给我们突出的印象是毛主席满意，周恩来也是满意的。

此后，即12月23日，毛主席又与周恩来、王洪文谈了话。在这次谈话中，毛主席再次告诫王洪文："不要搞'四人帮'，要团结起来，四个人搞在一起不好！"毛主席还告诉他说："江青有野心，你们看有没有？我看是有。"并提出："我看小平做个军委副主席，第一副主席兼总参谋长。"

毛主席对邓小平高度评价说"人才难得""政治思想强""政治上比他（指王洪文）强"。并说："你们留在这里谈谈，告诉小平在京主持工作。"

随后，毛主席又于24日、25日和27日与周恩来和王洪文做了四次谈话，使四届人大的人事安排和有关事项都确定下来。

在第二年，即1975年1月周恩来主持召开的中共十届二中全会上，根据毛主席的提议，全会选举邓小平为中共中央副主席、中央政治局常委。在此之前的1月5日，《中共中央文件》第一号用红字写明"毛主席圈阅"。以毛主席为主席的中央军委已公布命令，任命邓小平为中共中央军委副主席兼中国人民解放军总参谋长。

后来四届人大的举行、四个现代化宏伟蓝图的提出，正是这个时期由毛主席和周恩来总理在湖南确定下来的。

第 29 章

衰老的毛泽东在游泳中
获得新生

1974年，81岁的毛泽东双目失明，两腿肿得像发面馒头，没有人搀扶就走不了路。他还要游泳。在水中，他忽然间获得了巨大活力，滚动身躯，似鱼得水，任意翻腾，忘却了岁月的流逝和病痛的折磨。

毛主席喜欢水，不管是河里、江里，还是海里，只要有水，只要有可能，总要下去一游。我在毛主席身边这些年，为毛主席游泳试水，进行水上护游和执行警卫任务，能数得出来的也不下百余次。把每一次随毛主席游泳都记起来，那是不容易的。但是，毛主席一生中最后那几次游泳，我都在他的身旁，其情其景，历历在目，如同昨天。

这是1974年，毛主席来长沙已几个月了，他的身体一直很不好，尤其是视力显著下降，作崇的老年白内障尚不成熟，害得他既不能看东西，又不能动手术，还不能着急，他只能以顽强的毅力，克服由于视力的丧失带来的种种困难。可是，他是党的主席，他又有很强的使命感，放不下工作。

如今，他不得不采用他从来也不愿采用的办法来做工作了。他请人为他读文件、念报纸，代他写批语。请人为他做这些事情，有许多不尽如人意之处，他也想了许多办法。如对文件上的一些重要句子和段落，还要人家为他重读，有时还要以微弱的视力亲自看一番；至于请人代他写批语，那就更难了。他总是先说出个意思让记下来，再让念给他听，为他代写者必须连标点符号也要读出来，不合适的还要再改，直至认可才行。因此一个批语的写成往往要反复多次，才能完成。这些做法，使他感到很不方便，也使他很痛苦。在这个时候又添了个王洪文告状，江青伸手要权、要官……真是雪上加霜。为了这些，毛主席很生气，满是焦急与不安、痛苦与无奈。一个时期以来，难得见到他的脸上有过笑容了。

记得那是1974年11月29日下午，毛主席要游泳。我知道，一个时期以来他是很少有兴致活动了，今日提出来，倒使我们振奋，叫我担心的倒是他的健康，去游泳，他行吗？

我迅速带几个人到室内游泳池进行检查，看水温是否合适，看下水、上岸的设施是否完好能用，警戒是否加好，有哪些不合适的地方及时向有关部门提出，采取有效补救措施。

下午4时许，毛主席乘汽车来到了游泳池。

毛主席被搀扶着下了车，进了更衣室，换好游泳衣。这时，我们几个护游的人员已换好衣服，做好了准备，在水中或在岸上等候。

毛主席来到游泳池边，在人们的搀扶下在池边走了几步，这就算是下水前的准备活动吧，他以前总是习惯在下水之前先在陆上做准备动作。

我看到毛主席步履蹒跚，行动艰难，他那两腿和双脚浮肿得像发面馒头，没有人搀扶就走不了路，在明亮的灯光下，我看见他的头发忽然间白了许多，精神大大不如往日了，几天没见，似乎衰老得太多太快了！看到主席这样，一个重大问题突然再次跃上了我心头：毛主席这个样子，他还能下水吗？他还能游泳吗？

按照对待常人的做法，出于对他的爱护和关心，就应劝他不要游泳了，等健康恢复之后再游为好。

可是，现在是毛主席，他那脾气……劝，是没用的，反会惹他生气，那倒不好了。

现在我能做的，只是做好护游。我迅速上前，把毛主席搀扶到游泳池边的浅水区，扶他顺着矮矮的台阶，先走下几级，让他的双脚站在水中。

我先撩些水在他的腿上，以使他知道水的温度，便于感知，看能否适应，可不可以下水？

毛主席说："可以下水。"

"水温怎样？"我又问。

"可以游。"主席说。

我们便搀着他一步步向深水区走去，当水深及腰际，他便挣脱我们，扑卧水上，划手蹬腿，游了起来。

毛主席在水中游泳，忽然间，他像获得了巨大的活力，焕发了往日的青春。他忽而滚动身躯，如鱼得水，随心所欲，任意翻腾；忽而在水中站立，如履平地，根本用不着谁去搀扶。当他钻出水面时，用他那宽大的手掌从丰满的前额，平平地向下那么一捋，抹去脸上的水珠，就像田间劳动的农夫，拭去淌出的汗水。熟悉他游泳的人，都知道这是毛主席在游泳得意的时候，常有的一种习惯性的动作。只见他忽然间又仰卧水上，若工间小憩，优哉游哉……我们几个紧随主席的前后左右，生怕出现什么不测。

令我们欣慰的是，毛主席在深水区游了一圈，游兴未尽，又开始了第二圈、第三圈……他游姿翩翩，仿佛当年沧海遨游，长江击水，仍不失往日勃勃风采，使人忘却了岁月的流逝、年华的增长，好像又回到了跟随毛主席征服江河湖海的那些令人难忘的时刻。

那是1956年的盛夏。

在北戴河海中，毛主席突然问我："你们几个怎么这么黑？"

"太阳晒的。"我据实回答，"我们已来了几个月了，练习游泳划船。"

这一年的4月，组织上派我们八九个战士，先期到达北戴河，为即将到来的暑期做准备。当时，水温还很低，可是任务很紧，我们不畏寒冷，进行划船、游泳、海上救护等训练。经过几个月的工夫，大家进步很快，掌握了几项技术，也摸清了大海的一些规律，能担负水上护游任务了。

这时，已到7月，毛主席等中央领导也来了，他们下海游泳，我们担任水上值班护游。记得那一段时间，下海游泳，成了毛主席每天活动的一项内容。

"倒是很健康的样子。"毛主席看着我们几个，赞叹地说道。

"几个月了，天天晒，哪能不黑。"我说。

"好。"毛主席高兴地说，"经常游泳好处多得很哩！不仅能锻炼身体，还能接触各方面的人，是了解情况的好机会，又是最好的休息。"

我告诉毛主席说，在这里练了几个月，皮肤晒黑了，饭量增加了，身体也更结实了，很少有人生病。

毛主席连声说："好啊，好啊。"

不记得是我们之中谁问主席："您是怎么学会游泳的？"

毛主席告诉我们说他小的时候常在家乡门前的水塘里游泳，从那时起，不仅学会了游泳，而且深深地喜欢上了这项体育活动。

毛主席边游泳边与我们聊，他一边自由自在地游，一边与我们海阔天空地聊着，他什么都问，我们七嘴八舌、无拘无束地什么都说，没有任何顾忌，也不用为答不出来发愁，这种聊天，说到哪里算哪里，真是好玩极了。

有一次，我们在随毛主席游泳中，忽听得主席吟起了诗。我在旁边听了几句，只记得有"白浪滔天，秦皇岛外打渔船，一片汪洋不见……"以后的句子就没有听懂，当然也就记不得了。后来，看到毛主席发表的《浪淘沙·北戴河》的词，才意识到，我听到的那几句，正是这首诗中的一部分。在游泳的时候，毛主席还能吟诗、作诗呢，那时毛主席刚60出头，可说是人生第二个黄金时代啊！

而现今的毛主席已步入了耄耋之年，而且，他的健康是这样的欠佳啊！

我游到毛主席身边说："主席，你觉得怎样？"

这时毛主席的视力虽然不好，听觉还比较好。他划了划水，转过来对我说：

"长江，好长时间没有下水了，这里好舒服啊！"

毛主席在水中游着，他的动作是那么灵活，他的脸上透出愉快的笑意，似乎恢复了往日的自信。我觉得他在水中游泳，确实比他下水之前好多了。

毛主席在水里游了20多分钟，才到了浅水区，上岸更衣。尽管他的动作显得有些缓慢，但走起来颇有些轻松的感觉。

这次游泳，毛主席很是满意。

第二天，即1974年11月30日下午，毛主席又要去游泳，我们都很高兴。他愿意游泳，能够坚持活动，或许会使他的健康有所好转。这次游泳，因为是昨天的继续，毛主席今天下水后，动作显得协调熟练，神情自若，给人以深刻的印象。

游泳和其他体育活动一样，不能间断，间断了就要受到影响。自1972年大病之后，毛主席就很少游泳了。由于肺心病、心脏病等多种疾病缠身，使他身体虚弱，运动间断，健康下降，加之国内外事务繁忙，许多重大事情也不遂心，情绪也不好，尽管他爱水，喜欢游泳，也不得不割舍，不游了。现在，又有了这样的兴致，真使我们高兴啊！

他从这次游泳之后又有一些日子没有再提游泳的事。这倒使人不难理解，已是将要80岁的老人了，哪能天天游啊！

12月3日、4日，毛主席又两次游泳。

12月4日那次下水前，我去试了水，觉得温度还可以。可是毛主席下去一试，嫌水温高，我们迅速采取降温措施。还好，水温很快合适了。这一次，毛主席也游得很愉快。

第 30 章

与游泳最后诀别

12月5日，他最后一次下水，慢慢地划水，十分疲劳，手脚发软，一派衰老的模样。他向我回忆起1959年的劈波斩浪，不由得一声轻轻的长叹：唉！弄得不好，也可能这是最后一次和水打交道了……果真，从此他离开了所喜爱的水。

1974年12月5日，毛主席又去游泳。在游泳池里，他慢慢地划着水，显得很疲劳，动作也有些勉强。

"主席，靠边休息一下吧。"我说。

他没有说同意或是不同意，而是慢慢地向池边靠拢过来，他轻轻地对我说：

"长江，我浑身没劲，手和腿也发软，看来，游泳也困难了。"

"休息一下，或许会好一些。"我宽慰他说。

我们在游泳池边停下来，他一只手搭在池沿上，我觉得他有些气喘，但并不明显。

毛主席说："长江，你还记得吗？那年我们在韶山水库游泳……"

"记得，记得。"我忽然兴奋起来了，说，"你要下水，他们说水库水太深，很凉，不让你下去……"

"是啊。"毛主席说，"可是，我们下去了，游得不是很好嘛。"

毛主席这么一说，把我的思绪拉回到1959年6月，我们随毛主席在韶山水库游泳的情景。

那一天，毛主席站在韶山水库的堤坝上，已换好了游泳衣，在做下水的准备活动。

"水库里水很深……从来也没有人下去过。"

"水很凉啊！可不能下！"

乡亲们关切地劝说着毛主席。

可是，毛主席只是笑一笑，不以为然，仍在认真地做他的下水前的准备活动。

我和另一位战士首先下去试水，果然，水库的面积虽然不大，水却很深，水的表层水温较高，足有22至23摄氏度，而一米以下的水底层，水温不足18摄氏度，显得冷一些。

毛主席知道了，他说："在长江能游，在这里还不是一样！"

毛主席下水了，在自己家乡的山水之间，他显得格外高兴。

毛主席从大堤的右边下水，沿着山脚自然形成的水库的边缘向前游着，由于他主要是以踩水的姿势，使人觉着他在信步走走，他就这样绕水库差不多游了一周，游到了大堤的左边。

这时看热闹的人越来越多，他们兴奋地不停地喊着"万岁"的口号。

毛主席向大家招手致意，并大声说："下来吧，咱们一起游。"他不停地挥动他那大大的手。

这个水库对韶山人来说，虽然近在咫尺，却很少有人下去，因为水太凉了，大家又没有这个习惯。毛主席邀请他们，首先有几个年轻人积极响应，相继跳下，与毛主席一起游。毛主席还是那样，风趣幽默，谈笑风生，与大家一起边游边聊，很是热烈。

他说："我不会蛙游啊、蝶泳啊，我只会在水中'立正''稍息'。"说着便做出这些动作来，显得滑稽可笑。他又说："这是基本动作，还可在水中困觉，坐杌子……这是日常生活。"引得我们一片哈哈大笑。

那情景，那气氛，那动人的场面……多少年过去了，仿佛就发生在昨天。

那是什么情景，那时的毛主席朝气勃勃、精神焕发、神采奕奕，不管遇到什么样的难事，不皱眉头不说难，总是有那么一股子一往无前的冲劲，充满胜利信心。这使我忽然想起"中流击水""自信人生二百年，会当水击三千里""恰同学少年，风华正茂……"也使我想到毛主席当年那"万里长江横渡，极目楚天舒。不管风吹浪打，胜似闲庭信步，今日得宽余"所描绘的心境、胆识，所抒发的豪迈感情……时间只过了15年，在我面前的仍然是那位毛泽东，却显得老态龙钟，步履艰难，疾病缠身。我看不到自己的变化，却觉得毛主席变得太快了，老得太多了！

可是，如今……

"唉！"一声轻轻的却是长长的叹息，令我震惊不已。

这样的叹息，要不是我在他的身边，亲见亲闻，我根本就不会相信，这是从毛主席的口里发出来的。因为我从来没在毛主席这里听到这样的声音。不管是什么艰难困苦，怎样的紧张或危险，在毛主席那里能听到的都是充满自信、朝气蓬勃、幽默风趣、富有哲理、鼓励人们奋进的言词……

毛主席对我说："长江，我游泳的机会不多了……弄得不好，也可能这是最后一次与水打交道了……"

我真想说："主席，不会的，我还会和你一起游的。"给他鼓励，给他宽心，但是，看到他那气喘吁吁的样子，显得那么疲惫，那么吃力，一派衰老的模样，我什么话也没有讲出来。我在毛主席面前，讲不出一句不实在的话来，哪怕是出于良好的愿望。毛主席的身体衰老得这样快，是我们所难以想象的，也觉得大自然也真太无情了。直到我扶毛主席上了岸，更了衣，连一句宽慰他的话也没有讲出来。

后来事情的发展，不幸的是恰被毛主席自己所言中，1974年12月5日毛主席在长沙的那次游泳，真的成了他这一辈子最后一次游泳了。

可惜，那个时候，既没有记者在场，也没有电影记录，甚至也没有想到拍下一张照片来，哪怕就是黑白的呢。

遨游、征服祖国江河湖海的一代伟人，就这样与游泳诀别，永远离开了他所喜爱的水了。

第31章

强忍病痛多次会见外宾

> 来访的外宾都把见到毛泽东当作最高礼遇，他忍受着说话含混不清、双目失去视力的痛苦，继续着别人无法替代的这项工作。接见金日成之后，毛泽东和我们合影，留下了他晚年与我们的最后珍贵记录。

1974年以来，毛主席的身体一直就不大好，往往是旧疾未除，又添新病，日子过得很艰难。

毛主席患眼病，而且病到那样的程度，连中央政治局和中央委员会的许多人都不知道，只有少数政治局有关领导人和他们领导的医疗组的专家们知道。我们在毛主席身边，当然是知道的，但谁也不对外讲，因为毛主席不想让外界知道，他还是顽强地一次又一次地坚持会见来访的外国客人。

当时，凡是来访的外宾，都把能不能见到毛主席，看成是衡量重视不重视他们的一个标准，如果能见上，就是受到了最高礼遇，给了他们巨大的面子，是一种很大的荣耀。因而，几乎所有的外宾一到北京，就要首先提出见毛主席的要求。毛主席为党为人民做好外宾的工作，他强忍着病痛，一次又一次地做着这样的工作。据不完全统计，1974年和1975年，他每年都要接见外宾20余次。

每次会见外宾，虽然都有电视录像，在电视台播出，但在画面上很少有谁发现毛主席的视力不好。

毛主席以惊人的毅力，忍受着常人难以忍受的痛苦，做着别人一时难以替代的工作。

1975年4月18日下午，毛主席会见金日成主席。金日成是应中共中央和中国政府邀请，率朝鲜民主主义人民共和国党政代表团到达北京访问的。

会见时，金日成从他们下榻的钓鱼台国宾馆乘车来到中南海游泳池门前，受到了等候在那里的邓小平的热情迎接。他把客人接进毛主席的书房，汪东兴也参加了这次会见。

这一天，毛主席精神比较好，见了外宾之后，他又饶有兴致地坐在一把沙发椅子上，与我们的警卫值班干部一起照了相。

我们十来个人成一列站在毛主席的身边，就要照相了，小孟蹦蹦跳跳地跑进来，就站在我的身边，恰在这时照相机的快门响了，她就成了这张照片中唯一的一位女性。这张照片，我们非常珍惜，这是毛主席晚年与我们在一起的最为难得的一次记录。

4月19日至27日，比利时王国首相廷德曼斯访问我国，随行的有夫人、外长和大使。4月20日下午，毛主席会见了他们。

6月7日，菲律宾共和国总统费迪南德·埃·马科斯应朱德委员长和周恩来的邀请，来我国访问。

当日下午，毛主席在中南海他的书房里会见了这位来访的总统和夫人，还有他们的两个女儿。

客人们在钓鱼台下榻，听说毛主席要见他们，便兴奋地乘车来到了中南海。

毛主席见了他们，像老朋友相会似的，显得格外高兴。马科斯夫人伊尔梅达善于交际，很会说话。毛主席与他们很谈得来，议题很广泛，从国内到国外，谈了很多，会见共用了80分钟，客人们很高兴。

此外，毛主席还会见了冈比亚总统贾瓦拉、马耳他共和国总理明托夫、德意志联邦共和国基督教社会联盟主席施特劳斯和柬埔寨客人等。

在这些会见中，我常看到毛主席会见外宾时，看不清人家的相貌，与人家握手时连人家伸过来的手都看不清，不能准确地接住，而是慢慢地摸着才能握住。他那个困难劲儿啊，叫人看了，真心酸。

毛主席患的那个白内障，终于接近成熟了，准备为他做手术，就在这个时候他还会见了泰国总理克立。

7月1日上午10时20分，是毛主席预定会见克立总理的时间。客人在邓小平副总理迎接下进入毛主席的书房时，毛主席由人搀扶下站起来，对客人的到来表示欢迎，这时候的毛主席只能看到面前一个个人影。毛主席与进来的四位客人一一握手问好之后，有两人退出，留下两位参加会谈。我方有邓小平、汪东兴参加。

这个时期毛主席因疾病的折磨，身体已相当虚弱。他的手脚浮肿，不能走路，没有他人的搀扶，他不能从沙发上站起来，站起来了也坐不下。老年性白内障，使他的视力几乎等于零，看不到什么东西，更谈不上看与他终生为伴的书籍与报纸了。

更使他痛苦与难堪的是，这时的毛主席说话时双唇颤抖，不听使唤，说话含混不清，与来访的外国领导人交谈，翻译人员似乎成了重要的人物。

但他仍强打精神，经受着常人难以忍受的痛苦，而他的痛苦也绝不让别人知道。还好的是，这一切，确实没有被外人知晓。只有到了这一次，在会见泰国总理克立时，细心的观众从会见的新闻电视画面上发现毛主席的动作和眼神不协调，与外宾握手时，眼神却在他处，对常人来说，这无疑是失礼的。了解毛主席为人的，却再也不能不意识到毛主席的眼睛不管事了。毛主席以惊人的毅力，忍受着常人难以忍受的痛苦。

关于这次会见的情景，这位泰国总理后来有过一段回忆性的描述，不妨引来作为本文的补充：

> 当我进入书房时，毛泽东发出很响的喘息声……他同我握手，
> 喘息声更大，一直等女译员和护士等人到齐，才开始说话。

> 毛主席的话，许多地方连译员们也听不懂，于是转身向护士
> 求援，护士也经常感到困惑……

这位总理感叹道："他的眼神里突然失去了往日那种特有的机警、博学和智慧的光芒，在我和他握手时，他的双目凝视着我的头顶的上方，他已失去了注意力。"

最后当这位泰国总理先生向毛主席赠送礼品时，毛主席的面部没有喜也没有忧，毫无表情，仿佛这位毛主席已不是人们印象中的毛泽东了。

有趣的是，毛主席在中南海两次会见英国前首相希思，也都是在眼睛不好之后。第一次是1974年6月，那时毛主席已看不清东西了；第二次是1975年9月2日，毛主席做眼睛手术后不久。这一次会见，由邓小平、汪东兴陪同，谈话时间长达70分钟。这次谈话给希思留下极为深刻的印象，他后来谈起这次会见时说，毛主席对国内外情况仍然很熟悉，希思把他在我国西部、南部和东部沿海一带的游历中看到的一切告诉了毛主席。

毛主席说："你没有看一看东北的工业区，下次你要是再来，到东北看一看我们的矿山和工业。"针对客人所讲的很好印象的说法，毛主席风趣地提醒客人说："你一定不要全信人家告诉你的事情，他们对外国人总是能骗的就骗。"

毛主席告诉希思："我们有了进步，但要做的事情是那么多而进步又那么慢，我们还有很长一段路要走哇。"

希思后来回忆说："从我同他进行过的两次谈话中，我感到他对中国的内部问题和世界局势是持现实态度的。和我与之进行过讨论或谈话的许多世界性人物不同，他的看法极为明确，表达看法也直截了当。""毛主席具有我在丘吉尔、阿登纳、戴高乐和铁托身上所看到的那种品质，他们虽已进入暮年，却能够抓住事情的本质，是时代的巨人，能全面地观察世界，并以他们的品格左右世界大事。"

会谈结束后，摄影的电视记者又把分别时的情景照了下来，客人和毛

毛泽东最后十年

主席都很高兴，邓小平一直把客人送到大门外上了车，车开动了，客人还向为他送行的邓小平和我们大家挥手。我感觉得到，这次会见，主客都很高兴。

第 32 章

为毛泽东眼疾施行手术

邓小平坐镇手术现场，病中的周恩来仍然赶来。在一曲《满江红》中，毛泽东结束了将近两年的黑暗日子。我给邓小平端来糖果，他只拿了四块，说是回去让外孙和外孙女一起高兴。恢复视力的毛泽东为不放心的基辛格博士亲笔写了一个字据，邀请福特总统访华。

毛主席重病期间，为了加强对医疗组的领导工作，在周恩来因病住了医院之后，便由邓小平接替，负责毛主席医疗组的领导工作。

毛主席保健组的负责人在邓小平的建议下，几次组织专家为毛主席会诊。因他们是做具体工作的，对专家们提出的各种方案，怎样选择，如何执行，这些大主意，他们是拿不了的，都得报告主持中央日常工作的邓小平，最后由他点头拍板，才好形成决策，再请各方执行。

这个时期，邓小平因主持中央日常工作事情很多，时间很紧，时时日日，都在安排之内，分分秒秒，都在争取之中。但是不管多忙，凡是涉及为毛主席治病的医疗组工作，他都全力以赴，集中精力狠抓，大多数情况下，都要亲自到场，督促检查。

1975年8月，毛主席所患的老年性白内障眼疾已经成熟，可以施行手术切除了，医疗组再次为毛主席请来了北京著名的眼科专家为毛主席会诊。他们在同毛主席见面时，主席用微弱的视力端详着大家，并同大夫们一一握手。其中有一位是北京广安门医院的大夫唐由之，40多岁，高高的身材，文静的仪表，看上去简直是一位年轻的知识青年。

毛主席与他握手时，亲切地问他叫什么名字。

"唐由之。"他答道。

"这个名字好。"毛主席风趣地说，"你的父亲一定是个读书人，他可能读了鲁迅先生的诗，为你取了这个'由之'的名字。"毛主席当即背诵了鲁迅先生这首诗的全文。

医疗组这次会诊，认为毛主席右眼内的白内障已到成熟期，根据他的健康状况，提出实施手术的意见和方案。

这个手术方案经专家多次讨论拟就后，报中央领导审阅同意，又报知毛主席本人同意。本来这种手术系一般性小手术，但因为这是给伟大领袖毛主席开刀，尽管他本人没提什么要求，也绝非同一般了。决策者责任重大，要求医生们慎之又慎。

为毛主席手术，没有去住医院，而是在他的游泳池住处进行。医生们把毛主席宽敞书房兼客厅的那个屋角，隔出一个小房间来，形成屋内有厅的格局。经过严格的消毒，摆上必要的医疗器械，即成了一间清洁、安静、适用的小手术室了。

做手术的这一天，毛主席休息得比平常还要好，等在外面的医生护士早已做好了准备。这次手术的主刀人就是唐由之大夫，他是一位医术高明、医风严谨、技术熟练的很有名气的眼科专家。

大家都希望为毛主席做手术顺利，很愿听这位主刀大夫能说出一句让人放心的话。

可是唐大夫说："大概有百分之七十至百分之八十的把握，顶多有百分之九十的把握，不打包票，不能把话说满……"

在一旁的我们，很不满意他的这个估计和回答，希望他能像战士授领任务时那样说："保证完成任务。"有百分之百的把握时再动手。但是，我们也很清楚，这是科学，是属于高技术尖端科学，进行外科手术总是会有一定的风险的。我们只能相信医生，尊重专家的意见。就这样，我们提着一颗不安的心，期待着好的结果。

毛主席同意了给自己做手术，我们知道，毛主席对生与死总是抱着乐观和顺其自然的态度。

这天下午，手术还没有开始，主持中央日常工作的邓小平来了，汪东兴来得还要早一些。他们怕影响手术，都没有进毛主席的房子，而是在室内游泳池上边搭起的临时会客室里值班等候。

因为等候时间较长，又没有其他事情好做，我们准备了一些巧克力糖。我用盘子装了一些，给邓小平送过去。

"请吃糖。"我说。

"我不吃。"邓小平说，"不过我要四块，带回去给外孙和外孙女吃。"

"糖还有，多给你带点。"我说。

"只要四块，不多要。"邓小平告诉我说，"我告诉他们，这是从毛主席那里带回来的，孙子、外孙女他们一定会很高兴的。"

在手术进行中，周恩来从医院也赶来了。

我上前迎接他下车。只见他面色苍黄，眼窝深陷，下车都很困难，要人搀扶。他经多次手术，身体一直没有得到恢复，而是越来越差了。

邓小平上前迎接，两人亲切握手。

邓小平说："有我在这里，你身体不好，就不要来了。"

周恩来说："不来，我也躺不住，来看一看。"

邓小平拉着他的手说："那我们一起到大厅吧。"

没有很多时间，主席的手术顺利做完了。

周恩来、邓小平等都面带喜色地来到毛主席门前探望。

毛主席已下了手术台，两眼蒙着厚厚的纱布，仰靠在躺椅上。据说，这种手术过后，最好的休息姿势并不是平躺下。

工作人员正准备告诉毛主席说，周恩来看望他来了，可是，周恩来摆了摆手，制止了，他是怕影响毛主席的休息，妨碍治疗和恢复的效果。

是怎么样为毛主席做的手术？因我不在手术室内，没有亲眼看到那一幕，过后不久，在场的人告诉我当时做手术的情景。

在为毛主席进行手术而搭起的临时手术室里，一切都准备就绪了。为了配合手术，毛主席让放一首曲子，以分散注意力。

放一首什么曲子呢？岳飞的《满江红》被选中了。毛主席听着那高亢、有力，充分表达一个爱国志士宽广胸怀和伟大抱负的乐曲，似乎很快就进入了角色，他豪情满怀，神情镇定，从容乐观。在激越的乐曲声中，唐大夫率领着他的助手们，从容不迫地为毛主席完成了老年性白内障摘除手术。这次手术，采用当时新近使用的针拔术，这种手术简便可靠，整个手术仅用七八分钟。

为毛主席做的这次手术非常成功。一周以后，当毛主席被摘掉蒙在眼上的纱布的时候，毛主席眨一眨眼，看着看着，突然激动起来了，他指着在场的一位工作人员的衣领，准确地说出了它的颜色和上边的图案。毛主席兴奋地又指着墙壁说："那是白色的。"

毛主席的一只眼睛复明了，从此结束了长达600多个不亮的日日夜夜。在场的我们都为毛主席重见光明而感到非常高兴，不由得互相道贺，每个人的脸上都挂着无法说出的喜悦与兴奋。

毛主席的欢慰就更可想而知了。

为了感谢医疗组的大夫、护士们和在他身边的工作人员，毛主席叫管理员买几只烤鸭，请大家一起吃一顿便饭，感谢大家的辛苦，庆贺手术成功，当然我也是被请者之一。

不久，毛主席会见了来访的外宾之后，由于视力得到了一定的恢复，他便主动提出，要与主持中央和国务院日常工作的邓小平合影，并请汪东兴和身边工作人员一起照相。毛主席和邓小平、汪东兴都坐在沙发上，其余人，包括外交部副部长王海容、译员唐闻生，还有新闻工作者和毛主席医疗组的医护人员都站在那里。

1975年10月21日，毛主席会见了在北京访问的美国国务卿亨利·基辛格。对这位为开拓中美关系做出贡献的基辛格博士，毛主席总是破例地给予关照，自己身体不好，还是安排见了他。

下午6时25分，基辛格等一行10人，被迎进了毛主席的书房，见面以后除留下基辛格博士、美国驻京联络处主任布什、随基辛格来访的洛德之外，其余外宾全部退出。

基辛格这次来访主要是由邓小平同他会谈，双方就共同关心的国际问题和双边关系交换了意见，重申了上海公报的各项原则，并根据这些原则促进中美关系的发展。在京期间，基辛格最大的愿望就是希望能再次见到毛主席。

毛主席对基辛格的会见，可以说是破例的有意关照。这一天，在邓小平、黄华、乔冠华等人陪同下，毛主席会见了这些美国客人，并同他进行了长达100分钟的交谈。一个时期以来，他很少这样长时间地与外宾会谈了。

在会谈中有趣的插曲之一是毛主席还给基辛格写了个条子，基辛格这次来访，其实是为美国总统福特的来访做准备的。

福特访华能否取得成功？能否得到隆重的礼遇，特别是能不能见上毛主席？这在美国朝野上下极为关心。所以，当毛主席与之交谈时，基辛格提出了这个令他困惑、担心的问题。

毛主席爽快地答应了。

可是，基辛格还不放心，空口无凭，不好交差，要毛主席为他写个字据。

毛主席笑了，他几乎未假思索就拿起案头的笔，毫不犹豫地为他写了张条子，递给了他。这是白内障切除之后，他亲手处理的事情之一，反映出视力得到恢复的欣喜心情。

基辛格非常高兴，他的要求得到了满足。

就是这年的12月2日，毛主席果然在他的书房里会见了来访的美国总统福特。

美国总统一行人从钓鱼台迎宾馆乘车经长安街进入中南海，来到游泳池，福特总统率基辛格、布什等10名美国客人，受到了邓小平、汪东兴等人的迎接，并把他们接进了毛主席的书房。当时，进入毛主席书房的人比较多，电视和摄影记者就有20余人。待宾主见面问好之后，大多数人退出，仅留下5位客人参加会谈。

这时，毛主席的健康状况虽然不稳定，但他精力不错。毛主席同这位美国客人进行了长达1小时50分钟的交谈。交谈时间之长、涉及内容之丰富，都超过了1972年与尼克松的那次会谈。在谈到紧要处，毛主席打着手势，笑得很开心。

了解毛主席健康的人都知道，这是他为了一个伟大的目标而强打精神的结果。

众多的电视记者记录了这些过程。

1975年，毛主席虽然身体很不好，先是眼睛看不见，手术后虽然视力得到了一定的恢复，但其他诸多疾患又不断折磨着这位80多岁高龄的老人。尽管如此，他还是一直坚持会见外宾20余次。为了解世界和为使世界了解中国，他进行了不懈的努力。

第 33 章

派代表出席周恩来追悼会

张耀祠向毛泽东报告了总理去世的消息，他没有讲出一句话来，只是悲痛地点了点头。他已经起身困难，吃饭靠人喂，严重时用鼻饲，更不能走路了，只能让张耀祠代表他出席追悼会。

1975年底，周恩来的病情进一步恶化。他已进行了六次大手术，却未出现人们期待的那种术后病除的喜人奇迹，而是恰恰相反，他的病情日益严重起来。他躺在医院的病榻上，对党和国家的重大事务的关注，越来越显出心有余而力不足了。毛主席仍然在支持着，他已经很艰难了。

周恩来的病情进一步恶化，他不仅再也不能工作了，而且，任何了解他健康状况的人，谁都不会怀疑，他的生命很难维持下去了。特别是1975年12月6日进行的那次手术成了不祥的先兆，从这次手术之后，他的健康急转直下，此后不久，周恩来不再能进食了，体质也就更加虚弱了。挨到

1976年1月8日，这位深受人民由衷爱戴，无限忠于人民的党和国家领导人带着无限的惆怅和对党与国家前途命运的深切忧虑与世长辞了！

在中南海游泳池值班室，张耀祠偷偷地向我们讲起这些令他心酸、不愿启齿的话时，他的眼睛红肿了，眼眶里汪着泪水。他不是那种易于激动、喜好表露感情的人，在我的印象中，他总是严肃的、认真的，说话不多，但很有原则性。今天，向我们说出这样的话来，足见这些话在他的心中也是憋了很久很久了，今天终于再也憋不住了，忍不下去了，这才流露出来。

我们知道，自周恩来进行了几次手术，病情一直在恶化。毛主席对他的健康非常挂心，他自己不能亲自前往探视，便派张耀祠前去医院值班，了解那里的情况，随时向他报告。因而，一个时期以来，张耀祠往305医院跑得较多，了解的情况也就多。

毛主席从治疗报告中知道周恩来的病情十分严重后，曾指示治疗组认真会诊，及时救治。尽管毛主席对周恩来的健康十分挂虑，可是，当时的他，也是自顾不暇。这时的毛主席已不能起立或是坐下，连一步路也走不了，只能躺着，他说话很困难，吃饭要人喂，严重时要用鼻饲。所谓鼻饲，就是把一根橡皮管子从鼻孔插进去直达食道，从橡皮管子往里灌流食，当然只能是很稀的液体了。

也就是在这个时候，张耀祠向毛主席报告了周恩来逝世的这个巨大的不幸之后，毛主席当时没有讲出一句话来，只是悲痛地点了点头，表示知道了。因为周恩来的病情，毛主席一直在关注着，这种不幸他早有预料。

毛主席的病情是这样的严重，他根本就没有可能参加周恩来的那个令人悲痛的追悼会，他没有机会与自己风雨同舟几十年的老战友告别，他的心里，是多么的悲痛与凄苦啊！

为周恩来举行追悼会的那天早上，在游泳池值班室，张耀祠悲痛地对我们说："毛主席交代，让我代表他和他身边的工作人员参加追悼会，当然也包括你们在内了，你们就不去了，要更好地做好自己的工作。"

我说："我对周总理非常敬仰，他的去世，我非常悲痛。"

没等我说完，张耀祠说："我代表大家了。我们都是一样的心情，我们都去了是不行的。"

1月22日至28日，中央召开政治局会议。毛主席的身体极端虚弱，没有参加，全靠联络员毛远新传达意见和报告情况。毛主席先后提议华国锋任国务院代总理，主持中央日常工作。

　　毛主席的这一决策，打破了"四人帮"蓄谋已久的篡党夺权的梦想。张春桥早就在觊觎总理、军委主席的职位，只因周总理德高望重，他们的野心未能得逞。周恩来逝世后，他们以为时来运转，可是他们无论如何也没有想到，毛主席既没有让他们出任代总理，也没有让他们主持军委日常工作，而是指定他们一向看不起的华国锋一身兼双职，这使他们大为不满。

第 34 章

最后会见外宾

　　华国锋陪同客人进来，毛泽东怎么也站不起来了，两个护士一左一右扶持才使他起身握了手。1976年5月27日，他最后一次接见外宾终于没有站起来，只进行了15分钟。

　　1976年2月23日，毛主席在他的书房里会见了美国前总统理查德·尼克松，这是尼克松因"水门事件"下台之后第一次公开露面，也是毛主席晚年给一个下台总统最隆重的礼遇。

　　这天上午，美国客人从他们下榻的钓鱼台国宾馆来到中南海游泳池门前，当汽车刚刚停下，仍然是由我迎上前去迎接他们下车，这和1972年他在任总统访华时一样的规格、同样的礼遇。这时，从车上下来的是三个人，有尼克松、他的夫人和女儿。

　　华国锋代总理迎上去与客人们握手寒暄，陪客人们一起进了游泳池大门，进了毛主席的书房。

毛主席从沙发上由人搀扶着站了起来，和来访的客人们逐一握手问好，显得很高兴。客人呢，不仅仅是高兴了，简直是有些激动，尽管他们是当今世界上最有影响的大国，他们也是见过大场面的人物，也难以掩饰自己真实情怀的流露。

这次会见，说起来也是有趣的，准备也有很久了。毛主席对做过好事的人，总是怀有深厚的情谊，他在很久之前就想再见一次尼克松。因为1972年那次与尼克松见面时，他大病初愈，身体还很不好，有些问题与之尚未很好交谈，因而总挂在心上。1974年夏天，毛主席在武汉会见来访的菲律宾总统马科斯及其夫人时，曾请伊梅尔达·马科斯转告尼克松他的这个愿望。

毛主席对尼克松在总统任上时，在中美关系方面突破性的创见和胆识非常赞赏，曾对之有过很好的评价。这一年，尼克松虽因国内"水门事件"而被赶下了台，可以说处于不得意的尴尬境地之中，毛主席看准了这个机会，愿意多给他一些礼遇，而且是其他任何人所不曾有过的。

"水门事件"是美国人的内政，我们尊重其选择，不做任何干涉。但从"水门事件"中所反映出来的反尼克松观点，毛主席则颇有看法的，他曾不平地说："难道统治者就不应该有权统治吗？"

毛主席还曾对来访的蓬皮杜说过："我无法理解为什么要把这件事情（指'水门事件'）搞得满城风雨，我不懂得为什么这么一点小小的差错，竟然会将尼克松拉下马来？"

毛主席分析"水门事件"所以会惨败的原因是："言论自由太多了"。

毛主席曾向来访的泰国总理克立埋怨说："'水门事件'过分夸大其辞了。"并且明确地说："我认为，尼克松垮台是美国战争分子搞的鬼。""请写信给尼克松，告诉他，我想念他。"

邀请尼克松再次来华，是毛主席着力关注的一个重要问题，那就是中国应加强同美国的关系。

这次尼克松来我国访问，一反往常的做法是，我们派买进不久的波音707客机到美国洛杉矶机场迎接。中国派飞机迎接一个外国下台总统来我国进行私人访问，这还是绝无仅有的。

2月21日尼克松夫妇和女儿到达北京之后，新上任的代总理华国锋前往迎接，安排尼克松一行人住在1972年他任总统时，来华住过的宾馆里的那套房间里，仍是按总统的规格接待。

毛主席与尼克松交谈时，尼克松的夫人与女儿便退了出来，我方则只有华国锋陪同。这次会谈从上午11时50分开始，到13时35分结束，历时105分钟，这是毛主席生前最后一次长时间与一位外国客人谈话。

毛主席这次与尼克松相见，就像老朋友重逢一般，两人就一些共同关心的问题长时间深入交换了意见，自然也包括对世界形势的一些看法。

总之，毛主席对这位下台的美国前总统在打开中美关系的大门方面所发挥的作用很表赞赏。据报纸披露，早在1965年尼克松访问中国台湾时，在台北园山大饭店与美国"驻台北大使馆副大使"恒安石谈话时就曾提出，美国同中国的关系必须改善。在其后的岁月中，他为这一目标的实现进行了不懈的努力，直至他被选入白宫，成了美国总统，终使这个目标有了完美的归宿。这次他们两人长时间的交谈，不仅满足了叙旧的愿望，彼此也有了更多的了解，留下了美好的印象。

尼克松对他下台之后来中国访问，以及他和毛主席最后见面的回忆，可看出毛主席当时的情景：

> 1976年我再度到中国访问时，毛泽东的健康状况已严重恶化了，他的话听起来就像是一些单音字组成的嘟哝声，但是他的思想依然那样敏捷、深邃。我说的话他全能听懂，但是当他想回答时，就说不出来了。他以为翻译听不懂他的话，就不耐烦地抓起笔记本，写出他的论点。看到他的这种情况，我感到十分难受。无论别人怎样看待他，谁也不能否认他已战斗到最后一息了。

会见结束了，毛主席由工作人员搀扶着站立起来，与尼克松握手致意，依依不舍地告别。

陪见的华国锋代总理，把这位来自大洋彼岸的下台总统送到大门之外，尼克松对华的盛情一再表示感谢。

第二天《人民日报》刊登尼克松与毛主席握手的镜头，陪见的华国锋站在一侧。这与几个月之前，即1975年12月1日至5日美国现任总统杰拉尔德·福特访问我国时形成显明对比的还有，尼克松在此后的在京停留期间，与华国锋举行了长达6个小时的会谈，并在大会堂以私人身份举办了对中国政府的答谢宴会，这对一个外国人来说是少有的殊荣。

毛主席的健康状况越来越差，他似乎已意识到将不久于人世，因而利用自己的影响，不断地向来访的外国客人做工作。

3月17日下午，毛主席又在他那书房兼客厅里会见了老挝总理凯山，陪见的是华国锋总理，共谈了35分钟。

4月30日，毛主席又会见了新西兰总理罗伯特·马尔登等5位客人，共交谈了30分钟。

这次会见，华国锋送客人走了以后，又返回毛主席的室内，向毛主席扼要地汇报了全国的形势，并对某些省的发展表示担忧。

毛主席热情地宽慰了他，用颤抖不止的手，为华国锋写了三句话：

第一句是"慢慢来，不要着急"；第二句是"照过去方针办"；第三句是"你办事，我放心"。后来，华国锋在政治局传达时，只讲了前两句，后一句讲出来那是以后的事了。

5月12日，毛主席在他的书房里会见了来访的新加坡总理李光耀等5位客人。在见客之前，毛主席进行了一番准备，他理了发，刮了脸，穿上了那套见外宾时常穿的浅灰色的中山装……这样的准备虽然是极简单的，也使他看上去精神了许多。只有他的腿部乏力，不能久站，更不能走路，擦着地板稍挪几步也离不开他人搀扶。

当华国锋陪同客人进来时，毛主席怎么也站不起来，仍然坐在沙发上。往日见外宾，不管有多么困难，他也总要挣扎起来迎接，并且，尽可能把动作做得自如些。毛主席就是这样，自己的衰老，行动上的困难，总不愿暴露在外国人的面前。可是，今天，他怎么挣扎也未能起来。此时，多亏两位机灵的护士迅速上前，一个在左，一个在右，才搀扶他站立起来同客人们握手，坐下来与客人交谈。这次会谈，只进行了30分钟。

1976年5月27日下午，毛主席会见了来访的巴基斯坦总理布托，这是毛主席有生之年最后一次会见外宾。

当华国锋陪同客人进来时，毛主席就没有站起来，只是坐在沙发上对这位友好邻邦的政府首脑表示欢迎。毛主席尽管对他们很热情、很友好，可是他的身体实在坚持不了啦，这次会见只进行了15分钟，有人说这是毛主席会见外宾最短的一次。此时的毛主席面容憔悴，脸面麻木，缺乏表情，双目微睁，行动不便。更为明显的是，他已缺乏自控能力，口水不断从嘴角流出，护士不得不一次次地为他擦拭。

后来播出的新闻纪录片，记者在摄影时虽然进行了最佳拍摄角度的选择，编辑在剪辑时也进行了许多加工，但是，人们一看便明白了，毛主席健康欠佳。

也就是此后不久，中央决定毛主席今后不再会见外宾了。

毛主席生平最后几年，他的身体很不好，年迈多病，行动不便，加之眼疾白内障作怪，使他非常痛苦。然而，他为了中国人民和世界人民，为了崇高目的的追求，他忍受着常人难以忍受的痛苦与熬煎，向前来我国访问的一批又一批外国客人做工作，力图使我们伟大的国家尽早为世人所了解，与更多的国家有联系，真是不遗余力，鞠躬尽瘁。据不完全统计，毛主席会见外宾，1973年至1975年这3年间，每年都是20余次，1976年的前5个月他还会见了6次。

在近20年的时间里，毛主席接待过包括伏罗希洛夫、赫鲁晓夫、金日成、胡志明、苏加诺等在内的数十个国家的元首、政府首脑，我作为工作人员参加了其中的一些工作，使我亲眼看到毛主席身体健康、精力充沛地与外宾交谈，直到他垂垂暮年艰难地挣扎，仍然不厌其烦地做着这样的一些工作，令我感慨万千，一言难尽。我甚至迸发出这样的奇想，如果人真的能够长生不老，"万寿无疆"，那该多好呀！尤其是像毛泽东主席这样的人。

第 35 章

唐山大地震时刻的毛泽东

游泳池的古老建筑在余震中嘎吱作响，像要倒塌。移动病重的毛泽东有危险，华国锋、王洪文只好请示他本人。他面部悲痛，却吐不出一个字来，把手向下压了压，表示同意。见到李敏，他有了最后的清醒时刻。

1976年1月8日周恩来逝世，由此而引发的全国性的悲痛尚未平息，7月6日，朱德委员长又与世长辞。毛主席与这两位老战友共同奋斗几十年，终于使被压迫被剥削的中国人民翻身得解放，从此站起来了，走上了社会主义道路。此时，由于这些接二连三的打击，毛主席的健康也难以挽回地进一步恶化了。

这时的毛主席已卧病不起，不仅不能像正常人那样生活，而且甚至语言表达的功能也已丧失，更不要说提笔写字了。尽管他还能正常思维，但他的意向的表达，诸如赞成或是反对，喜欢还是厌恶……不少是依靠熟悉他的身边工作人员猜测的。

"四人帮"一伙正是看准了这个时机，以"反击右倾翻案风"为幌子，正在组织自己的势力，扩大队伍，企图趁机篡夺党和国家的最高权力。

也正在这个时候，发生了震惊世界的唐山大地震，这真是祸不单行啊！

7月28日，河北唐山、丰南地区发生强烈地震的那天夜里，恰好我回家休息。强烈的地震使我从酣睡中惊醒，人们大呼小叫，十分惊恐，余震不断。我的妻子儿女也被那罕见的天象个个吓得目瞪口呆，不知如何是好……我顾不得他们，只对妻子说"快把孩子带到院里"，便跨上自行车，顺着摇晃震颤不止的小胡同，不顾一切地直奔中南海游泳池，因为我明白，我还有更为紧迫的任务在等着我去处理。

游泳池值班室，灯火通明。

游泳池的建筑，在这余震不断之中，发出嘎嘎吱吱的声响，像要倒塌，就要断裂似的，比听到临危的病人的呻吟还使人伤感，使人惊恐。

在那里值班的张耀祠早已起来，战士们也个个整装待令，汪东兴也从家里赶来了。

当时需要马上确定的重要问题是，毛主席要不要转移，因为毛主席所住的游泳池更衣室建筑太老，房子太旧，响声不断，它好像再也经不起什么震荡，再住下去很不安全。

当时传来的消息是：28日凌晨3时42分53秒，河北丰南一带发生了强烈地震，波及天津和北京。

在值班室的我们，耳听得建筑发出的吱吱嘎嘎的响声，连值班室的电灯都在摇动，余震不断，会不会还有大的震动？游泳池这座陈旧的建筑，还能经得起几多震颤？一旦被震塌了，伤人了，怎么向国人交代？

这时的毛主席，事实上早已进入特护阶段，整日不能离开医护人员。医疗组不断发出警告，根据毛主席的病情，任何的移动，都会对他的生命造成严重的威胁。

随后赶到的华国锋、王洪文等，对迁移不迁移一时也定不下来，只好去请示毛主席本人了。

此时的毛主席也处于昏迷或半昏迷状态，即在20天前，当告诉他说朱德委员长去世的消息时，他虽然头脑清楚，语言障碍严重，只见他面部有悲痛的表情，却吐不出一个字来。只是把手由上而下，重重地落在卧褥上，却再也无力抬起来了。身边工作人员根据经验判断，这是表示他已知道了，却再也不见他有任何其他的表示。从那以后，毛主席的健康几乎是一天不如一天。

为避免地震可能造成的伤害去请示他本人是不是搬出来，他又能有什么表示或是选择呢？

经中央领导几次研究，决定将毛主席迁往不久前新建的一处平房，叫作202号。毛主席病重之后，一些政治局委员来这里值班时，他们曾在202号那里停留、议事。

这里所说的202，是一个工程的代号，并不像有些报章上所说的那么神秘。它只不过是建成不久，屋宇高大，采光合理，保温隔热等条件也较好，其中有卧室、办公室、会议室和工作人员工作间等房间，比较适用，在当时来说是中南海最好的房子了。听说把毛主席搬到那里去，我们都很高兴。

汪东兴和张耀祠告诉我，为要把毛主席迁到202去，要我组织好人，做好准备。还告诉我说，主席本人也已经同意了。

我从值班人员中挑了6名精干、细致的干部，由我带领执行搬迁任务。当时进行时，在场的有中央领导和汪东兴、张耀祠，还有医疗组的数名医护人员。我们几个呢，只是出力气的。

我进了主席的卧室，见他苍白的脸上没有一点血色，已处于昏迷或是半昏迷状态。我们谁进去，他已不知所以了，毫无反应。只见他的鼻子上还插着一根鼻饲管，随着缓慢的呼吸，那根管子一动一动的，令我心酸，不忍多看。

据医护人员告诉，主席依靠鼻饲生活已有些时日。初时，他不习惯，觉得很难受，让给他拿下来；可是离开了又难以进食，难以维持生命，进食时再给插上管，就会经历更多的难受。尽管这样了，他还几次见外宾，为不影响外观，见客前把插管拔掉，见过后，再插上。拔管插管，那是很痛苦的，但为了事业，为了中国人民的将来，他是在所不顾，他能忍耐。

在当时的医疗条件下，没有别的选择，只能那样。从小的皮管里进食也只是维持生命，延长一点存活的时间而已。及至到了后来，插不插管，进不进食，全由别人了，他自己已丧失了这个能力。

这使我不解的是，毛主席这样了，他是怎样表示同意搬迁的呢？他们告诉我说，当时工作人员向他讲述了搬迁出去的必要性，特别是告诉他唐山发生大地震，还把地震简报念给他听。

特别是当他听到受灾地区人民遭受重大损失时，毛主席紧锁眉头，眼角涌出泪水，显得很是焦虑。然而，他所能做的，只用手势表示知道了，却说不出话来，他把手往下压了压，这就是同意从这里搬出去的仅有的"表示"。

无疑，这次地震使主席受到更大的精神创伤，加重了病情，从此他就进入难以自我控制状态，再也没有起来过。

我看到毛主席这样，一阵酸楚，袭上心头，控制不住了，流下了眼泪，毛主席这是在受罪啊！让人心碎。

7月29日上午10时许，当时余震阵阵，为避免造成不良后果，我们6个人用布单做成个软担架，把毛主席抬进了新房子。当然，在这个过程中，不仅有全体医护人员的指导与协助，而且还有许多领导在场，当时的护士是很有实践经验的小俞、小李她们。值得一说的是，我们参加这项工作的每一个人都是集中全部精力，小心翼翼地进行的。

护士小俞和小李，是在毛主席病情严重，依靠原来的医护人员难以应付的时候从一家地方医院选调来的。由于主席病情的不断加重，和医护工作的某些特点，她们都是一天24小时顶班，一刻也不能离开。她们没有上下班，而是吃、住都在这里。记得小俞年纪稍长些，已做了妈妈，可是她很少能顾及自己的家和孩子；小李可说是最年轻的了，大概只是20出头，但她却显得持重老成，医疗技术娴熟，她们的责任心，敬业和牺牲精神，不仅领导经常称赞，我们也非常钦佩。在她们到来之前，毛主席吃药打针一类医疗事务，都由后来成为305医院副院长的吴旭君一人统管。大约是在1974年根据毛主席的健康状况，中央决定建立了一个医疗护理小组，负责毛主席医疗方面的事情。

中央政治局就是在这里做出决定，派代表团赶赴唐山灾区进行救灾和慰问的，并由华国锋任团长。将这个情况和请主席搬迁报告毛主席时，他只是把手向上向下挥动了下，工作人员判断这是表示"同意"的意思。如果是左右摆动，就是不赞成的意思，当时的毛主席也只能是这样表达自己的意见。

8月28日上午，警卫局派车把毛主席的女儿李敏接来了，我在门口迎接了她。

她一下车，看见我便说："陈叔叔，你好。"

尽管我比她大不了几岁，而且她已做了妈妈，但她对我的这个称呼总没有变，在年轻时就这样，她也是习惯了。

"你胖了。"我说，"身体好吗？"

"还好。"她笑着说，"好久没见了，你还是这样。"

"我也老了。"说到这里，我再也说不下去了。

我把她送进主席的卧室。

这时，毛主席已处于半昏迷状态。当告诉他李敏来看他时，毛主席才使劲地微微睁开了眼，他想看清站在自己床前的女儿。

毛主席的嘴张了几下，在场的人没有谁能准确地听清他在说什么，只有在场熟悉情况的工作人员推断说，他在问李敏："今年多大岁数了？"随后，毛主席亲切地握住李敏的手，闭目不语，过了许久。

李敏以为父亲睡着了，遂将手慢慢抽出，谁知他将女儿的手紧紧地攥住不肯放开，他再次睁开饱含泪水的双眼，望着女儿。

毛主席用含混不清的话，慢慢地与李敏说话。我意识到我应该离开这儿了，便退了出来。

后来，我看到有一段记录这父女俩谈话的文字，不妨摘录如下：

"娇娇，你怎么不来看我？"

李敏哭着叙述了被阻拦，不能前来看他的事实。"文革"初期，李敏曾来看过父亲。被江青碰上了，一顶政治帽子，一顿冷嘲热讽，甚至还当着毛主席的面，李敏自然不能前来看望了。

1969年10月，林彪搞了那个"第一号战备命令"，李敏便随所在单位疏散到了外地农村劳动生产，自然不能常来看望了。"九·一三"之后，她虽然回到了北京，也想来看望毛主席。可是，江青交代说："主席特别忙，还要见外宾，他年事已高，不见客。"她几次来见，被阻于门外。

这些人为的障碍，正像无形的铁丝网一样，阻隔了这对父女的相见。

毛主席听着她的诉说，感到愕然，觉得困惑，他不解地说："还有这样的事情？这种做法不妥，应该批评。"

谁人能批评？此时的毛主席连讲这么几句话都感到疲累，哪里还有力气去批评！

毛主席顿了顿，休息了片刻，又深情地说："娇娇，你要常来看我，我想你啊！"

"嗯。"李敏流着眼泪点点头，她意识到躺在病榻上的父亲一定很孤独，很寂寞，他希望得到爱，享受和普通人一样的天伦之乐，然而，他很难得到，很少得到。她向父亲说："一定要拆除人为的障碍。"

毛主席点了点头。

后来，有人写文章说"这是毛主席最后一次清醒的时刻"，这种说法也许是对的。

作为女儿的李敏，在父亲重病之际只在父亲的身边待了一个多小时。

李敏临走，在我送她上车时，她的眼圈红肿，满含泪水，很是悲痛。

这时，与她熟悉的人都出来为她送行。

李敏与在场的人一一握手，并双手合十，一再说感谢大家。

从那之后的几天里，毛主席一直处于昏迷状态。

第 36 章

在毛泽东遗体边的最后守护

毛泽东病重弥留，江青去工厂胡吹，王洪文在中南海用步枪打鸟。毛泽东去世，为遗体的保存问题开了大半夜会，我在"769"地下室为毛泽东遗体继续站岗。10月6日夜，华国锋、叶剑英、汪东兴再次来向遗体致哀，华国锋喃喃地说："……我们执行了你的遗愿，一举解决了'四人帮'的问题……请主席安息吧！"

在江青看来，毛泽东之后，她是当然的接班人。因此，她见毛主席病重，将不久于人世，便觉得时间紧迫，加紧进行疯狂的反党活动，以实现其野心。

1976年8月28日，江青窜到新华印刷厂、清华大学、北京大学，以"视察"为名，进行反革命煽动，以扩大影响；然后又窜至天津的小靳庄大放厥词，恶意诽谤他人。

8月30日，她到济南军区某功臣连，鼓吹"大女子主义"，不与男人握手，并说"主席不在了，我就成寡人了"。在中国语汇里，"寡人"一词具有至上至尊、独一无二的特定含意。她在此时此地讲出这样的话来，既不是偶然的，也不是无意的，至少是她内心深处真情的流露。

9月2日，毛主席的病情进一步恶化，医疗组和身边工作人员，还有在那里值班的中央领导都很紧张。作为主席夫人的江青，对毛主席的病情毫不关心，甚至也没有任何怜悯与同情，而是一心关心着毛主席之后她的所谓"事业"。她来请示毛主席说，她要去大寨，半昏迷状态的毛主席表示，不同意她去。于是，江青第二次又报告，非要毛主席同意她去不行。

9月3日，江青到达大寨，做了一通报告，胡乱自我吹嘘一番，无所顾忌地打击不同意见者。

9月5日晚上9时30分，毛主席突然丧失神志，中央值班的领导同志经研究决定打电话至江青的住处，告诉她毛主席病危，要她立即返京。已经上床就寝的江青，不情愿地起来收拾梳妆，在等候火车时，还与人打扑克牌，闲聊天，嘻嘻哈哈，毫无悲痛之色。

在毛主席病重期间，中央设立领导人值班，中央常委两人一班，保持毛主席这里昼夜都有人，已坚持了一段时间。记得王洪文、汪东兴是一班，张春桥和华国锋是排在一起的。

在此时此地值班，对许多人来讲都觉得心情压抑，精神负担很重，他们寸步不离，有关毛主席的大小事情都要亲自过问。可是，王洪文呢，他却是与众不同啊！

他常去中南海海边钓鱼，用小口径步枪到海边的树上打斑鸠，我还得派一名值班干部为他端小杌子，拿鱼饵，提鸟枪。我常派小王去跟他干这个差事，要不，他就涎着脸皮，找年轻的女同志瞎聊，一扯就是几个小时，既妨碍人家工作，给人的印象也很不好。他是党的副主席，别人不好说他什么呀！

轮到张春桥值班时，则是另一番景象。他对毛主席的健康、医疗护理等不闻不问，他先在游泳池大厅里，后来又在202会议室，坐在沙发上，在烟雾腾腾的气氛中看他带来的那许多书。

9月7日，毛主席的病情进一步恶化。这天下午，除常来的那几位常委以外，叶剑英、李先念、陈锡联、吴德、吴桂贤等也来了。不大工夫，陈永贵也从外地风尘仆仆地赶来了。他布衣布裤，光着头，肩上搭着一块毛巾。我迎接他进去之后，他只简单地洗了把脸，问他要不要吃点东西，如点心什么的。他摇了摇头说："我什么也不要，给我弄两包烟就行了。"

他低头不语，听有关人士向他介绍毛主席的病情，他一根接一根地抽着烟，烟瘾好大呀！

人到齐了，中央领导齐集在202南大厅开会，中心议题是毛主席的后事。

9月8日，毛主席已进入弥留状态。这天一早，江青就窜到新华印刷厂说什么："我到你们这里，是向毛主席请了一个小时的假……"从新华印刷厂又直奔中南海来到毛主席的卧室，她不顾毛主席的病情，也不听医护人员的劝阻，以给毛主席翻身为由，寻找毛主席可能留下的遗嘱和毛主席文件柜上的钥匙。她给毛主席这么一翻身，致使毛主席颜面青紫，血压上升，医护人员不得不实施抢救。但一直没有取得明显的效果，显然，不适当的翻身，造成了严重的后果。江青则像没事人似的，她又到别处闯荡去了。

9月9日零时，毛主席的心脏停止了跳动。

一代伟人毛泽东主席的逝世，无疑标志着以他为代表的一个时代的结束。

毛主席去世后，没有留下任何遗书，也没有向任何人交代过遗言。在他看来，党和国家的事业，尽管并不完全满意，但总算事前有个安排，在当时来说，似乎也只能是这样了。对他个人身后事的处理，他没有做任何交代，熟悉他的人都知道他的想法，怎么处理，请后人定夺，他并不在意。

那一夜，我们都没有睡。中南海202室，灯火通明。中央政治局正在那里开会，从深夜1时许一直开到黎明时分了，讨论的问题仍然没有定论。

在会议室门口值班的我们，不时往里送些开水。从断断续续听到的议论，主要争议还是毛主席身后事的安排，遗体的处理，发丧的形式、规模，是否邀请或是允许外国代表团前来吊唁，因为有的兄弟党和一些友好国家，已传递来希望前来的信息。

对那些复杂的问题、遥远的事情，觉得尽管也很重要，可我并不在意。但对如何处置毛主席的遗体，不知是一种传统观念的影响，抑或是某种感情的驱使，我就特别留神，对他们的议论也就特别想多听几句。

会议的气氛，与其说是讨论，倒不如说是争论，说话声音很高，观点明显对立，情绪也很激动，主要是两种意见，相持很久，似乎谁也没有说服对方，谁也没有被说服。

一种意见认为，根据毛主席所倡导的，中央也早有决定，中央领导人的遗体实行火化，毛主席本人在倡议书上也是签了字的，应当尊重他的意愿，而且这样做具有移风易俗的意义，周恩来、朱德等党和国家领导人的遗体已经这样做了……

另一种意见则认为，毛主席是一个时代的象征，在人民群众的心目中占有特别的地位，永久地保留毛主席的遗体，让子孙后代都能瞻仰毛主席的遗容，有利于形象地进行传统教育。

几个小时过去了，仍然没有结果，连医疗小组的专家和我们这些做警卫工作的，都很着急。有的专家抱怨说："天这么热，再等下去不得了……"当然，医疗组的专家们比我们更懂得此时此刻时间有多么重要。

最后，还是华国锋和叶剑英商议后提出分两步走：先做遗体的保护，这是必须的，以利于进行发丧、吊唁；然后再征求有关方面的意见，进行研究决定，或火化，或保存，都是可以的。时下当务之急是对遗体实施防腐处理，否则，连发丧期的几天都难以维持下去。

就这样，一下统一了与会者的认识。这时，已是黎明了，才布置各项工作，分头抓落实。

汪东兴从会议室出来，行色匆匆地到我们值班室打电话到卫生部，找专家来研究下一步工作。因为时间紧迫，他说话很急，对方大概也缺乏思想准备，他讲的那些话对方怎么也听不清，不得不反复问答了几次，才算是传达下去。

这样，到9日早晨六七点钟了，卫生部刘部长带着几名专家来了，开始研究毛主席的遗体防腐处理问题，并进行了一系列的具体防腐操作。

这天下午3时，中央广播电台和电视台，同时播发了毛主席逝世的消息，并以中共中央、全国人大、国务院、中央军委的名义，发布了《告全党全军全国人民书》，同时也宣布了下半旗、停止娱乐活动等丧事方面的安排。

汪东兴把张耀祠和我找去交代说："毛主席在世时，他的警卫工作一直是你们一中队负责的，现在，根据政治局的决定，毛主席遗体的警卫任务，仍由你们一中队担任。"他还特别强调说："老陈啊，你们要和毛主席在世时一样，要严肃认真地做好这项工作，这也是非常光荣的……"

在我看来，这无须多说，我和我的战士们都会尽心尽力的。我从一中队挑选20余人，召集大家进行了研究，着重让大家明确，情况变了，我们的工作要迅速适应变化了的形势，做好遗体的住地警卫和护送工作，还有如何与卫生部的专家们配合，协助他们工作，因为这里的情况我们比较熟悉嘛。

在那些日子里，我们是含着泪水，忍着悲痛，完成领导交给的每一项任务，做好交办的每一件事情，哪怕是非常细小的。

9月11日凌晨3时许，毛主席的遗体要转移至人民大会堂北大厅，按治丧委员会的安排，将在那里举行群众性的吊唁，瞻仰毛主席的遗容。

毛主席遗体的转移，组成的车队几乎和毛主席生前外出时一样的编排。前卫车上6个人，主要负责安全、保证顺利通行，后卫车上也是6个人，不同的只是中间的主车不是往日的轿车了，而是一辆灵车。它车体宽大，顶部较高。我组织8个人用担架将毛主席的遗体从202室抬出上了灵车，并与卫生部的专家们配合，守护在遗体的两侧，防止在行车中对遗体造成任何的损害。在后卫车之后，是华国锋、汪东兴等护送毛主席遗体的中央领导人的车。

我们的车队，从中南海游泳池一侧的202门前启动，出中南海西门，经府右街到人民大会堂，直至把毛主席的遗体平稳地放在预先准备好的容器上，盖上了水晶玻璃罩。据说放在那里边，可做到低温、绝氧，有利于遗体的保存。

9月11日上午，群众性的吊唁活动开始了。成千上万的人们，有党和国

毛泽东最后十年

家领导人，有工农群众，也有各民族、各阶层、各界的代表。人们以极其沉痛的心情，在悲壮的哀乐声中，在毛主席遗体前肃立、默哀，默默走过这位伟人的身旁，忍不住了，失声痛哭，悲声四起，泪洒九州，声震寰宇。

从9月11日到18日的一周内，首都有30余万工农群众、各族各界代表和党政机关干部到大会堂吊唁和瞻仰，还有在京的国际友人，也参加了这一活动。在此期间，全国各地一律下半旗致哀，并停止一切娱乐活动。

9月18日下午3时，首都百万人在天安门广场举行极为隆重的毛泽东主席追悼大会。广场的追悼会由王洪文主持，华国锋致悼词。追悼会结束时，全体与会者向毛主席巨幅画像庄严地行三鞠躬礼，乐队奏起了东方红乐曲，使追悼活动形成最高潮。

毛主席逝世的消息传出后震动了世界，驻华使节到大会堂吊唁者不说，就有123个外国元首和政府首脑发来唁电，其中有的与我国并无外交关系。在地球的那一面，纽约联合国大厦的广场上，也都降了半旗，香港市场的股票也因此而猛烈下跌……

在追悼会的主席台上，让人吃惊的是江青那段表演。令百万人关注的主席台上，在众目睽睽之下，她竟然拙劣而生硬地模仿起庇隆夫人来了，因为庇隆去世后，其夫人登上了总统的宝座。江青身着庇隆夫人那样的黑纱，脸上却毫无悲痛的表情，显然她并不满足于做寡居的夫人，而是要做"寡人"，企图执掌国家的最高权力。

追悼结束了，参加追悼会的毛主席大女儿李敏，由于过分的悲痛而晕厥，行动也难以自理。

张耀祠要我派车，并让我亲自把李敏送至她的家中。

就在毛主席逝世、举国上下一片悲痛声中，以江青为首的"四人帮"，开始了紧锣密鼓地篡夺党和国家领导权的阴谋活动。这样的活动，他们都是秘密进行的，我们只是在粉碎之后，才有所知。

天安门广场有百万人参加的追悼会结束之后，9月20日凌晨，毛主席的遗体再次转移。参加的人和往大会堂转移时几乎一样，人，还是那些人；车，也还是那些车。在华国锋、汪东兴等的护送下，把毛主席的遗体暂时安置在一个叫作"769"的地下室进行保存。

在这次行动之前，汪东兴和张耀祠找我们开会说，根据中央的决定，要建毛主席纪念堂，在那里存放毛主席的遗体，供后人纪念瞻仰，建立这座纪念堂大约需要一年时间。在此之前，保护毛主席的遗体仍由一中队负责，并指定由我负责，还强调说："要保密，除参加此项工作者之外，这里的情况不得向任何人讲。"

散会后，汪东兴和张耀祠两位还领着我看了"769"的地形，就那里的警戒布置也做了交代。

这个"769"是个地下室，由于在地下，因而密封、隔氧、低温等条件容易形成，那里原来还有些机械设备可以利用，其附近还有些房间，工作人员也有了住处了。卫生部的专家们看了，也觉得非常适用。至于安全、保密等条件，在我看来，可以说是再好不过了。

我上到地面看了看，见这个出口在一个空旷的大院子里，院里种着一些玉米和蔬菜之类农作物，经管得不能算好，这与我们生活惯了的游泳池形成明显的反差，不免有些荒凉凄戚的感觉，有句话忽然涌上心头：毛主席要在这里待上一年呢！然而，冷静一想，作为保存遗体的场所，也就没有什么了。

我把大家召集到一起，进行了研究动员，分工合作，进行多方面的准备。对安全工作，也提出了一个方案，上报之后很快就得到了批准，一切准备工作都已就绪。

9月20日凌晨4时许，我组织大家到大会堂迎接毛主席的遗体。大家又在毛主席遗体前致哀，中央领导华国锋、叶剑英、汪东兴等都去护送，这一次王洪文也去了。

毛主席的遗体安置好之后，在那里生活的连卫生部的专家在内共30余人，大家的吃、住等一系列生活问题，都得有个稳妥的安排才行。好在我们警卫战士身强力壮，吃苦耐劳，个个都是好劳动力，很快都安排好了，尽管是临时性的，应该说也还是不错的。

此后的一段时间里，华国锋、叶剑英等几次来"769"，问询卫生部的专家看遗体有无变化，也安慰和鼓励大家做好工作。

记得，那是10月6日的深夜，华国锋、叶剑英、汪东兴等再次来到

"769"，张耀祠也来了。他们在毛主席遗体前致哀后，只听得华国锋喃喃地说：

"……我们执行了你的遗愿，一举解决了'四人帮'的问题……请主席安息吧！"

当时在场的我，不知就里，很不理解。我虽然知道"四人帮"所指何人，却不知是什么"问题"，更不知是怎样"解决"的和"解决"了什么。因我们自进入地下之后，便与外界完全隔绝。直到后来粉碎"四人帮"公开了，我们才慢慢懂得了华国锋、叶剑英等那天深夜来"769"的原委。

我就这样，一日复一日，又在毛主席身边过了一年。

1977年8月20日，是决定把毛主席遗体转交纪念堂的日子。

这天凌晨1时20分，我和王祖培等4人穿上防毒衣，戴上防毒面具，直入"769"室内，把毛主席的遗体抬上灵车，我一直站在毛主席的身旁，护送到纪念堂。

到了毛主席纪念堂，依然是我们4个人，穿戴防毒装具，把新做的水晶棺抬到密封的消毒室，在徐静等卫生部专家的指导与密切配合下，把毛主席的遗体安置好，就像现今在毛主席纪念堂看到的那样。

当我们把要办的一切都办完了，换了衣服，华国锋、叶剑英等中央领导过来与我们一一握手，并说："……代表政治局和全国人民，感谢你们多年来保卫毛主席，也感谢你们这一年来保护毛主席的遗体……"

然而，我却像丢了魂儿似的，真想放声大哭一场。我从1950年来到毛主席身边，时至今日，整整27年了。

这27年的岁月，就这样画上了一个沾满泪水、满是悲痛的句号。

然而，我并不悲观，因为我看到了毛泽东开创的事业，在中国大地上正以一日千里的速度向前发展，毛泽东思想哺育着新中国的一代又一代。毛泽东的历史功绩和贡献，影响了中国和世界历史的进程，进而必将影响世界，为人类创造更加美好的未来。

我深深地怀念他。

附文一：

在中日建交谈判上的分歧
毛主席说："不打不成交嘛"

中美关系突破性的改善，推动和促进了中日关系的进一步发展，自然不可避免地也影响着世界。

1972年9月25日，日本内阁总理大臣田中角荣及外务大臣大平正芳访问我国。他们是应国务院总理周恩来的邀请来访的，这是一个巨大的变化，也是一个可喜的发展。

作为我国近邻的日本政府，长期以来，追随美国，采取敌视中国的政策。然而，当美国人与我国进行和解的外交活动时，日本还被蒙在鼓里，一无所知。当中美关系进一步公开，最终发表了《上海公报》之后，日本大有被抛弃、被冷落、被愚弄的感觉，朝野上下，一片哗然。

日本为谋求自身的国际地位和经济利益，以使自己处于有利的竞争地位，在日本的许多有识之士、政党社团的有力推动下，日本首相田中角荣才下决心，对我国进行访问的。

9月27日，是毛主席会见来访的日本客人的日子，我们在中南海游泳池大门口，做了迎接日本客人的准备。

接待这批日本客人的准备工作，实际早已进行了动员与教育了。我国人民与日本人民友好，由来已久，新中国成立之初又有了新的发展。毛主席、周总理无数次会见日本重要名流、企业界人士，这早已不是新闻了。但要与日本政府对话，对许多中国人来说，确实有个认识上、感情上转弯的问题。

日本帝国主义的侵略，给中国人民在人员和财物上，以及人们的精神上造成了规模空前的灾难性损失和难以熨平的挫伤，日本侵略军烧光、杀光、抢光的残绝人寰的法西斯暴行，罄竹难书，数以亿计的中国人对日本帝国主义侵略罪恶记忆犹新，而当今的日本政府，是不是能正确看待历史？是不是能以史为鉴？他们的态度也还存在很大的问题……而今，却要我们把这些日本人当作贵宾接待，这是多么大的反差呀！领导同志几经强调，一定要正确对待历史，接待好日本客人，不能出任何差错，我们当然会十分认真地做好每一件有关的事情的。

在外宾还未到之前，周恩来已提前来到毛主席住处，向毛主席谈了日本客人到京两天来的活动与谈判的情况。

不大会儿工夫，外宾的车队来了。我指挥外宾的车队在游泳池门前适当的位置停下来，周恩来站在门前迎候日本客人。

一阵握手、寒暄过后，周恩来陪客人进入毛主席的书房。

毛主席从沙发上站立起来迎接客人，他伸出巨大的手与田中首相及其随员一一握手。

毛主席握着田中角荣的手还没有松开，便面带笑容幽默地看着客人，又看一看在侧的周恩来，目光又落在田中的脸上说：

"你们吵完了？"不等客人作答，毛主席紧接着意味深长地说："吵一吵，对你们有好处。"

田中首相看了看笑容可掬的周恩来，有些兴奋地说："我们谈得很愉快。"

毛主席一面挥动着大手，让田中首相和周恩来等在沙发上就座，一面出语深奥地谈起了哲学。

在场的电视台和摄影记者，把中、日首脑人物相会的这一历史性的热烈场面，一一摄入镜头，记录下来，又通过媒体传播出去，使中国人民和世界人民都能看到这一令人振奋的场面，包括游泳池门外田中与周恩来相见的那个短暂的瞬间，在书房毛主席热烈欢迎的那些景象。

记者们完成预定的拍摄任务之后，退出了客厅。毛主席以宽厚的长者胸怀将中日会谈中存在的分歧与争论说成是"不打不成交嘛"，这是从哲学的高度对谈判中的唇枪舌剑、慷慨激昂、面红耳赤道出的一条深入浅出的哲理。就是说，争论是正常的、难免的，不必介意。主人的风趣与宽容，使客人紧崩的神经，陡然松弛下来。

因为对田中来说，这次来方若谈不成，空着两手回去，不好向自民党内和党外做交代啊！还有可能受到追责，也可能导致内阁总辞职。在此前与周恩来的几次会谈，并没有获得任何可以宽心的结果啊！

"是的。"听到毛主席这句诙谐而幽默的插话，田中急不择词地承认道。

"你对'添了麻烦'的解释，我看并不错嘛。"毛主席轻轻一笑说，"这些人（指包括周恩来在内的我方人员）硬是抓住不放。"

毛主席这里所指的，是田中在周恩来主持的欢迎宴会上致辞时说，中日两国"有着长达两千年丰富多彩的交往历史"，接下来说，"然而，遗憾的是过去的几十年间，日中关系经历了不幸的过程。其间，我国给中国国民添了很大的麻烦，我对此再次表示深刻的反省之意。"

此话一出口，使热烈欢迎的气氛顿然间蒙上了浓重的阴影，为我国人民所不能接受。日本帝国主义的罪恶侵华史，使中华民族蒙受巨大的灾难，在场的许多人是这一历史的见证人，不少人是直接的受害者，至今仍有切肤之痛，哪里能用"添了麻烦"这样的词轻描淡写一语带过，就能把包括"南京大屠杀"在内的累累罪行，做了交代呢？出席这次宴会的许多人，当即表示不满。

然而，中华民族是伟大的民族，它有着宽广而伟大的胸怀。在田中致辞结束后，周恩来还是从大局出发，带头为他鼓了掌。

因为有周恩来的鼓掌，也引起了一片掌声，尽管缺乏那么一种热烈，更谈不上激情了。不管怎样，总算是给了他面子，为这位来访的首相圆了场，但是，问题的解决并没有就此罢休。

第二天，周恩来在谈判桌旁与田中相见了。在会谈中，周恩来直率地提出：田中首相对过去的不幸的过程感到遗憾，并表示要深刻反省，这是我们能够接受的。接着便严厉地批评他说："在昨天的晚宴上，田中首相在讲话中说，日本侵华是'添了麻烦'，这句话好像是弄脏了过路女人的裙子，向人家道个歉似的。"

在其后进行的会谈中，周恩来再次向田中首相和他的同行们指出：'添了麻烦'这句话，引起了中国人民强烈的反感。因为普通的事情没有办好，可以说是'添了麻烦'，'麻烦'在汉语里意思是很轻的……"

田中也不示弱，为自己辩解说："在日本可不是这样解释的。你说没关系，我给你深深地鞠个躬，说声'实在给你添麻烦了，以后我注意'，就完了。"

中日会谈中遇到的另一个是战争赔款问题，本来在田中访华前，我方已向日本正式转告，为了中日两国人民的友好，中国准备放弃对日本国的战争赔偿要求，并建议将此写入联合声明。而日本外务省条约局长高岛却提出，联合声明不必再提出，因为在日本与蒋介石签订的《日台条约》中已宣布放弃要求赔偿的权利。

周总理严肃指出，签订《日台条约》时"蒋介石已逃到台湾，他是在缔结旧金山和约后才签订《日台条约》的，那时他已不能代表全中国，是慷他人之慨。遭受战争损失的主要是在大陆上，我们是从两国人民友好关系出发，不想使日本人民因战争赔偿负担而受苦，所以放弃赔偿要求"。"毛主席不要日本人民负担赔款，我向日本朋友传达，而你们的条约局长高岛先生反过来不领情，说蒋介石已说过不要赔款，这个话是对我们的侮辱，我们绝对不能接受。我们经过五十年的革命，蒋介石早已被中国人民推翻，高岛先生的说法不符合你们两位(田中、大平)的精神"。

日台关系问题一直是恢复中日邦交正常化的主要障碍，高岛提出的问题正反映日本的真实心理，因而会谈双方不可避免地展开了舌战，你有来言，我有去语，足足谈了两个半小时。在无可争辩的事实面前，日方不得不接受我方的意见。

对谈判过程中的唇枪舌剑争论，毛主席显然一直在关注着，对那里的情况了若指掌，因而有如是说法。

毛主席兄长般的友好态度，使田中如释重负，使他轻松了许多，田中表示日方准备按中国的习惯来改。

毛主席又驾驭谈判去向，巧妙地及时转换话题，有意使气氛更为轻松些，他说："田中首相喜欢喝点茅台酒？"

"我听说茅台酒有65度。"田中高兴地说，"我确实喜欢它。"

"不是65度，是70度。"毛主席认真地纠正说，"这是谁在瞎说？是谁告诉你的……"

接着毛主席向客人叙述自己的身世说，我父亲对我很严厉，我造了他的反。我在所读的四书五经的书本上写上，除非父母爱孩子，否则他们别想得到孩子的尊敬。我的父亲对我为什么不那么好呢？

作为东方人的田中，对这样的内容自然是能够理解的，并不需要进一步的答案。

毛主席又换了个话题问田中："你在竞选中日子不好过吧，是不是呢？"

田中首相饶有兴趣地说，日本的竞选活动很严酷。

毛主席颇有同情地说，走上街头搞竞选演讲可不简单啊，那是件苦差事。

毛主席又问田中说："议会制度怎么样啊？"

田中说："也有问题。"

毛主席概括地说："你们日本也真是有不少问题呀，对吧？"

会谈结束了，毛主席把客人送到客厅门口；周恩来一直把客人送到游泳池大门外，直到客人上了车，他还站在那里，向渐渐远去的车队挥手送别。

毛主席这次会见田中首相，他的身体比春天见尼克松时好多了，情绪也有好转，说起话来也比较轻松有力。

曾参加过这次会见的前日本首相大平正芳谈到对毛主席的印象时他说，毛泽东是一位无限深邃而豁达的伟大思想家、战略家，他非常真诚坦率，谈起话来气势磅礴，无拘无束，富有幽默感，而且使人感到和蔼可亲。

9月29日，中日两国政府联合声明在京签字。

联合声明宣布：自本声明公布之日起，中国和日本之间迄今为止的不正常状态结束，两国政府决定自1972年9月29日起建立外交关系，并尽快互换大使；日本国政府承认中华人民共和国政府是中国的唯一合法政府，中国政府重申台湾是中华人民共和国领土不可分割的一部分。日本国政府充分理解和尊重中国政府的这一立场，并坚持遵循波茨坦公告第八条的立场。中国政府宣布，为了中日两国人民的友好，放弃对日本国的战争赔偿要求，中国政府和日本国政府同意在和平共处五项原则基础上，建立两国间持久的和平友好关系。

当然，这其中也还有诸如日本方面痛感过去由于战争给中国人民造成的重大损失的责任，表示深刻反省等一类的话。

田中首相结束访华的前一天晚上，日方依常例在人民大会堂举行答谢宴会。为显示富有和民族特色，也表示友好，宴会所用的和酒杯，都是从日本国带来的。酒杯是用一种木料制成的，外形也不是通常圆形的，而是方的，倒也别致。宴会开始，日方宣称，宴会之后，酒杯送给与会者做纪念。可是，他们那酒，许多人没有喝，那酒杯也没有人要。宴会散了，那些酒瓶子和酒杯子，还一个个兀立在桌面上。历史上，日本侵华的阴影，当今，日本政府缺乏真诚自省，使人乐不起来，喝不下去，谁人又会喜欢那么个木头酒杯子呢！

我国政府和人民本着向前看，识大义，顾大局，伟大国家与人民总着眼于未来的，不在小枝小节上计较。

从此之后，中日关系有了进一步的发展。1973年初，中日两国互设大使馆，互派大使，并陆续在贸易、航运、渔业和科技、文化等方面签订一系列合作协定，使这些领域的交往有了较大的发展。

中日建交，结束了长期敌对的历史，开创了睦邻友好的新篇章。特别是中国宣布不要日本的战争赔偿，大大地稳定了日本人民的情绪，也有利于日本经济的发展。中日关系的改善，不仅显示了中国外交上的胜利，有利于中国的经济建设，也为后来所进行的改革开放方略的贯彻与执行奠定了基础，创造了条件。

附文二：

毛主席会见来访的美国总统尼克松
提出不谈争论，只谈哲学

    1972年2月21日北京降了一场大雪，中南海的楼宇、树间、结了冰的水面上，一片皑皑白雪。

    最近一个时期，毛主席有一种强烈的期待感，就是要会见来访的美国总统理查德·尼克松。然而，这时的他，大病之后，尚未痊愈，由于健康受到严重损害，恢复得并不理想，是不是还能会见这位美国总统？不仅我们这些身边工作人员担心，就是连毛主席自己，也放心不下。为此，毛主席常与身边工作人员谈起，生怕见不上，如果见不上，是很大的遗憾；见了，就是很大的胜利。因为这是使人民共和国被世界承认所必须的，因而也可说这是他争取和期盼了几十年的事情了。

    自从中华人民共和国成立以来，美国统治集团的领导人虽然换了一任又一任，经常变更，但有一条却一直没有变，那就是以中国为敌。在它进行的武装威胁与军事进攻都遭到可耻的失败之后，还多次利用某些特权和势力，阻止中华人民共和国进入联合国。

进入20世纪70年代，世界政治格局和国际形势发生了巨大的变化。美国人在联合国的所作所为越来越不得人心，也因此使自己蒙受巨大损失。另一方面，由于我国综合国力的增强，国际威望的提高，连美国总统的言词中，也不得不经常提到中华人民共和国这个再也不容忽视的国家。

到了1971年夏天，尼克松总统派国务卿基辛格秘密访华，标志着美国对中华人民共和国敌对了22年的状态，开始有所变化。

毛主席尽管在生病中，仍时刻关心着国际风云变幻。他以自己独特的眼光，在被帝国主义和霸权主义的严密包围和封锁中，发现突破口，改变被动局面。为此，不断发出信号，表达自己力争得到世界上更多国家的承认，打破封锁，有利于开放国门，加强与世界的联系，以确保建设社会主义现代国家这一宏伟愿望的实现。

毛主席看准时机，于1970年12月会见老朋友美国记者埃德加·斯诺，在谈到中美关系时，毛泽东告诉斯诺：尼克松早就说要派代表来，他对于华沙那个会谈不感兴趣，要当面谈。如果尼克松来，我愿意和他谈，谈得成也行，谈不成也行。还说，外交部正在研究让美国人左、中、右都来访问中国。是否应当让代表垄断资本家的尼克松这样的右派来呢？应当欢迎他来，因为，中美两国间的问题要跟尼克松解决。"欢迎尼克松来，他当作旅行者也行，当作总统也行。"

随后即发生了基辛格秘密来华的事情，毛主席抱病会见了这位国务卿，终于促成了尼克松总统的这次访华，揭开了中美关系新的一章。

中美关系虽然起步不早，进展却很快。尼克松总统的首次访华已在周恩来的关注下准备就绪，今日，正是尼克松到达北京的日期，外交日程都已安排好了。只是毛主席何时会见他，尚未决定，有个说法是将根据访问情况做出安排。

为了这次预定的会见，毛主席做了许多准备。当时毛主席重病后尚未痊愈，再加上身体浮肿，体形有了明显的改变，原来的衣服都不能穿了，需准备新的，鞋子也穿不上了。小周几次与服装厂商议，给毛主席做了一套银灰色的中山装，并有意加肥加宽，为的是好穿一些，还做了一双布底布面圆口鞋。当然毛主席自己也特意理发修面，尽可能使他保持原来的形象。在这些问题上，已不仅仅是哪个人的问题，他是整个党和国家形象的一个重要组成部分。本来，在这些方面，毛主席一向并不在意，从来舍不得把时间和精力花费在这些方面。但是，这一次，他并不拒绝工作人员所做的种种繁琐的、细小的安排，而是与大家很好地合作，把该做的要做的各项都做好。

2月21日，是尼克松总统到达北京开始访问中国的日子。这一天，毛主席醒来后，他躺在病榻上，仍不断地向工作人员询问尼克松到达的具体时间和具体方位，大家把尼克松的专机飞行的最新位置及时告诉他。

毛主席将在哪里会见尼克松呢？选来挑去，最后确定毛主席在他的书房里会见这位来访的总统。要在个人书房里会见，有很多方面不适应，工作人员根据总的构想进行了一系列的布置与安排。

毛主席的书房，已与原来的有很大的不同。自他生病后，为使治病和休息方便，将书房隔成一个小的厅，摆了一张大木床。现在要会见外宾，便只好将小厅拆除，将那里的病床和医疗器械搬走，恢复了书房原来的样子，当然，这样做本身也意味着毛主席已习惯了的生活环境的改变，但他没有任何怨言，而欣然接受了这种安排。

各个方面虽然都有了安排了，但到底能不能见成？谁都没有把握。这除了通常的安排和落实之间常有的那种不一致之外，最大的问题是毛主席的健康状况令人担心。好的是外事安排上，我方有话在先，要根据尼克松访问进展的情况，再确定会见与否和何时会见。

尼克松总统的专机还没有飞临北京上空，毛主席就迫不及待地让工作人员打开电视机，他要看尼克松到达北京机场的新闻报道。往日，他是很少看电视的，这一天，可说是一反往常。

在电视屏幕上，随着播音员铿锵悦耳的声音，有美国空军一号专机标志的一架大型飞机，在扩建了的首都机场徐徐降落。机场的跑道宽广而寂静，机场的周围，冰天雪地，寒霜满目，机场的跑道则清洁如洗，看不到任何雪屑水迹，足见机场职工欢迎外宾工作做得何等的认真、周详和细致。

尼克松总统的座机在跑道上滑行，在机场的尽头，并排飘扬着鲜艳的五星红旗和许多人并不熟悉的红白篮相间的星条旗——美国国旗。专机滑到美国国旗的一侧停了下来。

机舱门开启，舷梯架好。尼克松微笑着，跨出舱门，走下舷梯，与前来迎接的周恩来握手、问候……

毛主席聚精会神地看着电视屏幕上闪过的一个个令人难忘的镜头，直到客人们到了下榻的钓鱼台迎宾馆。

这时毛主席的精神好了一些，这是自他生病以来难得看到的一次。小周给毛主席理好了发，试穿了那套新做的中山装，也还合适，这也使他很高兴。工作人员搀扶着他来到准备作为会见地点的书房，这里的一切都使他觉得满意。就在这时，他决定马上要会见美国总统尼克松。

毛主席就是这样的性格，看准了的，决定了的，马上就要实现。毛主席写的那首著名的诗词中有如下的一段，可看作是他此时急于会见尼克松总统心情的写照：

> 多少事，
> 从来急，
> 天地转，
> 光阴迫，
> 一万年太久，
> 只争朝夕。

此时的毛主席，就有这样迫不及待的心情，要会一会这位当代头号大国的总统。

毛主席会见这位来访的美国总统，被看作是这次访问安排的高潮，他的前提条件是要看双方会谈的情况而定。我们原来有个推测，既然要看，还不看个一两天，要了解一下会谈的情况，才好做出判断。谁也没有想到，尼克松到达北京仅4个小时，毛主席便要会见他，使这个预料中的高潮提前到达。这完全出乎人们的预料，甚至连尼克松自己，也没有想到。

周恩来总理可说是最理解毛主席的了，当工作人员把毛主席的这个想法报告他之后，他毫不迟疑，立即行动，好像这个想法就是他的想法一样。他立即驱车直奔钓鱼台迎宾馆，找陪尼克松总统前来的国务卿基辛格商议，调整活动日程，做出具体安排。因为在此之前，他的活动日程已安排得相当紧凑了。

　　与基辛格寒暄之后，周恩来向他说明日程要有所变化，理由嘛，自然是毛主席"想见尼克松总统，请你陪同前往"。

　　以机敏才智过人而著称的基辛格，也没有想到这次访问高潮会这么快就到来，这使他喜出望外，兴奋不已。周恩来带来要商讨的问题，没有费什么周折，就完全取得了一致。

　　在游泳池的我们这些做警卫工作的，自然也很快做好了马上会见的准备，诸如室内室外卫生，在哪里加礼宾哨，哪里停主车，等等，这些工作，虽然细微、琐碎，也要体现周总理为我们制定的接待总方针："不冷不热，不亢不卑，待之以礼，不强加于人。"我们根据预案，做了实兵安排，反复演练，做得一丝不苟，毫无差错。

　　一切都安排好了，时间也到了，我便在游泳池门前迎候。

　　这时，几辆红旗轿车驶来，主车是一辆保险红旗轿车，停在门口。我上前打开车门，伸出一只手挡在车门框上沿，防止撞了头，令我惊异的是周恩来与尼克松总统同乘一辆车。

　　周总理请总统先下车，尼克松下来后，又等周恩来从另一侧下了车，这才一同走进游泳池的大门。通过长长的走廊，他们一起进入毛主席会见的书房。

　　对尼克松的到来，毛主席已在沙发上等候良久了。他见尼克松在周恩来的陪同下进来，便站起来与迎上前来的客人握手、问候，一阵热烈的寒暄。

　　这时，书房内一片明亮，中外摄影记者和电视台记者，好一阵忙碌，记录下了这一令世人注目的激动人心的场面。

　　在与尼克松握手时，毛主席风趣地说："我们共同的老朋友蒋委员长可不喜欢这个啊！"

主客依次入座后，毛主席夸奖起随总统来访的基辛格的精明，说他能在1971年的夏天，神不知鬼不觉地进入中国。

几句话说得尼克松也高兴了，关于这次会见，尼克松在他写的回忆录中有较为详尽的描述，将几段摘引于后，作为本章的补充。

毛谈到基辛格巧妙地把第一次北京之行严守秘密的事。"他不像一个特工人员，"我说，"但只有他能够在行动不自由的情况下去巴黎十二次，来北京一次，而没有人知道——除非可能有两三个漂亮的姑娘。"

"他们不知道，"基辛格插嘴说，"我是利用她们做掩护的。"

"在巴黎吗？"毛装作不相信的样子问道。

"凡是能用漂亮姑娘做掩护的，一定是有史以来最伟大的外交家。"我说。

"这么说，你们常常利用你们的姑娘啰？"毛问道。

"他的姑娘，不是我的，"我回答，"如果我用姑娘做掩护，麻烦可就大了。"

"特别是在大选的时候。"周说，这时毛同我们一起哈哈大笑。

谈到我们总统选举时，毛说必须老实告诉我，如果民主党人获胜，中国人就会同他们打交道。

"这个问题我懂的。"我说，"我们希望我们不会使你们遇到这个问题。"

"上次选举时我投了你一票。"毛爽朗地笑着说。

"当主席说投了我的票的时候，"我回答，"他是两害之中取其轻的。"

"我喜欢右派，"毛显然开心地接口说，"人家说你们共和党是右派，说希思首相也是右派。"

"还有戴高乐。"我补充了一句。

毛马上接口说："戴高乐另当别论。"接着他又说："人家还说西德的基督教民主党是右派。这些右派当权，我比较高兴。"

当尼克松谈到自己"我绝不说我做不到的事，我做得总要比我说得多。我要在这个基础上"同我方坦率会谈，毛用手指着基辛格说道:"'只争朝夕'。我觉得,总的说来,我这种人说话像放空炮!"周哈哈大笑,显然我们免不了要听一番贬低自己的话了,"比如这样的话:'全世界团结起来,打倒帝国主义、修正主义和各国反动派,建立社会主义。'"

"像我这种人,"我说,"还有匪帮。"

毛探身向前,微笑着说:"你,作为个人,也许不在被打倒之列。如果你们都被打倒了,我们就没有朋友了。"

"主席先生,"我说,"我们大家都熟悉你的生平。你出生于一个很穷的家庭,结果登上了世界上人口最多的国家,一个伟大国家的最高地位。"

风趣而诙谐的交谈,使紧张而严肃的气氛顿然间变得热烈而轻松起来,就像老朋友倾诉家常一般。

但是,尼克松来访是带着问题来的,因而他见没有提到他所关心的有关国际和两国关系等方面的重要问题,便提到中美两国能有哪些作为。

毛主席说:"这些问题,不是在我这里讨论的,这应当到总理那里讨论,我们只谈论哲学问题。"

当毛主席和尼克松在室内会谈时,随同总统来的联络官员打开随身带的手提指挥箱,试图与美国国内取得联系。据说这个指挥箱内有核按钮,是总统权力的标志和象征。按美国宪法规定,总统不论到了什么地方,都要保持与国内的联系,以实现对国内包括核武器在内的不间断指挥,这次来访也不例外。但是,他怎么也联系不上,是机具发生故障,还是怎么了?这位联络官员很着急。其实,这主要是由于游泳池的建筑本身所致。原来这座游泳池系钢铁结构,而屋顶又以铝薄板与铁皮制做,这是考虑到游泳池这种建筑的某些特点的需要,并没有其他的用意。正是在这样的室内,使总统指挥箱的无线电信号难以穿过,飞越重洋到达彼岸。总统的指挥箱失灵了,联络官员慌忙找我方人员帮忙。后来,把他带出室外,才与其国内沟通。

当这次会见结束时,毛主席站起来颤巍巍地把客人送到书房门口。关于这次会见,尼克松在后来写的回忆录里,有这样一段文字描述:

毛陪我们走到门口，他拖着脚步慢慢地走，他说他身体一直不好。

"不过你气色很好。"我回答说。

他微微耸了耸肩说："表面现象是骗人的。"

尼克松在另一处写道：

我进去时，他要秘书扶他起来，他抱歉地对我说，他已不能很好地讲话。

他的皮肤没有皱纹，不过灰黄的肤色看上去像蜡黄色。他的面部是慈祥的，不过缺乏表情，他的双目是冷漠的，不过还可发出锐利的目光。他的双手好像不曾衰老，也不僵硬，而且还很柔软。

中国人安排我只会谈15分钟，在会谈中毛完全被讨论吸引住了，因而延长到一个小时。我注意到周在频频看表，因为毛开始疲乏了……

在另外的一些场合，尼克松还谈到毛主席的思想敏锐，谈吐深奥，叙述贴切，给他留下难忘的印象，"说明毛主席仍然有统率整个中国的气度和魄力"。

我国新闻单位对这次会见进行了较为客观的报道，只是说毛主席在他的住所会见了美国总统尼克松一行，并同他们进行了一个多小时的会谈，没有用那些"容光焕发，神采奕奕""身体非常健康"之类的套话。

对于尼克松访华第一天的活动，《人民日报》用了两个版面的篇幅，还登了7张照片，我国电视播放了7分钟的新闻节目，这些在报道外事活动上都是少有的。

毛主席会见尼克松之后，与其会谈的大量工作，主要由周总理具体组织实施，毛主席这里倒显得平静了许多，每天除了参加会谈的外交部的王海容、唐闻生来这里汇报情况之外，再没有其他情况了。不过，熟悉情况的人都知道，这表明毛主席一直在密切地关注着与尼克松会谈的进程。

也就是那几天，张耀祠传达说毛主席还想见一次，与尼克松再谈一谈，因为还有些问题没有谈透，让我们做好准备，一切都按会见的要求，做到随时都可进行。这个信息，顿然间，使我们又紧张起来。我知道，毛主席虽然经常会见外宾，通常对来访者会见一次也就可以了，极少有见过了再见一次的；怎么这一次例外了呢？

我的职责不允许我多想，便根据领导总的意图，又进行了一番布置、检查、督促，抓好落实。

有一天，我见王海容、唐闻生从毛主席那里出来，在说起毛主席再次会见尼克松一事时，她们面有喜色地说，不见了，都是按我方的意图办的，一切问题都解决了，不需要再见了。

经验使我懂得，她们的这个说法是准确的、可信的。

毛主席不再会见尼克松了，使我们如释重负，轻松了许多，尽管我的领导还没有向我具体布置。

后来的进程果如所说，毛主席没有再次会见尼克松，只是周恩来总理与之进行了多次长时间的会谈，几经周折，付出了巨大的努力，最终于2月28日中美签订了著名的《上海公报》，即《中美联合公报》，标志着中美两国关系正常化进程的开始。从公报中不难看出，双方仍存在不少的分歧，但最少有两点取得了共识：

一是承认国与国之间实行和平共处五项原则那些内容作为处理两国关系的依据和反对霸权主义；

二是在长期阻碍中美关系改善的台湾问题上，美方终于表示：美国认识到在台湾海峡两边所有中国人都认为只有一个中国，台湾是中国的一部分，美国政府对这一立场不提出异议……

毛主席会见尼克松和中美《上海公报》的发表，在国内外，引起巨大的反响，产生了强烈的轰动效应。不仅影响当今世界政局，而且关系到千千万万中国人和他们的子孙后代。

后记

在撰写书稿《毛泽东最后十年》的过程中，孙美玉、张随枝、董保存、晓白等同志都曾给过热情宝贵的帮助。中共中央文献研究室李捷等同志进行了审阅，并提出了宝贵意见。当代中国研究所陈东林、宋守友，中共中央党校出版社胡建华等同志为本书的编辑、初次出版做了大量工作，对以上各位，笔者在此表示衷心的感谢。

由于水平所限，所述内容、观点也仅限于个人的了解和认识，不准确和错误之处肯定会有，诚请读者提出宝贵意见，不胜感谢。

陈长江　赵桂来
2008年10月20日